21世纪广播影视一体化系列教程

GUANGBO DIANSHI
GAILUNJIAOCHENG

广播电视
概论教程

陈祖继 刘彤◎编著

中国传媒大学出版社

图书在版编目(CIP)数据

广播电视概论教程/陈祖继,刘彤编著. —北京:中国传媒大学出版社,2011.8
(2016.9 重印)
ISBN 978-7-5657-0289-1

Ⅰ.①当… Ⅱ.①陈… ②刘… Ⅲ.①广播工作—概论 ②电视工作—概论
Ⅳ.①G22

中国版本图书馆 CIP 数据核字 (2011) 第 150596 号

广播电视概论教程

编　　著 陈祖继　刘　彤
策划编辑 赖红林　杨嫦君　赵耘曼
责任编辑 李唯梁
责任印制 曹　辉
封面设计 天宇行设计 TYPEKING CULTURE
出 版 人 蔡　翔

出版发行 中国传媒大学出版社
社　　址 北京市朝阳区定福庄东街 1 号　邮编:100024
电　　话 86—10—65450528　65450532　传真:65779405
网　　址 http://www.cucp.com.cn
经　　销 全国新华书店

印　　刷 北京泽宇印刷有限公司
开　　本 730×988mm　1/16
印　　张 17
版　　次 2011 年 10 月第 1 版　　2016 年 9 月第 4 次印刷

书　　号 978-7-5657-0289-1/G·0289　　**定　　价** 39.80 元

广播影视教育“一体化”模式，是一种有益的探索(代序)

改革开放以来，人民物质生活水平极大提高，随之而来的是如何满足大众的精神领域需求，广播影视事业的蓬勃发展无疑顺应了这一趋势。但是，随着科学技术的不断进步，尤其是目前全球已经进入了信息化时代，网络、手机等新媒体的兴起，使得传统广播影视倍感压力；同时，越来越多的国外广播影视机构纷纷进军我国，也对本土的广播影视事业带来了冲击。为了应对严峻挑战，广播影视从业人员必须改变传统思维模式来适应不断变化发展的新形势。此外，高等院校影视类理论研究和实践课程一直滞后于行业发展，市场的需要、科技的发展，促使影视传媒教育必须转变思路，转换模式。

要建构起这种模式，我个人觉得，必须了解国内媒体所处的现状以及对人才的要求。

媒体大环境的转变给众多一线操作人员带来了全新的挑战。2009 年 8 月 28 日，《中国新闻出版报》发布了《中华新闻报》停刊清算公告，此前该报曾多次试图引进战略资本，但都未能如愿。作为首家因经营不善而倒闭的中央级新闻媒体，这一消息无疑对于传媒界来说犹如晴天霹雳。传统媒体的工作人员或许即将面临“被跳槽”到网站、电子杂志等新媒体的境遇，他们原有的技能又明显无法满足新媒体时代的要求，亟待升级、更新。要想培养一名优秀的影视传媒人才，传统意义上的“积累工作经验”是不够的，教育工作者还要对在校学生进行“深加工”。这就需要在平时尽量让他们多参与活动策划、社会实践，多进行拍摄和编导实际操作，融入不同的工作环境，接触不同的行业，从而积累自身的职业经验。

从事媒体管理的人都知道：人才转型是一个艰难的过程。尽管我们已经培养了大量的媒体工作者，但在新媒体、全媒体时代，一切都要从头开始。例如电子杂志，对记者的要求明显高于传统杂志，特别是技术含量、知识含量。以前记者参加一个产品发布会，写一篇文章就够了。而现在，记者在采访前首先要写一篇关于“某公司将要发布一个新产品”的新闻在网站公布；然后，记者参加新闻发布会，掌握了新闻材料和现场情况，再通过网站在网民中调查：这款新产品哪些功能是新的、哪些是旧的？功能表现怎么样？最后把网友的代表性意见在杂志中汇总，发表评论文章，有时还要链接某项社会调查和策划。

我们已经认识到这种社会转型的存在，也意识到课堂转型的必要性和紧迫性。因此，我们必须培养学生多角度的、动态的采编能力：他们不但要具备传统媒体工作者的策划能力，而且要把握新媒体受众的心理，用最合适的形式展示信息；既要学会运用网页的版式、色块、标题，提高点击率，又要善于用最精炼的语言，发布最有冲击力的信息；既要具备传统的语言概括能力，又要掌握运用3D、视频、音频呈现信息的新技术。

为了培养适应新媒体时代，特别是全媒体时代要求的媒体人才，满足市场对人才动态变化的需求，作为一所新建的独立艺术学院，成都理工大学广播影视学院逐步改变传统的教学模式，面向市场办学，加强实践环节，极大地锻炼了广大学生的实践能力。特别是编导与戏剧影视文学系更是在学院的大力支持和精心扶持下，在各教学组织中脱颖而出，逐渐形成与广播影视事业鱼水相依的教学特色，提出了“一体化”的人才培养模式，即：“采、编、播，摄、录、演，服、化、导，音、美、照”全方位培养。“一体化”的培养模式应具备“一体化”的实践性课程体系和教学目标，具体体现在多层次、多规格、多样化、开放式的教学特色，全面培养学生掌握“镜头＋笔头＋口头＋手头”的“四种能力”，逐步探寻出一条以市场动态为导向，不断激活传统课堂的静态模式，同时注重新型师资力量的培育和毕业论文设计的改革，适应了数字技术和网络时代发展对于影视传媒人才培养的需要，促进了教学质量的提高。

由成都理工大学广播影视学院编导与戏剧影视文学系组织编写的这套“广播影视一体化系列教程”，可以说是基于时代的需要，融会贯通了这种

“一体化”的人才培养模式，试图通过研究广播影视在新媒体和全媒体时代的发展，探寻市场动态，丰富我们的教学培养模式和育人方式。

其一，以大传播的理念、全媒体的视野，植根广播影视，面向传媒界。这是“一体化”人才培养模式的应有之义，也是该丛书的首要特点。该丛书为广播、电视、电影、报刊、网络、出版及新媒体竭诚服务，在成都理工大学广播影视学院马洪奎院长提出的办学方针，即“在学生掌握专业理论知识的同时，突出实践能力的培养，努力做到在校学习专业能力与将来岗位工作能力‘零距离’接近”的基础上，提炼出鲜明的特色和优势。该丛书一方面力争将自己的研究对象置于理论层面上加以审视，从传统文化传承中寻求对特定问题的解释，并以此观照中国广播影视的发展；另一方面，又十分注重用市场的需求来反观影视人才培养的历史、现状和未来。在大量的实际操作和宽阔的实习平台中，构建一个开放的、动态的、科学的、零距离接近的育人模式，这是“一体化”培养模式的内涵。

其二，培养时代需要的新型的复合型人才，既是“一体化”人才培养模式的目标，也是该丛书的立足点。很多高校都提出过培养复合型人才的目标，但多数对复合型人才的界定，仅仅体现在动手能力的多元化和技术运用的多元化方面。在新媒体和全媒体时代的今天，我们需要在直面传媒市场的基础上，实施“产学研，实践第一”的人才培养方式，对复合型人才进行重新界定。北京影视艺术家协会理事、北京华谊兄弟影业投资公司董事长王中军认为，当前影视传媒行业的现状，最缺的不是演员而是管理人才和制片人，制片人可以是综合整个影视公司的管理人才。他说：“制片人担起了关键角色，从对电影规模的把握到选择导演，选择演员，都是制片人的任务。如冯小刚导演不光是个导演，也是制片人，从选题材、抓剧本，到最后怎么拍、怎么卖，全权负责。”如何培养具有管理素质和市场运作能力的媒体人才，一直是我们探寻的问题。目前，我国高校影视传媒类专业非常多，但是在传媒管理人才和市场运作能力培养方面却比较弱。国内总共有5000多家媒体，从业人员近百万，而实际上真正懂得媒体经营管理的人不到1%，传媒企业的管理人员大多数来自于业务岗位。国家广播电影电视总局发展与研究中心研究员李岚介绍说：“激烈的市场竞争使很多的传媒机构不得不通过猎头公司来引进传媒业之外的高级管理人才，这些人才又存在转型过程，不熟悉传媒运作特性。作为传媒经营管理人才，首先他应当熟悉中国传媒经营业务的国情，要懂得运用经营管理和传媒知识，一定要是一个职业经营管理人。传媒高级管理人才，还必须有一定的媒体经营才能并熟悉资本市场。具体而言，这些人应该有三种能力：一是要把握体制政策；二是熟悉传媒业务；三是要懂得企业经营管理方面的知识。”因此，影视传媒高校真正要培养的人才是既懂业务又懂政治和资本市场运作的新型的复合型人才。此外，川籍著名导演毛卫宁也曾经多次说过培养新型的影视人才，首先是培养学生的一种“观念”。本丛书作者就是期望能够从日常的教学过程中去努力探索一条道路，即从仅仅培养业务上的人才向具备以上三种能力的新型的复合型人才过渡，这正是“一体化”人才培养模式的最终目标。

其三，丛书的作者来自两个方面：一是具有较深学养的院校专业教师和研究人员；二是具有丰富实践经验的一线工作人员。其构成不仅仅说明了“一体化”人才培养模式理论和实践的紧密结合，理论为实践服务，重视突出实践，同时也为该丛书的可读性提供了保证。该丛书既可以作为各大院校相关专业的教材，也可以成为从业人员的进修读物。

当然，影视类人才培养的模式还在不断向前发展，丛书难免存在种种不足。但我相信，这只是一个开始，同时，也希望能有更多的年轻同志投入这项工作，因为，新媒体和全媒体时代更多是属于你们的！今时今日，或许我们还无法看清新媒体时代特别是全媒体时代的庐山真面目，但是，这肯定应该成为我们影视传媒教育努力和思考的方向！我们愿意将这种“一体化”的人才培养理念奉献给读者，抛砖引玉。

是为序。

陈祖继

2010年10月1日

（陈祖继教授系中国作家协会、中国电视艺术家协会、中国戏剧家协会会员，四川省新闻教育学会副会长，成都理工大学广播影视学院副院长）

目 录

contents

电视机和收音机是人类发明的工具，它们甚至只是家用电器的一分子，常常与冰箱、微波炉、热水器、音响、洗衣机等并称。然而电视机和收音机却还是“发言”的工具，传播思想、情感、信息，每日每时地影响着、感染着守候在它们面前的受众。因此，它们有了魔力……

广播电视、广播电台、电视台、广播听众、电视观众这些名词必将出现在未来的历史教科书上，也将与人类社会的发展同行，直至实现和完成历史和时代赋予的使命……

广播电视人有了宇宙感和历史感，就会多一分沉静，少一分浮躁。广播电视事业不像军事上一战决胜负，也不像下棋一样一着棋定输赢，它更像是漫漫征途，参与其中便足慰于心……

第一章 世界广播电视发展史

广播电视是20世纪的产物，在近百年的发展历程中，它时刻发生着日新月异的变化。如果说20世纪人类创造了电子传播技术的奇迹，那么21世纪的今天，人类又迎来了全球化传播的新时代。卫星传送、高速信息互联网、手机传播等的出现对传统广播电视提出了新的挑战，它预示着传统媒体将经历剧烈的变革，即旧媒体向新媒体的嬗变。

1964年，马歇尔·麦克卢汉在他的专著《媒介通论：人体的延伸》一书中，首先提出了“地球村”的概念。他认为，由于广播、电视和其他电子媒介的出现，人与人之间的时空距离骤然缩短，整个世界紧缩成了一个“部落村”或“地球村”。他把这称为人类社会的“重新部落化”阶段。他是在肯定广播电视的影像和作用时提出这一概念的。事实上，只有在电子传播中运用了卫星转发和网络数字传输技术，才使这个理想逐步得以实现。

现代信息传播技术的迅猛发展，使当今社会已经进入了一个新媒体时代。计算机技术、数字多媒体技术、网络技术、卫星通信、光纤通信等信息技术的快速发展，为广播电视的发展提出了一个严峻的课题，传统的广播电视在发展过程中正面临着新媒体的激烈竞争和挑战。正确分析形势，以科学的态度认真研究、总结广播电视的特点与规律，发挥其优势，采取积极的措施，进行各种有益的探索，对于推进广播电视的发展具有重要的意义。

2011年5月16日，在北京召开的“百家网站抵制非法网络公关自律公约签约大会”上公布了这样一个数据，截至2011年3月底，我国网民数量已达4.77亿。在2011年6月11日闭幕的天津国际手机展览会上，中国通信企业协会副秘书长钱晋群介绍，截至2011年4月份，我国手机上网用户达到3.03亿，手机上网用户在全国互联网用户中比重不断提升，占到66.2%。其中，只使用手机上网的用户为4300万，占到全部互联网用户比重的近10%。据有关机构预测，到2013年，手机网民或将超过电脑网民。我国移动互联网发展潜力巨大，未来几年有望成为全国规模最大的市场。目前，国内移动互联网终端的发展，尤其是智能终端的出现，使得3G移动通信迎来发展机遇。钱晋群认为，尽管当前移动互联网应用已非常广泛，出现了微博、新闻浏览、搜索等诸多方式，但内容领域创新还显不足，具有良好商业模式的应用类型依旧欠缺。他建议，解决我国移动互联网产业发展的创新难题，不仅需要产业应用环节全产业链的推动，为开发者提供技术、资本、用户数据等多方面的支撑，而且作为产业龙头企业的运营商、设计商也需提供必要帮助。

信息传播的数字化和网络化伴随着互联网技术的发展而逐渐进入人们的日常生活，这就迫使传统广播、电视必须面对数字多媒体的挑战。网络上文字、声音和视频的获取已非常容易，而传统广播、电视受频率资源和发射功率的限制使听（观）众覆盖面受到一定范围的影响，因此广播、电视也必须开阔视野，基于互联网发展网络广播电视，使受众全球化。

传统的电视从黑白电视发展到彩色电视，再发展到现在的有线电视、卫星电视、数字电视，广播也从原来的有线广播，发展到调频广播、数字广播、卫星广播，使广播电视逐步走向现代化，对社会产生越来越大的影响。这一过程，正体现了人类文明社会发展的必然趋势和客观规律。

让我们一起走进广播、电视的世界，去了解它们的过去，掌握它们的现在，预示它们的将来！

第一节　世界广播事业的发展①

人类最原始的传播方式是用口述的方法进行传播。最早的广播员被称为叫街者（Town Crier）和浪游的乐师（Wandering Minstrel），中国古代对流浪传播新闻的职业称为“唱道情”。到了17世纪，美国出现了沿街报告新闻的“敲钟人”。直到后来社会上出现了传单、报纸之后，“敲钟人”宣告失业。从广义上说，这些都可谓是“广播新闻”，但现在我们一般讲到广播的时候是有特指的。1979年版的《辞海》在阐明“广播”这个概念的时候，是这样定义的：“通过无线电波或通过导线向广大地区播送音响、图像的节目，统称广播。按传输方式，可分为无线广播和有线广播两

① 本节主要参阅威海广：《广播的前世今生》，http://www.942radio.com/Info/5d7722e8－606f－459b－a2c9－bcdd44ea18a8.html。

大类。只播送声音的，称为‘声音广播’，亦简称为‘广播’；播送图像和声音的，称为‘电视广播’。”

一、广播的诞生

19世纪初，出现了以机械革命为主的工业化浪潮，有关原料需求和货物销售的市场情报，成为工业化社会生死攸关的信息。这种社会化大生产与高密度协作分工的形势，迫切需要一种既快速又有效的远程通信工具，以代替“邮寄”或“放鸽子”式的通信方式。同时，工业化的浪潮也为热衷于物理实验和发明的天才创造了一个很好的环境，而物理学的发展又使新型通信工具的发明成为可能。

1. 有线广播的产生

广播的出现与其他传媒的出现一样，经历了漫长的探索过程，尤其是其电子媒介固有的技术特质，使它的出现涉及多种方面和多个层次的科学技术。这些科学技术的发现和发明经历了长期的实践和曲折的过程。

19世纪后半叶，人类从蒸汽机时代迈进电器和电子时代，电子媒介应运而生。

电子传播主要通过三种方式进行：第一种是传导，即电流通过导线直接传递的过程，有线广播一般通过直接传递的方式进行；第二种是感应，即通过磁力场间接产生的电流产生同样的电磁波，感应是无线接收的工作原理；第三种是辐射，即直接发射，广播电台的发射机通过天线发射强大的无线电波，将信号和节目播发出去。世界电子媒介的发展大致经历了由有线传播到无线传播，再从无线传播到有线与无线相结合的综合立体传播方式这样一个轨迹。

19世纪末，有线广播先于无线广播问世。

1844年，被称为现代通信鼻祖的莫尔斯试验完成了世界上第一封由导线传递的电报。从此，以“通信鸽”为代表的旧的传播时代宣告结束。1876年，亚历山大·贝尔成功完成了利用电流传递声音的实验，试制出世界上第一部电话。不久后，爱迪生发明了人类历史上第一台留声机，使声音再现的假想变为现实。科技史上的这一系列发明创造拉开了人类现代传播史的新帷幕，也为广播传媒的产生奠定了技术基础。

建立在有线电话基础上的“电话报纸”可以算是最早出现的有线广播了。1893年，匈牙利人西奥多·普斯卡斯把布达佩斯市700多条电话线连接起来，定时报告新闻，被称为“电话报纸”，有线广播从此诞生。但这一做法并没有得到进一步的推广应用，因为当时的电报电话公司认为，电话的个人通讯功能足以使公司获利，所以没有在“广播”功能上继续发展。

2. 无线广播的产生

真正令电子科技的发明对大众传媒产生革命性改变的当属无线电领域。无线广播是人们最早也最普遍采行和推广的电子媒介。作为无线广播物质基础的无线电技术距今已有100多年的历史了。科学家对无线电波存在的探索，最早可以追溯到19世纪中叶。

1831年，英国科学家法拉第发现了电磁感应现象，并最终提出了电磁感应定律，为电磁理论奠定了基础。

1864年，英国理论物理学家麦克斯威尔发现了电磁学基本原理，他通过数学论证证明，电波向外传播的速度和光速一样，每秒钟约30万公里，相当于绕地球七圈半，这是人类在认识光的本质方面的又一大进步。

同时期的德国科学家赫兹利用实验证明了麦克斯威尔的理论，他发现电流可以通过电波在空中传递，并找到了产生、发射和接收无线电波的方法，同时还提出了测量光波及电磁波波长的科学方法。人们曾一度将无线电波称为赫兹波，将计算无线电周率的千周、兆周称为千赫、兆赫，都是为了纪念赫兹的伟大发现。

赫兹的实验震动了世界，但是当时的人们还无法估量他的电磁波理论将对人类产生什么样的影响。然而仅仅七年之后，电磁波理论对实践的价值便体现出来了：1895年5月7日，俄国物理学家亚历山大·斯捷潘诺维奇·波波夫发明了不用导线传送信号的无线电接受装置——雷电指示器，1896年3月24日，波波夫用自己研制的两部无线电收发机传递了最早的一份无线电报；几乎与此同时，意大利青年工程师马可尼也取得了无线电通讯实验的成功。他们的科学发明第一次给人类提供了远距离传送信息的工具。

1906年12月25日，加拿大物理学家、美国匹兹堡大学教授费森登进行了一次实验广播，通过无线电波向空中播送圣诞故事和音乐，这是人类第一次在空中传播自己的声音。世人公认，这是广播第一次发射成功。此时，广播的设备简陋而笨重，人们还要带上耳机才能收听。

3. 广播电台的产生

广播电台的产生为广播事业的出现奠定了物质基础。1906年，虽然广播发射技术获得了成功，但人们对于广播的概念仍很模糊。当时处于萌芽时期的广播，设备简陋笨重，因此大家还是普遍认为无线电只是一种通信工具，对广播并没有明确的意识。

1916 年，美国马可尼公司的无线电报务员向公司建议，把现有的笨重的收音设备改制成一种有几个波长可供选择的无线电收音盒。不久，一种当时叫“音乐盒”的收音机在美国无线电公司诞生了。此时，由于收听的限制，人们尚未产生广泛使用无线电收音的意识，一些无线电爱好者出于兴趣，将其作为一种娱乐工具。收音机的出现为广播电台的产生准备了物质基础。

1919 年 11 月，苏联下新城无线电实验所试制成功第一台无线电发射机，1920 年 1 月 11 日又成功播出世界上第一个语言广播节目。但由于当时苏联国内政治环境的影响，这个广播电台一直处于实验性广播阶段，1922 年才正式开播，同年 11 月 7 日被命名为“共产国际广播电台”。差不多在同一时期，美国联邦商业部向西屋电气公司的执掌者戴维斯颁发了商业电台营业执照，并批准了 KDKA 这一呼号。戴维斯同时征得《匹兹堡邮报》同意，将该报的新闻用电话向 KDKA 广播室传送，以供播出。1920 年 11 月 2 日，匹兹堡 KDKA 广播电台开始播音。这次广播的第一档节目，是报道哈定和柯克斯两人竞选总统的选举结果。广大选民聚在公共扩音器前收听最新消息，由于开票统计数字被及时播送出来，产生了极为轰动的效应。

KDKA 电台的开播，标志着广播事业的正式诞生，广播揭开了自己的历史，并同时掀开了世界广播新闻事业新的一页。

此后一年里，美国从商业部取得营业执照的商业广播电台就达 500 多家，掀起了一股办广播热。与此同时，世界各国广播电台如雨后春笋般涌现：1921 年，法国邮电部建立广播电台；1922 年，英国伦敦广播电台开始播音；1923 年 1 月，美国人把无线电广播引入中国；1923 年 10 月，德国柏林广播电台开始播音；1924 年，意大利广播电台开播；1924 年 11 月，日本广播电台开播……

1940 年前，广播工程技术只限于调幅广播；1940 年美国建立了调频广播，1942 年，调频广播开始风行世界。

二、广播的发展

广播出现以后，迅速在世界各国发展起来。到了 1930 年，无线广播几乎遍及世界。

1. 迅猛发展时期

第二次世界大战的爆发，客观上为广播的大发展提供了充分实践的机会，这一时期成为世界广播发展的黄金时期，各国电台数量猛增。据资料显示，二战爆发前后世界上共有广播电台1200多座，收音机4000多万台。广播节目内容和形式丰富多样，广播的功能也不再是过去单纯的娱乐、休闲，开始加入了更多的政治因素。

第二次世界大战中，广播成为当时重要的宣传工具，各国的电台及时报道战争消息，所有参战国都把广播视为进行心理战最有力的武器。有的广播电台还派出记者奔赴前线采访，报道真实生动的战况。美国哥伦比亚广播公司记者爱德华·默罗就以《这里是伦敦》的现场报道而声名大噪。一些国家元首也通过广播电台发表演讲，动员人民同法西斯斗争到底。美国总统罗斯福1933年所作的“炉边谈话”更是成为广播史上的重要事件，他亲切、自然、通俗、幽默的谈话通过无线电波深入到美国的每个家庭，使身处逆境的国家和人民都感受到了一种从未有过的信心，具有“呼风唤雨”的作用。

当时广播在人们心中的地位之高还有一个故事可以验证。20世纪30年代末，美国一家电台播出了一部关于火星人入侵地球的广播剧，故事描述的火星人登陆地点是新泽西州，广播剧播出后，当地的人们因为对故事深信不疑纷纷逃离了家园。尽管广播剧在播出期间，电台不断告诉听众，这是一个虚构的科幻故事，但还是在社会上引起了巨大的恐慌。事后据有关方面调查，当时至少有600万以上的美国人收听广播，其中有28%的人误认为这是新闻广播而受到惊吓。几年后，这一场景又在秘鲁、智利多次上演。当时广播的强大威力由此可见一斑。

广播成为当时传播速度最快、传播范围最广的新兴传媒而受到人们的追捧。二战结束后到上世纪60年代初，世界范围内广播的发展更是一日千里。全世界的广播电台此时达到12700多座，其中美国就拥有5200多座，英国250多座，日本也由战争结束时的42座广播电台猛增到60年代的480多座。

这期间，对外广播成为当时广播发展的又一个显著特点。荷兰、英国、法国、德国是最早开展对外广播的国家。1932年英国广播公司(BBC)开始用英语对全世界广播，法国也开展了主要针对非洲殖民地的广播。但早期的对外广播多是使用本国语言，广播的对象也多是殖民地和其他国家的侨民，所以还不是完全意义上的对外广播。

当时，苏维埃俄国是唯一真正理解外语在国际广播中的意义并认真加以践行的国家。1929 年，莫斯科国际广播电台成立，开始连续提供德语、法语和英语节目。1933 年，希特勒掌权后，开始在德国以外语来进行国际广播宣传。1934 年，意大利开始用阿拉伯语对阿拉伯世界进行广播。1941 年底美国卷入第二次世界大战，并于 1942 年开办了“美国之音”。在二战期间，国际广播发挥了巨大的“心理战”作用。到二战结束后，开展对外广播的国家已从战前的 27 个发展到 55 个。

与此同时，随着广播技术的不断提高，调频广播试制成功，标志着广播技术进入了一个较为成熟的时期。上世纪 50 年代中后期，许多国家纷纷采用调频广播。这种广播的优点是音质好、抗干扰能力强、频率资源相对丰富、维护改造费用相对较低，仅美国到 1955 年就已建立调频电台 552 座。

2. 繁荣竞争时期

进入上世纪 70 年代以后，电视逐渐普及，对广播造成了前所未有的竞争压力，在许多国家(地区)，广播的收听率明显下滑。面对冲击，广播开始努力寻找自身优势，在竞争中求发展。

首先，广播技术的不断进步，大大拓宽了广播的生存和发展空间。上世纪 70 年代后，收音机日益小型化，成为便携式的“随身听”，使广播成为伴随收听的最佳媒体。继调幅广播之后新出现的调频立体声广播，使广播媒体在音乐节目的播送上显示出了独特的优势。之后，随着信息高速公路的迅速发展，世界范围内的广播开始向数字化方向迅速转变。

其次，加强对外广播，寻找对外广播的新起点也是世界各国寻求广播发展空间的重要举措。以全世界为对象的环球广播迅速崛起，其特点主要是“环绕全球”、“昼夜不停”和“传播新闻”，尤其以美国、苏联、中国、日本、法国等国家最为突出，如美国之音、英国广播公司等都已建立了英语环球广播。不少国家还在国外建立了广播台。

最后，打破传统的办台理念和办台方式，在深化改革上做文章成为当下广播竞争发展的又一项举措。如今广播的种类日趋多样，广播的类型化、分众化、本地化概念被强化，名目繁多的专业台纷纷涌现。广播正在不断满足听众个性化需求上力图有所创新发展。

实践证明，虽然电视的出现打破了过去广播“一家独大”的传媒格局，但也给广播带来了新的活力和机遇，广播因此得到了快速发展。例如，1999 年美国广播广告经营额为172亿美元，当年增长率为14.2%，在各种传媒广告增长幅度中位居第三，超过了电视。在中国，2001年广播广告营业额上升了20.34%，高于报纸(7.67%)、电视(6.19%)和杂志(4.59%)的广告增幅。广播仍然在人们的社会生活中发挥着自己的作用。

第二节　世界电视事业的发展

一、电视科技的发明

电视诞生还不到100年，但它已经成为当前社会生活中最重要的媒体。今天，看电视是人们生活中不可缺少的娱乐、休闲活动，它极大地影响着人们的生产和生活。

“电视”这个词来自英文“television”的翻译，而英文中的television一词来自希腊语，是“tele”(远处)和“vision”(景象)两个部分的结合。这个单词非常形象地表达了电视的技术本质：电视，正是一种将声音、文字、图像等信息转变成某种信号(电子或数字)，通过有线或无线的方式进行远距离传播，供大量观众收看的媒体。

电视技术的发明，有赖于众多科学家、专业技术人员和大量业余发明者的探索和贡献，它并不是某个人的专利。作为一种电子传播技术，电视的发明需要三个基本条件：首先，它需要有推动远距离传送的动力来源；其次，它需要有进行传播的发射和接收渠道；最后，借助电波传递声音、图像和其他信息，需要附载在电波上的编码解码方式。动力、渠道、编码这三项基本要素，既需要硬件，又要软件，缺一不可。

作为电视的前辈，广播已经解决了声音的电子传播问题，而电视就是在声音传播的基础上，增加活动的图像，这比单纯地远距离传送连续的声波要复杂得多。

电视的发明，是几种技术逐步发展的结果。首先是视觉暂留原理的发现和视觉器具的发明。照相术的发明，使人们可以方便地捕捉图像，而一旦人们把早就已经发现的视觉暂留原理和照相技术结合起来，电影就诞生了。1877年，爱迪生发明了电影技术——这是跟电视关系最密切的技术。

其次是光电效应的发现与应用。光电效应，是指光线照射某种物质时，会使它产生电，电力强弱取决于光线强弱。而荧光效应正好和光电效应相反，当电流冲击荧光物质时，会导致其发光。荧光屏的闪烁正是电流冲击屏幕荧光物质的结果。光与电的互相转换，使得电视具备了远距离传输的可能。

第三是图像分解与扫描技术的发明，这是图形传送的关键技术。图像分解和扫描技术意味着，人们只要将图像分解成很多像素，就能用一根电线把它们按顺序传送出去，图像同时展示的空间方式就变成像素线性传递的时间方式了。1884年，德国工程师尼普可夫(Paul Nipkow)用一个布满螺旋状的小洞的圆盘传送图像成功，这一技术被用于早期的机械电视。

第四是机械电视发明。机械电视的发明者是英国的贝尔德(John Logie Baird)，在英国他被称为“电视之父”。1925年4月，贝尔德在伦敦的一家百货商店里，向公众展示了一台用尼普可夫原理制造的机械电视。1926年1月26日，他向英国皇家学会的40多位成员及新闻界演示了机械电视的能力，它映出了一个办公室勤杂工的活动影像。虽然贝尔德因此名声大噪，但机械电视设备本质上的缺陷，导致他的发明成果最终被历史所淘汰:机械电视十分笨重，噪音太大，性能不稳，导致它无论如何也赶不上后来发明的全电子电视。

最后是全电子电视的发明。全电子电视的发明也是多个发明家在科学上的接力过程。1878年，英国科学家克鲁克斯发明了阴极射线管，1897年，德国一位物理学教授布劳恩据此发明了一种简单的电子显像管，被称为“布劳恩管”。七年以后，俄国物理学教授罗辛开始用“布劳恩管”传递影像。十月革命的动荡使罗辛不知所终，他当时的助手佐里金在移民美国后，于1923年发明了光电显像装置。至此为止，全电子电视的关键部分都已具备了。在美国无线电公司(RCA)副总经理萨尔诺夫的支持下，佐里金于1928年研制成功了第一个光电显像管，命名为kinescope(显像管)。继而，1930年11月9日，摄像机正式露面了，摄取的图像质量非常好。因为对电视技术发展的组织和支持，萨尔诺夫因此被广播电视制造者联合会誉为“美国电视之父”。

电视技术的发展和其他科学技术一样，在全世界范围内有众多科学家及相关人员在同时研究。有的发明受到经济支持，发展成熟，并为人所知，同时也有众多发明家的成果湮没在时代发展的潮流里。从电视技术的发展可以看出，科学技术发展为社会公共事业，是需要机遇以及经济支持的。

二、电视的诞生

电视技术的研究和试验发展最快的是英国、美国和德国，电视事业最初也是在这几个国家诞生的。1936 年，英国开始了正式的电视信号传输，美国则开始于 1939 年，而实际上世界上最早的电视广播产生于纳粹德国。

电视事业诞生之初，便显现出作为一种传媒的特性：电视首先记录的是一些重大历史事件，其中最著名的是 1936 年 8 月的第 11 届德国柏林奥运会，1937 年 5 月 12 日英王乔治六世的加冕典礼，以及 1939 年美国纽约世界博览会的实况报道。

在电视传播事业的发展过程中，最早发展电视的国家都经历了实验阶段、初级发展阶段和二战停顿、战后发展阶段。

1929 年，英国广播公司开始试播电视。最初，他们采用的是贝尔德的机械电视系统，播出的亦是无声图像。1930 年，BBC 播出了声像俱全的多幕电视剧——《花言巧语的男人》。1932 年，在英国传统的“德比”赛马期间，大约 4000 多人聚集在伦敦，观看了用贝尔德系统进行的电视转播。1935 年，BBC 建立专门的电视节目机构。由于 EMI 公司引进了更先进的全电子电视系统，与贝尔德系统进行竞争，因此 1937 年，BBC 最终停止使用贝尔德的机械电视系统，全面采用全电子电视。

自此，BBC 开始以相当正规的形式播出节目，内容包括游戏、音乐、戏剧、拳击和表演，还有各种户外转播，包括政治活动和体育比赛。这个阶段最大的问题是电视信号的接收机价格昂贵，购买的用户不多。当时全伦敦的电视机不足 3000 台。1938 年 9 月 30 日，BBC 伦敦电视台直播了英国首相张伯伦从慕尼黑谈判归来，节目叫做“我们时代的和平”，这是世界上第一次实况转播新闻事件。此次直播由三架摄像机完成，声像用电缆传回亚历山大宫。

最早的体育节目直播出现在德国。德国也在 1935 年成立了电视节目机构，并于当年 3 月 22 日开始正式在柏林播出定期节目。柏林奥运会期间，柏林一地设立了 28 个集体收看点，10 天的运动会，电视观众达到 16 万人。

美国虽然较早开始了机械电视实验活动，但由于 20 世纪 30 年代初的经济大萧条，使电视研制陷于停顿，导致了电视事业的发展落后于英德两国。看到英国电视的蓬勃发展，美国“电视之父”萨尔诺夫加快了全电子电视新系统在实验室的进展。1939 年 4 月 30 日，世界博览会在美国纽约举行，NBC（美国国家广播公司）试验电视台转播了展览会的实况。但观众反应冷淡，因为试验电视台不能提供正规节目，大众还没有形成观看习惯。

同时，苏联也在 1931 年首次试播电视，1939 年开始定期播出节目。1932 年，法国在巴黎建立了试验性的电视台，1935 年开始不定期播放节目。意大利于 1939 年开始了电视试验播出。

二战爆发没多久，英国、法国和苏联的电视台就先后停播了。美国和德国的电视虽然在战争期间维持播出，但基本上处于停滞状态，德国柏林的电视台也在盟军攻占柏林时被炸毁。

二战的爆发打断了英国电视事业的发展。1939 年 9 月 1 日，BBC 中断了正在播放的米老鼠动画片，开始了长达 7 年的停播。战后开播的第一天，节目正是从中断处开始的。

三、电视的发展

二战导致了刚刚诞生的电视事业陷入完全停滞。战争结束后，电视才快速成长为一种重要的媒体。

战前就已拥有电视台的国家纷纷重新开始发展电视事业。苏联率先在 1945 年 5 月 7 日恢复电视播出。法国于当年成立法国广播电视公司（RTF），10 月份开始通过艾菲尔铁塔播出电视节目。英国于 1946 年 6 月 7 日起开始恢复电视播出，只是其战前的国际领先地位业已丧失。很快西欧、北欧、南欧一些国家纷纷开办了电视台。美国战后的电视事业也迅速发展，电视台从战争期间的 6 家，一下子猛增到 1946 年的 108 家。

第三世界国家的电视事业首先从拉丁美洲开始发展。受到美国影响，1950 年，墨西哥、巴西和古巴正式引进电视。在伊斯兰世界，宗教习俗稍微宽松的伊拉克、阿尔及利亚以及黎巴嫩于 50 年代开办了电视台。在亚洲，菲律宾于 1953 年最早开办电视台。接下来的 50－60 年代，亚洲、非洲各个国家和地区都纷纷建立了电视台。

20 世纪 60 年代，电视技术逐渐成熟，节目日益繁荣，电视传媒的发展开始进入黄金时期，在许多地方，电视成为众多大众传媒中最具影响力的一种。这有赖于一些重要的与视听传播有直接关系的科学成果的取得:纪录传媒(主要是录音录像)的发明、彩色电视的发展、通讯卫星和有线传输事业的兴旺发达。

在纪录传媒发明以前,电视大多采用即时传播的方式。虽然即时传播在时间上具有很大的优势,但很容易出错,而且节目的节奏难以控制,艺术手段也十分单调。纪录传媒的出现,改变了整个电视业的传播形态,使电视时空获得了极大自由。

最初电视采用的记录方式是胶片,但时间一长便难以完整保存电视播出的图像。1947—1948 年,电视屏幕录像机问世,它可以同步记录电视播出的声音和图像,但使用的介质是胶片,这样的机器价格昂贵,效率不高,难以操作。

二战以后,人们从磁带录音机上启发了用同样的技术保存图像的想法。美国成为录像技术领域的领先者。50 年代初期,电视事业的发展导致对节目的需求量大大增加,而且美国分为多个时区,直播电视覆盖很难,因此磁带录像技术首先在美国发展起来。录像带和胶片相比,无需冲印,还可反复使用,省时省钱。

录像带和录像机的使用使电视变成了以录制节目为主的传媒,演播室直播节目大大减少。1956 年 11 月,CBS 首先播出了第一个录像节目——《爱德华兹电视新闻评论》,到 60 年代初,美国的各大电视网均采用磁带录像机了。

轻型摄像机和可移动录像机的结合,便是电子新闻采集设备 ENG(Electronic News Gathering)。它的出现,使所有采用胶片方式的电视新闻都过时了。ENG 和卫星通讯设备相结合,又产生了卫星新闻采集设备 SNG(Satellite News Gartering)。20 世纪 80 年代以后,ENG 和 SNG 已经广泛地应用于对新闻和重大事件的同步报道,进行全球性的即时传播,电视直播进入了一个新时期。

在录像机的研制方面,日本后来居上。1959 年 9 月,东芝公司发明了螺旋式录像技术,提升了录像机的性能。最终,日本发明的双磁头斜切线方式取代了美国的旧方法,成为普遍的专业录像机标准。

录像的出现,改变了电视传播的时空格局,而色彩的引进极大地改进了电视画面的传播质量,提高了电视的传播效果。彩色电视的图像比黑白电视更加逼真,表现力更为丰富,能给人带来巨大的情感冲击。

在电视内容逐步改进的同时,人们还在孜孜不倦地探索信号传送方式的改进,寻求更远距离通讯的途径。1945 年,英国科普作家克拉克(Arthur C. Clarke)发表了题为《星际传播》的文章,最早提出了卫星传播的思想。克拉克的文章只为他赚取了40美元的稿费，但其后却为业界创造了无与伦比的商业价值，并给人类带来了巨大的福利。十几年以后，他星际传播的构想变成了现实。

这一构想的实现一定程度上得益于冷战时期苏联和美国的太空竞赛。1957年10月，苏联发射了“斯普特尼克1号”人造卫星，成为人类征服太空的伟大创举。但更加实用的卫星来自美国。1962年6月19日，美国航空航天局(NASA)和美国电话电报公司(AT&T)合作发射了“电星1号”，这颗位于600英里低空椭圆形轨道上的卫星首次成功地转播了电视信号。7月10日，反映美国、加拿大、墨西哥等国12座城市居民生活的电视节目被传送到了巴黎和伦敦，再经欧洲电视网传送各国，估计约有1亿欧洲人观看了这个历时22分钟的越洋转播电视节目。此后，巴黎和伦敦向美国回传了节目。由于这颗卫星与地球运行不同步，美洲与欧洲之间每天只能通讯102分钟。

很快真正的同步卫星“同步2号”升空。1964年8月发射的“同步3号”正式成为第一颗从事洲际电视转播的通讯卫星。1964年10月在东京举行的第18届奥运会便是经“同步3号”卫星将实况转播至美洲和欧洲各地的。这届奥运会是第一次用卫星进行实况转播的奥运会。

1964年8月20日，国际通讯卫星组织正式成立，第二年4月6日，国际通讯卫星组织的第一颗国际商用同步卫星正式升空，该卫星命名为“国际电讯卫星1号”，又称“晨鸟”卫星。它的发射成功，标志着世界进入了国际卫星转播的新时代。“晨鸟”启用当年转播的最引人注目的事件，是英国伦敦经济学院学生史密森与美国副总统汉弗莱关于越南战争的越洋电视辩论。1967年7月25日，欧、美、亚、澳等洲的14个国家利用卫星做了一次全球性的电视转播，节目名称是《我们的世界》，持续了两个小时，观众人数达到3.5亿。

随着技术的改进、成本的降低，原本用于国际传播的通讯卫星也被用于众多地域广阔、地形复杂的国家，国内卫星成为一种比较普遍的电视覆盖方式，譬如在苏联、加拿大等国。通讯卫星传送节目一般需要通过线缆的方式进行发配。卫星和线缆相互结合的有线电视形式，是卫星电视重要的传播方式。

有线电视是以同轴电缆或光导纤维传送节目并进行放大分配的电视系统。它最初的功用是改善收视状况，扩大收视范围。1949年，有线电视最初出现在美国宾夕法尼亚州与俄勒冈州之间的多山地区。经营者在高山顶上设立天线，接收节目，然后将节目信号用电线传送至当地的各家各户。随着电视制作和播出设备操作的简化和价格的低廉，有线电视的优势日渐突出。它不受空中电波的干扰，具有良好的传播效果，频带宽，频道多，选择范围大，还可以根据用户需求进行针对性的服务。20 世纪 70 年代开始，有线电视得到了迅速发展。

卫星与有线电视互相结合，完全改变了人类的传播环境，电视传播开始国际化了。这使电视节目更加丰富，自然也导致了更加激烈的竞争。

第二章 中国广播电视发展史

第一节　中国广播发展史

1949年秋天，一艘轮船航行在茫茫的南太平洋，船上几十位在美国结束了学业的中国留学生，非常想了解中国的局势，海天茫茫，他们和外界唯一的联系就是梁启超先生的小儿子梁思礼随身携带的小收音机……

仅仅半个世纪，中国的广播电视从无到有，已发生了天翻地覆的变化：比国外起步晚了几十年的中国电视，最早的黑白电视机是苏联的，最早的彩电是日本的，但今天，在数字电视上，中国几乎与世界同步。

新生的人民政权第一次向世人展示它的风采，是通过无线电波，这一天，全世界都通过电波听到了新中国庄严而豪迈的宣言："同胞们，中华人民共和国中央人民政府今天成立了！"——毛泽东在天安门城楼上发出的声音通过电波传向了四方。1949年10月1日，从下午3点到晚上9点25分，整个开国大典持续了6个半小时。

这是中国广播史上第一次大规模的全国实况转播。为了这次直播，北京新华广播电台，也就是后来的中央人民广播电台的工作人员，提前一个多月就开始了紧张的筹备工作。

一、新中国成立前的广播事业(1928—1949)[①]

1. 国民党时期的广播事业

上世纪20年代，在中国上海出现了一批由外国人创办的广播电台。

---

① 参见 http://www.942radio.com/，作者：黄匡宇。

中国境内最早的广播电台由美国人奥斯邦于1922年底在上海创办，1923年1月23日晚上8点开始播音，功率50瓦，波长200米。当天节目播放了1小时5分钟，内容包括音乐和有关美国、欧洲等地的国际新闻及中国各地地方新闻的报道，因音质不良，三个月后停止播音（当时还没有“广播无线电”的名称，人们管广播叫“空中传音”、“无线电话”，收音机叫“真空受话器”、“无线电话接收器”，广播电台叫“无线电话播送站”。“广播”一词大约在1924年才出现）。

1923年，美商开孚洋行也在上海设立广播电台，功率50瓦，内容以播送音乐为主，也仅维持半年。1924年5月15日，设在上海江西路62号的美商开洛公司和《申报》馆合作开设的开洛广播电台开始播音，功率100瓦，波长365米，并设有好几个播音室，分设于《申报》馆、《大陆报》馆、市政厅等处。《申报》在第15、16版专辟“本馆无线电话部报告”一栏，预告节目。各播音室都通过专用电线与福开森路的发射机联络，每天播音达4小时，广播节目有市价行情、汇兑价格、新闻、音乐、戏曲、名人演讲等。这座广播电台是早期外商在上海开办的广播电台中规模最大、时间最长、影响也较大的一座，直至1929年10月底才停止播音，前后播出了5年时间。

中国人建立的第一座官办广播电台是“哈尔滨广播无线电台”。该台于1926年10月1日开播，是在奉系当局支持下，由我国早期著名的无线电工程专家刘瀚主持创建的。该台功率100瓦，波长280米，每天广播两小时，节目为钱粮行市以及新闻、音乐、演艺等。1931年“九·一八”事变时，该台积极宣传抗日。1932年2月5日，哈尔滨被日寇侵占；当日下午，该台也被日寇劫夺。第一座由国人自办的私营性质的商业广播电台，是上海的“新新公司广播电台”。新新公司是一家专门销售收音机的公司，该公司特地在公司屋顶创建了这家广播电台。该台于1927年3月18日正式播音，功率50瓦，波长370米，主要内容是播送商业行情、时事新闻及中国音乐。该台完全由中国人自行设计、装配、安装及施工，并由国人自己独立经营。电台每天播音6个小时，直到1941年11月因失火被焚而停办。

在“新新公司广播电台”开播后不久，1927年5—9月间，天津、北京等地的广播电台也相继建立。“天津广播无线电台”由交通部天津无线电报局创办，于5月开播；“北京广播无线电台”由北京电话局建立，于9月开播。此后，广播事业在我国蓬勃兴起。

广播作为一项事业，是从国民党的“中央广播电台”创办开始的。这家电台的全称是“中国国民党中央执行委员会广播无线电台”，1928 年 8 月 1 日下午在中国国民党中央党部大礼堂开始播音。最初的呼号是 XKM，波长 300 米，11 月改呼号为 XGZ，波长 420 米，功率 500 瓦。节目内容有：新闻及决议案、国内要闻、国际要闻、军事消息、名人演讲、施政报告、气象及预报、科学演讲、宣传报告、通令通告、纪念典礼、音乐等。1932 年 11 月，功率扩充为 75000 瓦，成为当时亚洲发射功率最大的广播电台，呼号改为 XGOA，亦增加了播音时间，由开始的间歇播音 4 小时，延长到 11 小时 20 分钟，收听的范围遍及全国。

1928 年，即“中央广播电台”创办的同一年，国民党政府成立“中央广播无线电台管理处”，积极从事全国广播网的建立。抗日战争之前建立的电台还有：

福州广播电台，1934 年 7 月 1 日正式建立，间歇播音 7 小时 40 分，还使用福州话、厦门话等方言播发新闻。

河北广播电台，1934 年 12 月 1 日建立，间歇播音 9 小时 45 分。

西安广播电台，1936 年 8 月 1 日建立，间歇播音 6 小时 40 分。

南京广播电台，1935 年 6 月由河北台的部分人员到南京建立，间歇播音 3 小时。1936 年 2 月 23 日，建立了南京短波广播电台，这是当时国内唯一的短波台，该台还开办了针对国外华侨的节目。

长沙广播电台，1937 年 3 月建立，间歇播音 8 小时。

另外，国民党所属的部会和省、市地方政府也开办了一批官办的广播电台，如上海美灵登广播电台、成都广播电台、交通部北平广播无线电分台，以及在广州、昆明、南昌、山东、湖南、河南、南宁、重庆、江苏、汉口、上海等地也都设立了地方政府的电台。

到 1936 年 1 月，国民党创办的公营电台达 76 座，同时还出现了大量的私营广播电台。这些电台大部分是为商业服务的，广播的内容偏重于娱乐性质，收入主要来自广告。私营广播电台大多数集中在上海，还分布于无锡、苏州、杭州、芜湖、宁波、绍兴、嘉兴、北平等地。一些教育性的电台也分别由地方的民众教育馆和大中学校开办，这类电台分布在无锡、徐州、南昌、青岛、厦门等地。这时还出现了宗教性电台，如 1934 年先后成立的佛音广播电台和福音广播电台。

1936 年 4 月 20 日，国民党当局规定：全国各地广播电台均须转播“中央台”晚间一小时的新闻节目，这是中国广播史上新闻联播节目的开端。

为管理和控制广播事业，“中央广播无线电台管理处”更名为“中央广播事业管理处”，直属于中国国民党中央执行委员会。1936 年 3 月，“中央广播事业指导委员会”成立，以指导全国公私营广播电台的发展，该委员会由陈果夫担任主任委员。委员会先后通过了《指导全国广播电台播送节目办法》(1936 年 10 月)、《民营广播电台违背之处分简则》和《播音节目内容审查标准》(1937 年 4 月)。这三个文件的实施，标志着国民党对广播事业的控制已经发展到用法律形式加以约束。

到抗日战争爆发前，我国的广播事业已有相当大的规模。据 1937 年 6 月统计，国民党统治区共有电台 78 座，发射电力总计 100 多千瓦，收音机拥有量达 20 万台左右。广播事业发展最快的是上海地区：1931 年以前，上海总共只有十几座广播电台，到 1932 年底，猛增至 40 座，到 1934 年底达 54 座，其中绝大多数为中国人自己经营的民营电台；上海市民的收音机拥有量从早期的 3000 台，到 1936 年初达 70000 台以上。

抗日战争爆发后，我国大片国土沦入敌手，广播事业受到摧残，一批广播电台被日本帝国主义侵占或破坏。南京“中央广播电台”于 1937 年 11 月 23 日凌晨中止播音，由汉口、长沙两地电台接替其任务。1938 年 3 月 10 日，“中央广播电台”在重庆恢复播音。1939 年 3 月，国民党政府在重庆建立的国际广播电台开始播音，使用英语、俄语、法语、日语、荷兰语、泰语、缅甸语、马来语、西班牙语等语言，每天播音 12 小时，向国外进行宣传，对促进国内外反法西斯力量结成联盟，对打败德、意、日法西斯，争取世界和平起到了一定的积极作用。

1943 年 6 月 1 日，国民党广播事业指导委员会决定在军事委员会所在地成立军中播音总队，设总台于重庆，并在各战区设立分队，以开展部队广播、前线对敌宣传等业务，这是中国军中广播事业的开端。1944 年 10 月，美军还在桂林、云南驿、白市驿三地设立了为美军提供娱乐服务的广播电台，后来，又增加了成都、陆良、军街、占益、沪县等五个广播电台。

2. 中国共产党领导下的人民广播事业

中国共产党领导下的人民广播事业 1940 年创始于延安。这年春天，党中央成立了以周恩来同志为首的广播委员会，周恩来到重庆工作后，又由朱德主持筹建工作。广播委员会的成员有中央军委三局(通讯局)局长王诤和新华社社长向仲华等。中央军委三局从有关部门抽调了 30 多人组成九分队，具体负责电台的施工和安装。同年 12 月第一座人民广播电台——延安新华广播电台建成并开播，呼号为 XNCR，波长 28 米，电台的发射机房和播音室设在延安王皮湾。这是我国无产阶级广播事业及人民广播事业的开端，标志着中国共产党的新闻事业迈入了一个新的阶段。由于该台当时是新华社的一个组成部分，广播稿件便由设在延安清凉山的新华社广播科提供。播出时间为每天上、下午各一次，每次一小时左右。主要内容有中共中央文件、《新中华报》社论、《解放》周刊重要论文、国内外新闻等，另外，还有播放抗日进步歌曲的文艺节目。

中共中央对延安电台非常重视。1941 年 5 月 25 日，中宣部就延安台的广播内容发布了《关于电台广播的指示》，并强调"电台广播是各抗日根据地目前对外宣传最有力的武器"。同年 6 月 20 日，中宣部在《关于党的宣传鼓动工作提纲》中指出："在现代无线电事业发展的情形下，以及在中国交通工具困难的情形下，发展通讯社的事业、无线电广播事业，是非常重要的。应当在党的统一的宣传政策之下，改进现有通讯社及广播事业的工作。"延安新华广播电台自 1940 年底开播以后，因设备简陋，发射机和其他设备经常发生故障，时播时停。1943 年春天，大型电子管损坏后，一时得不到补充，被迫停止了播音。此后重新改装了发射机，改进了动力设备，1945 年 8 月再度进行试播，9 月 5 日恢复播音，播音室和机房设在王皮湾东南约 6 公里处的盐店子。

延安新华广播电台始终与新华社有着密不可分的关系。延安台的文字编辑工作从 1940 年底该台开始播音，一直到 1949 年 3 月迁入北平以前，一直由新华社的有关部门负责。1945 年 8 月延安台恢复广播后不久，新华社的编辑科于 10 月成立了"新华社编辑科口头广播组"，先后由杨述、张纪明任组长，直接为延安台提供广播稿件。1946 年 5 月，"口头广播组"扩充为"新华社语言广播部"（简称"口播部"），部主任由温济泽担任。1948 年 7 月，"口播部"又改组为"新华社广播管理部"，部长由新华社社长廖承志兼任。至于延安台的机务工作，则一直由中央军委三局负责领导。

蒋介石发动全面内战后，延安（陕北）新华广播电台随着解放战争形势的发展曾经进行过三次大的转移。第一次，1947 年 3 月 14 日，延安台秘密转移到瓦窑堡继续播音。同月 21 日起，延安台改名为陕北新华广播电台。第二次，位于太行山东麓的晋冀鲁豫解放区按照党中央的指示，新建了一座广播电台，从 1947 年 4 月 1 日起正式接替陕北台，同年 9 月 11 日开办英语新闻广播节目。第三次，1948 年 5 月 23 日，陕北台由太行山北上到河北省的平山县西柏坡村附近开始播音。1949 年 3 月 25 日，进入北平后，陕北台改名为北平新华广播电台，成为具有中央台性质的广播电台。同年6月5日，中共中央发出通知，决定将原新华社的“口播部”扩充为“中央广播事业管理处”，管理并领导全国的广播事业，由廖承志任处长，李强任副处长。从此，北平新华广播电台从新华社分离出来，成为独立的宣传机构。1949年10月，中央广播事业管理处又扩充为“中央广播事业管理局”，局长是李强。1949年12月5日，北平新华广播电台第一台正式定名为“中央人民广播电台”，第二台改名为“北京市人民广播电台”。

抗日战争胜利以后，其他解放区也相继建立了广播电台。这些电台除了自己办的节目外，都转播延安新华广播电台、陕北新华广播电台和北平新华广播电台的节目，著名的有张家口新华广播电台、邯郸新华广播电台及东北新华广播电台等。据统计，到1947年9月初，各解放区已有广播电台10座，其中关内3座，关外的东北地区7座。到中华人民共和国成立前夕，全国各解放区坚持播音的人民广播电台已有30座。1949年6月5日，中共中央发出通知，决定成立中央广播事业管理处，直属中共中央宣传部，统一领导全国的广播事业，并直接领导北平（北京）新华广播电台。

1949年10月1日，中华人民共和国成立，这也标志着中国人民广播事业新纪元的开始。

二、新中国成立后的广播事业（1949年以后）

1. 大陆

中国人民广播事业对国内的无线广播系统是由中央人民广播电台和各级地方广播电台共同组成的。1949年12月5日，北京新华广播电台正式定名为中央人民广播电台（China National Radio，简称CNR），成为中华人民共和国的国家广播电台。当时，全国负责对内广播的电台共有49座，发射总功率为138千瓦。

1949年至1956年是广播事业大发展的时期。在这个阶段完成了对旧中国遗留下来的34座私营广播电台的社会主义改造；修复、改造了国民党政权留下的破旧设备，在全国各省、自治区、直辖市和一部分省辖市继续建设广播电台，并集中力量建设中央人民广播电台；逐步增加发射功率，改进收听效果；增加收听工具，发展农村有线广播；并在实践中培养了一大批广播干部，特别是高级工程技术干部。

1950年4月，中央人民政府新闻总署规定广播宣传的三项任务是：发布新闻和传达政令;社会教育;文化娱乐。根据中国是一个统一的多民族国家,幅员辽阔,各地政治、经济、文化发展不平衡这一基本国情和广播的三大任务,中央人民广播电台自1950年起先后开办了藏语、蒙古语、朝鲜语、维吾尔语、壮语等民族语言广播;1954年起开办了对台湾的广播节目。经过多次调整,到1965年底,中央人民广播电台共办有四套节目,其中两套是对全国的综合性节目,一套是专门的文艺节目,一套是对台湾的广播节目。1961年,在中共中央对国民经济实行调整的过程中,广播事业实行精简:省会所在地的电台原则上和省台合并;1958年后开办的广播电台,除林牧渔区、少数民族地区和确有需要者保留外,其他一律停办,1958年以前设立的,非必要,也停办。但这个阶段对国外广播的发射功率、使用语种和播出时间都有所增加。到1966年底,对外广播语种增加到33种,每天播出时间比1957年增加了4.16倍。

地方各级人民广播电台是在原各解放区广播事业的基础上逐步发展起来的。各级地方广播电台除转播中央人民广播电台的重要节目外,都根据当地的特点和情况,开办了各种类型的节目。一些民族自治区除开办汉语普通话广播外,还开办了适合本地听众的民族语言广播。到1965年,全国已有地方广播电台84座,发射总功率为4821千瓦。

中国的有线广播,是随着国民经济的恢复和农村互助合作运动的发展逐步兴盛起来的,以农村有线广播网为主,同时一些没有无线电台的中小城市和大城市的区也陆续建成有线广播站。到1965年底,全国有有线广播站2365座,广播喇叭872.5万只。

“文化大革命”十年中,广播事业遭受严重摧残,林彪、江青反革命集团为了控制舆论,“统一口径”,在“文革”初期一度停止地方电台自办节目,责令它们全部转播中央电台的节目,中央台则照播报纸和新华社的稿件,颠倒黑白,混淆是非,在全国人民中造成极大的思想混乱,给党和国家带来极大危害,严重损害了广播在群众中的声誉。

“文化大革命”的干扰,导致中国对内广播发展不平衡:中央广播有一定发展,地方无线广播完全陷入停滞状态,有线广播则得到较大发展。1976年10月以后,中国广播事业得到突飞猛进的发展。到1979年,全国有广播电台99座,对内使用26种语言,播出135套节目;有线广播站达2560个,广播喇叭10771万只。一个遍布全国,从中央到地方,无线与有线相结合的广播传播网基本形成。

1994 年底，除中央人民广播电台外，全国已开播的省级广播电台有 48 座，市级广播电台 245 座，县级广播电台 812 座，全国对内广播节目套数为 1296 套，平均日播音时间 12374 小时，使用的对内广播语言为 33 种。全国有中、短波发射台和转播台 727 座，调频发射台和转播台 1321 座。传送广播节目的微波线路近 5.7 万公里，节目传送微波站 1308 座。截至 1996 年底，全国广播电视人口覆盖率达到 84.2%，有线广播天线 161 万公里，全国广播电视专用微波线路总长 7 万公里。

1941 年 12 月 3 日，在中国人民抗日战争的烽火中，延安新华广播电台开办了日语广播，这是人民广播事业对外广播的开端。1947 年 9 月 11 日，陕北新华广播电台开始使用英语广播。

中华人民共和国成立以后，中央人民政府十分重视对外广播事业的发展。1950 年 4 月 10 日，为加强对外广播，中央广播事业局成立了国际广播编辑部，同一天用“北京电台”(英语为 Radio Peking，后改为 Radio Beijing)的新呼号开始播音。到 1950 年 7 月，北京电台已使用英语、日语、越南语、缅甸语、泰语、印度尼西亚语、朝鲜语 7 种外语和汉语的广州话、潮州话、客家话、厦门话 4 种方言共 11 种语言对外广播。1955 年北京电台增办了对外广播的汉语普通话节目。从 50 年代后期开始，北京电台又陆续开办了针对亚洲和中东地区的老挝语、柬埔寨语、阿拉伯语、波斯语、土耳其语、马来语、印地语、泰米尔语、菲律宾语、蒙古语，针对欧洲、非洲、拉丁美洲的法语、俄语、德语、意大利语、西班牙语、葡萄牙语、斯瓦希里语、豪萨语、世界语和塞尔维亚语广播。到 1965 年底，对外广播播出语言达到 27 种，每天累计播音 100 多个小时。对外广播的覆盖面包括亚洲、欧洲、非洲、拉丁美洲、北美洲、大洋洲的大部分地区。当时，中国对外广播的规模、语种和播音时数，在世界上仅次于苏联和美国位居第三位。

从 1966 年起，为适应国际形势发展的需要，10 年间又增加了 12 种外语广播，其中包括对东欧的捷克语、波兰语、罗马尼亚语、阿尔巴尼亚语、保加利亚语、匈牙利语和对南亚的乌尔都语、孟加拉语、普什图语、僧伽罗语、尼泊尔语，播音时间和发射功率也都有较大增加。但由于“左”的思想干扰，对外广播往往照搬对内广播的宣传内容，使国外听众显著减少，直到 1976 年 10 月以后，情况才有了好转。

1978 年 5 月，中国对外广播机构改名为中华人民共和国国际广播电台(China Radio International，简称 CRI)。经过不断的调整，到 1984 年底，国际广播电台已经使用 38 种外语、汉语普通话和 4 种方言，共 43 种语言对世界各地广播，每天的播音总时数为144小时30分。1984年以后，国际台又陆续开办了面向在华外国人的英语、法语、日语、西班牙语、德语广播。

在1984年以后的10年间，中国国际广播电台没有再增加新的播出语种，而将自己的工作重点放在了提高节目质量和改进覆盖效果上。80年代，中国新建成了3座大功率对外发射台。从1987年起，中国先后同瑞士、西班牙、法国、马里、加拿大、巴西、俄罗斯7个国家的广播电视机构开展互转对外广播节目或租用对方发射机转播中国对外广播节目的合作，明显地改善了中国国际广播电台对西亚、北美洲、拉丁美洲、非洲、欧洲等远距离地区广播的收听效果。除了直接覆盖的改善外，中国国际广播电台向国外、境外电台和电视台定期、不定期地传送和寄送的节目也在逐年增加。目前，定期传送节目的有美国华盛顿的“新世纪电台”、“中国新闻广播网”、“美加华语广播网”，温哥华的“华侨之声电台”，墨西哥的“特莱维萨电视台”，巴西的“巴西利亚超级调频电台”等。

作为中国唯一向全世界广播的国家电台，中国国际广播电台在对外介绍中国的发展情况，阐明中国对国际事务的立场、观点，增进世界各国人民对中国的了解与友谊，维护世界和平，促进人类进步等方面，发挥了重要作用。目前，中国国际广播电台的听众来自200多个国家和地区。1996年，中国国际广播电台共收到听众来信57.8万封，各国听众自发组织的中国国际广播电台听众俱乐部达2000多个。中国国际广播电台不仅是我国拥有海外受众最多的对外传媒，而且也是在世界上影响较大的国际广播电台之一。

中国国际广播电台的各类语种，都有自己的名牌节目，如《中国时事》、《中国课题》、《国际纵横》，许多语种的节目在国外的各种评比中获奖。

为加强国际新闻的报道，中国国际广播电台从80年代起在世界各地建立了27个记者站。这些记者站设在日本、韩国、泰国、印度、巴基斯坦、卡塔尔、以色列、土耳其、俄罗斯、南斯拉夫、德国、法国、比利时、瑞士、意大利、英国、埃及、肯尼亚、津巴布韦、尼日利亚、美国、墨西哥、阿根廷、澳大利亚、联合国(纽约)、香港、澳门。

2. 台湾

中国台湾省在1895年被日本侵占。1925年6月，日伪“总督府”在台北曾建立播音室，进行试验性广播，不久即终止。1928年11月，日伪“台湾广播电台”在台北开始使用日语播音。30年代以来，先后又在台南、台中、嘉义、花莲等地建起了广播电台。上述各台均由伪“台湾广播协会”管辖，总计发射机12架，电力127.9

千瓦。1945 年日本投降后，国民党当局于 11 月派员接管了上述 5 座广播电台。

1949 年中华人民共和国成立，国民党溃退台湾，国民党的“中央广播电台”等先后迁至台湾。同年 11 月 16 日，国民党成立“中国广播公司”。当时在台和来台的广播电台共计有 10 座，公营的有军中台、空军台，民营的仅有民本台以及“中国广播公司”所属的 7 座电台。此后，台湾广播事业逐步发展。最初公营、民营电台齐头并进，后来民营电台有较大增加。到 1995 年底，台湾共有收音机 1360 万台，调频收音机 500 万台，广播电台共有 33 家，其中公营电台 7 家，民营电台 21 家，军营电台 5 家，大部分为 24 小时连续广播。

台湾的“对外广播业务”由“中国广播公司”独力肩负。“中广”是台湾目前最大的民营传播机构，拥有对台湾广播与对海外广播两大系统，24 小时播音，总公司设在台北市，发射基地则遍布全台。

“中国广播公司”初期隶属于国民党“中央宣传部”，1949 年 11 月 16 日，正式改为公司的组织形式，采用企业化经营方式。70 年代，“中广”公司兴建了广播电视大厦并投资创办了“中国电视公司”。1980 年蒋孝武任总经理，加强内部管理，进行了工程技术与设备的更新，使“中广”成为台湾第一个全自动化广播的电台。

1990 年 2 月 9 日起，“中广”第一调频网全面向祖国大陆播出。新闻部还新设了“大陆新闻组”，派人深入大陆各地提供各类信息。

自 1949 年 10 月以来，“中广”以“自由中国之声”(The Voice of Free China)为呼声，用普通话和英语对海外广播，现已增至 15 种语言，所面对地区为东南亚、东北亚、南北美洲和欧洲。另外，“中广”公司所办“亚洲之声”广播电台以东亚各国语、粤语、客家话、闽南语进行广播。

“自由中国之声”自 1985 年起持续派人参加欧洲短波听众联合组织的“欧洲短波协会”(EDXC)的年会，和北美地区短波听众联合组织的“北美广播听众俱乐部联合会”(AUARC)的年会，借以扩大影响。

1989 年台湾“立法院”通过决议，准备成立“国家广播电台”，不再委托“中广”公司经办对海外广播(原计划三年内开办“国家广播电台”，尚未实现)。

台湾的调频广播开办于 1968 年。“中国广播公司”(简称“中广”)的台北地区调频广播电台于当年 7 月 31 日正式播音，节目以新闻及音乐为主。此后“中广”又陆续在台中、高雄、花莲等地设立调频广播台，形成全台的调频广播网。除“中广”外，警察电台、教育电台、军中电台、台北电台等也先后开办了调频广播。

军中广播是台湾当局为配合其政治和军事上的需要，以军队为主要对象进行的广播宣传。军中广播开办于1942年，在“反共”宣传上担当着极其重要的角色。近年来，台湾当局出于整军建军的需要，也为适应台湾的地理形势，除在台北保留军中广播电台总台外，还陆续在台湾各地建立了军中电台分台，并在金门所谓的“最前线”建立了四个喊话站。军中广播电台自1989年起改称“汉声广播电台”，除“汉声”外，较有影响的还有“空军广播电台”。

一直以来，国民党通过“执照制”控制着台湾的广播事业。从1989年到1994年，岛内政治上与国民党敌对的力量逐渐突破国民党的限制，不经过执照程序建立了许多电台和电视台，经济来源主要是短期的资助，如捐赠和义工。地下电台的管理制度和节目形式对传统电台形成了挑战。1994年，非法电台比传统电台更受欢迎。这些电台大多由民进党创办和控制，闽南语是主要的播音语言，内容也多限于民进党的政治活动、台湾本土文化、社会事务和环境主题等，对象是平民。地下电台首创了热线节目，作为听众各抒政见的平台。从1993年底开始，非法电台开始合法化，政治敌对力量的大多数电台都于1994年至1995年之间领取了执照，一些仍在非法运作。由于市场力量的作用，非法电台和非商业电台要维持下去并不容易。

与台湾早期的广播相比，现在的广播节目有了较大的变化。一是专业电台出现并日益增多，如交通台、农业台等。二是节目形式有了较大的变化，如新闻节目在原有的单人播报基础上，大量采用双人播报、录音访问、实况转播、电话访问等多种形式。综合节目采用“明星制”，通过推出名主持人来吸引听众。三是新闻节目的播出量和时效性也都有明显提高。“中广”公司的新闻专业电台创建于1973年8月1日，24小时播音，每15至30分钟播出一次新闻。该公司现在每天播出新闻共达340次以上，70万字左右(包括新闻台，其他广播网和所属地方台)。

3. 香港

(1)香港广播电台

简称香港电台，是香港最早的广播电台，也是香港唯一的公营广播机构。1923年香港市民自发组成“香港无线电学会”，试播一些社会新闻并转播歌剧。1928年6月30日，香港电台由香港政府接手经营而成为正式的广播组织。1929年10月8日，香港政府正式宣布该台为政府电台，委任邮政总监史密夫为第一任台长。1941年12月香港沦陷，广播一度中断，第二年初由日军恢复。战后于1945年9月15

日该台中英文节目再次恢复广播。1948 年 8 月，该台正式命名为“香港广播电台”（RHK），并增加了早间节目时间。1974 年初开始短波调频立体声广播。1980 年 3 月开始全日 24 小时广播。

香港电台下设行政部、电台部、电视部、教育电视、制作事务部等。香港电台现有 7 套独具风格、各有特色的广播节目，即 7 个台。一台每天 24 小时广播，以新闻和信息类节目为主；二台以青少年听众为主要对象，侧重播出流行音乐以及信息、杂志类节目；三台为 24 小时播出的英文台，除报道本地、邻近地区和国际新闻外，还播放本地制作的特辑、音乐、杂志式节目；四台专门提供古典音乐和艺术节目，用粤语和英语播出；五台以播放教育、文化节目和迎合部分人兴趣的节目为主，如粤剧、地方戏曲和普通话节目，听众主要为老年人和儿童；六台每天 24 小时转播英国广播公司的节目，包括世界新闻、财经、戏剧、音乐以及科学、体育节目等；七台则以发布交通信息为主，其余时间播放音乐。

（2）丽的呼声有线广播

“丽的呼声有线广播”成立于 1949 年 3 月 21 日，是英国总公司的一间分公司，在香港广播史上占有一定地位。它初期有两条线路，一条播自制节目，一条转播香港电台的节目。1950 年 3 月分银色中文、蓝色英文、金色中文三个电台，每日播音 17 小时。银色中文台以粤语播出，有戏剧、空中小说、教育节目、儿童节目、讲座、夜总会音乐转播等；金色中文台有国语、潮语、沪语及各地方言节目；蓝色英文台则提供西欧歌曲及英语节目。1963 年 9 月成立中文电视台，集中力量发展电视业务。后来无线电视开办，丽的呼声遂于 1973 年 9 月底宣布停播。

（3）香港商业电台

由香港商业广播有限公司开办的香港商业电台，1959 年 8 月 26 日正式开播，1981 年 6 月增加超短波调频广播，1989 年全部改为超短波调频波段，现与香港电台并列为全港收听率最高的电台。商业电台下设三个台，即有三套节目：商业一台为全天 24 小时广播的综合性电台，用粤语播出，节目以新闻报道、时事和公共事务、综艺节目为主，听众主要为 25 岁至 34 岁的劳动者和中等收入者；商业二台则以“唱片骑师”（音乐节目主持人）秉持的节目、综艺节目以及纯音乐节目为主，全天 24 小时播出，主要用粤语，听众多为年轻人；商业英文台以信息、清淡和国际流行歌曲为主，收听对象主要是 25 岁以上有较高收入的商务人员及专业人士。三个台都采用娱乐与资讯并重的方针，除有针对性地办好娱乐、服务性节目外，都在每半小时报道一次新闻，为听众提供最新消息。

(4)新城电台

香港新城广播有限公司开办的新城电台是1991年开播的新台，下设三个台(即三套节目)。采讯台为亚洲目前唯一一个24小时广播的英语新闻台，除每半小时播出一次本地及海外新闻节目外，还有财经、商业、体育、旅游、健康、科技节目等，听众主要为爱好新闻的人士和暂居香港的外籍人士。劲歌台是以粤语为主的音乐台，听众对象主要为12岁至25岁的青少年。金曲台是一个以英语、粤语广播的音乐台，主要播出20世纪30、40年代流行的爵士乐曲以及近期的精选流行歌曲，听众主要是25岁以上的成年人。

(5)中国国际广播电台

中国国际广播电台从1995年5月1日开始，在新城广播公司的采讯台周一至周五每天播出3小时的特别节目《你好，香港》，每周共播出15小时。该节目以新闻和新闻性栏目为主，向香港听众介绍祖国政治、经济、社会发展和文化体育等各方面的信息，介绍祖国改革开放和经济建设的成就。这套节目分别用英语、普通话和粤语播出，三种语言都分别设立了多个专栏。

另外，采讯台从1996年5月21日开始播出中国国际广播电台为香港听众制作的普通话节目《今夜星辰》，每天播出2小时。

中国国际广播电台每天约有5小时的节目在香港播出。

(6)英军电台

英军电台是由驻港英军管理的专为驻守香港的英军及廊尔喀部队服务的电台，隶属于英国军部影音公司的广播组。英军电台开设有两个台，一为尼泊尔语，二为英语。尼泊尔语台每周播出90小时的节目，内容是专为廊尔喀兵团而设的音乐节目和特别节目。英语台每天24小时播出，内容包括新闻、时事评论、体育、问答比赛和电话节目等。

英军电台在香港回归祖国前夕关闭。

4. 澳门

(1)澳门广播电台

澳门广播电台是澳门最早的广播电台，于1933年8月26日开播，是由一些业余无线电爱好者办起来的。初期每天在21点至23点间，用葡萄牙语播送新闻和音乐，呼号为“CON－MACAU”，1937年停办。1938年9月恢复，但多次改变呼号。1948年,广播电台归澳葡当局经营,从而成为官方电台,隶属于新闻旅游处。1962年,改由邮电厅负责。1980年2月15日,澳门政府与葡萄牙国家广播电视台签约,将澳门广播电台交其管理。1982年10月,澳门广播电台归当时成立的澳门广播电视公司管理,属电台部(后澳门广播电视公司又改组为澳门广播电视有限公司)。

澳门广播电台下设中文台和葡文台两台,均全天24小时播出。中文台以"融入社群,服务人人"为宗旨,节目侧重于本地特色,主要播出语言为粤语,它向澳门居民提供新闻、娱乐、文化、教育等多种节目。为适应过渡期需要,它还设有普通话的新闻和教学节目。葡文电台主要以在澳门的葡萄牙人和懂葡萄牙语的人士为对象,内容也是新闻、体育、音乐、文化、娱乐等综合性节目。

(2)澳门绿邨电台

该电台创办于1950年,创办人为土生葡人罗保博士。开办之初,主要为市民提供娱乐节目,每日用粤语和葡语播送音乐和歌曲。1964年该台全部节目改用粤语广播,并开始承接广告。1969年6月之后,绿邨电台改为纯商业电台,每天从早上6时至午夜零时,共播出18小时,主要播出娱乐节目,有音乐、乐曲、广播剧、儿童故事、话剧、点唱、赛狗消息等。该台没有自编的新闻节目,只是在综合节目中,由广播员根据报纸的报道,加播一些居民感兴趣的社会新闻。此外,每晚深夜,播送一次政府新闻司编发的新闻稿。该台每天还穿插播出几次教会特约节目,共计3小时。

绿邨电台的收入主要靠广告费和教会的赞助。该台使用两个中波频率,其中一个频率的发射功率为10千瓦,播送范围覆盖香港和广东的珠海、中山、顺德一带,另外还办有一套立体声调频节目。

1995年1月3日,该台向外界宣布,因内部原因,暂时停止广播。

第二节　中国电视发展史

1957年,在新中国举办的第一届日本商品展览会上,人们看到了一个神奇的东西:只要对着机器的镜头,一个盒子里就会出现另外一个活动的自己。

这让许多人感到好奇。参观的人们对电视机里边倒比看影像更感兴趣,人们都绕到电视机的后面看，展出人员干脆把壳拿掉，让大家看看里头是什么东西。

我国第一位电视播音员沈力回忆说："建台初期，只有一个播音员，要担负着每天所有节目的播出任务。当时条件比较差，只有一个 60 平方米的演播室，也没有一张桌子，所以播音员要在这个机位前介绍完了节目，马上跑到另外一个机位去播新闻，因为是直播，不能够出错，所以每天播新闻是非常紧张的。"

1958 年 5 月 1 日晚 7 时北京电视台（中央电视台前身）开始试验播出电视信号，这一天成为中国电视事业诞生的日子。1958 年 9 月 2 日，北京电视台转为正式播出，那时每周才播出 4 次，每次只有 2 至 3 小时。这以后，我国的电视事业经历了初创时期（1958－1966）、"文革"时期（1966－1976）、成长壮大时期（1976－1991）和飞速发展时期（1991 年至今）。目前，我国拥有 1000 多家无线电视台，约 1300 家有线电视台，1000 多家教育电视台，这些数字还不包括数百家企业有线电视台。我国电视台的数量是日本的 22 倍，美国的 2—3 倍，居世界之首。

一、初创时期(1958—1965)①

1958 年 5 月 1 日试验播出的北京电视台，设在广播大楼西侧四层楼上的一个不足 60 平方米的排练厅里。排练厅内不到 3 米的高度，甚至无法安装灯光设备。导演控制室是在这个简陋演播厅的一角用三合板隔出的 9 平方米小屋。直到 1960 年，在原广播大楼的院子里设计新建的电视台新址才告落成。它拥有 600 平米的大演播室、150 平米的中演播室和 50 平米的小演播室各一个，以及供声音录制的插播间一个。这标志着我国的电视台已经脱离了简易上马的阶段，开始步入正轨。

但是我们不能说中国电视是"仓促上马"的。因为，早在 20 世纪 50 年代初，中国人已经在酝酿建设自己的电视台了。1953 年，中国派遣了 10 名技术人员到捷克斯洛伐克学习电视技术；1954 年，国务院文教办公室传达了毛泽东主席关于要办电视和发展对外广播的指示；1955 年 2 月 5 日，广播事业局向国务院报告，提出要在北京建立一座中等规模电视台的计划，12 日，周恩来总理批示："将此事一并列入文教五年计划讨论"。从此，新中国的电视事业进入了孕育期。此后，广播事业局一方面加紧人员的培训，一方面抓紧进行黑白电视设备的研制。

---

① 本部分整理自任远：《中国电视 50 年的风风雨雨》，人民网一传媒频道。

当时有消息传来：台湾将在美国无线电公司的帮助下建立电视台，将于1958年10月开播。这促使广播事业局的领导下决心要赶在台湾的前头上马。但是，苏联“老大哥”专家组却泼了一盆冷水，说中国还缺乏发展电视的条件。被激怒的“中国兄弟”决心“土法上马”，经过3年的努力奋斗，终于让自己的电视台屹立在世界的东方！

据记载，1958年5月1日19时整，北京仅有的60余块电视屏幕上出现了以广播大楼模型作为背景、叠上“北京电视台”字样的画面。

当晚试验播出的节目如下：

19∶05　座谈会：《工业先进生产者和农业合作社主任庆祝“五一”节座谈》

19∶15　中央新闻纪录电影制片厂摄制的纪录片：《到农村去》

19∶25　诗朗诵：《工厂里来了三个姑娘》、《大跃进的号角》（中央广播实验剧团演出）

19∶30　舞蹈：《四小天鹅舞》、《牧童与村姑》、《春江花月夜》（北京舞蹈学校演出）

19∶50　科教电影：《电视》（由莫斯科科教普及电影制片厂制作）

我们再看一看北京电视台开播后前两周的播出安排：

19∶00　开始曲和开始标志，本日节目预告

19∶05　第一周　文艺节目（包括小型歌舞短片和猜谜娱乐节目）

　　　　第二周　儿童广播节目（包括木偶、动画片）

19∶35　第一周　科技、卫生和实用知识节目（包括科学教育电影）

　　　　第二周　政治节目（包括自摄新闻性、综合报道影片）

20∶00　故事影片

22∶00　三天气象预报，节目预告，终止。

星期天：

18∶45　开始曲和开始标志，本日节目预告

18∶50　《新闻周报》影片

19∶00　转播剧场实况节目、运动场馆实况节目或放送故事电影

22∶00　三天气象预报，节目预告，终止

这样的节目构成，一方面是受初创时期电视自身在人力、物力以及经费条件上的限制；另一方面，也可以从中看出当时新中国的电视受苏联和东欧国家电视的影响很深，例如，更加注重政治和科教。

刚成立的北京电视台领导机构是"编辑部"，主任是罗东，副主任是孟启宇和胡旭。第一位电视播音员是 1957 年刚从部队转业的沈力。第二年，招进了一位男高中学生赵忠祥，接着又是一位来自女十二中的吕大渝。

北京电视台的成立，揭开了中国电视发展的新篇章。1958 年 10 月 1 日上海电视台开始试验播出；同年 12 月 20 日哈尔滨电视台建成并试播。1959 年至 1961 年之间，天津、广东、吉林、辽宁、山西、江苏、浙江、安徽、山东、湖北、四川、陕西等省、市相继办起了电视台。黑龙江省在创建了哈尔滨电视台之后，又在齐齐哈尔、牡丹江、佳木斯、鹤岗等中等城市办起了电视台，即使贵州、云南、甘肃这些经济欠发达的地区也不甘落后。但各地都在 1962 年前后因为经济困难而被迫放弃。新疆曾在 1960 年 10 月筹建电视台，尚未播出，也因为经济困难而停办。起步维艰的原因是多方面的，"大跃进"失败的影响，三年自然灾害的破坏，加上苏联政府撕毁许多国家重点建设项目的协议，以及催逼偿还贷款，造成我国国民经济从 1959 年到 1961 年的严重困难。

1962 年，广播电视事业不能不面对当时的现实，进行调整和精简。在"紧缩规模、合理布局、精简人员、提高质量"方针的指导下，省会所在地的市台原则上和省台合并；到 1963 年上半年，原来成立的 23 座电视台，只剩下北京、上海、天津、广州、沈阳 5 家正式台和哈尔滨、长春、西安 3 家试验台。1965 年 5 月 19 日，广播事业局向国务院报告并获批准，哈尔滨、长春、西安试验台和太原电视教育台转为正式台。后来又有一些地方台恢复播出，截至"文化大革命"前，全国共有 12 家电视台。

即使条件十分困难，我国电视工作者还是怀着对电视这种新媒体在自己国家诞生的兴奋和责任感，创作了一些很受欢迎的电视节目。1958 年 6 月 15 日，北京电视台播出了中央广播实验剧团演出的我国第一部电视剧《一口菜饼子》(导演胡旭)。这部电视剧表现的是刚解放的农村姐妹，由"一口菜饼子"引发了忆苦思甜。这部剧是直播的，因为当时还没有录像机，拍摄胶片又太昂贵、费事，只得在那间 60 平米的"演播厅"内随演随播。同年 10 月 25 日，建台刚 25 天的上海电视台也播出了第一部电视剧《红色的火焰》。也许因为上海电视台受益于上海一直是中国电影艺术基地的优越条件，在创业起步阶段，到 1966 年 6 月，该台先后制作、播出了各类电视剧 39 部。

其他各地电视台也根据自身的条件，发挥独特优势，推出了不少具有地域特色的电视节目。例如，哈尔滨台播出自己创作的以北方曲艺为主的文艺节目：山东快书、西河大鼓、诗朗诵、相声、歌唱等。1959 年 12 月 20 日该台用直播方式播出了电视剧《生活的赞歌》，一直到 1966 年，共播出了 16 部电视剧。

再如天津台，该台在创业阶段开辟了《文化生活》等 20 余个电视专栏节目，同时在 1964 年春节，推出了自己拍摄的第一部电视剧《搬家》，稍后又播出了另一部电视剧《第一和第二》。

北京电视台位于首都，自然担负着领头羊的使命。在起步阶段，早期的 20 多位电视工作者除了在北京地区拍摄电视新闻片外，还要到全国各地采访报道。当时给记者规定的任务是每个月“两长八短”。“两长”是指 10 分钟以上的纪录片或专题报道；“八短”是指新闻片。1958 年 7 月，记者孔令铎、庞一农拍摄了我国第一部电视纪录片《英雄的信阳人民》，报道了河南信阳人民抗灾的斗争。1961 年底，记者庞啸随中国青年代表团访问了阿尔巴尼亚，他所拍的新闻除播出外，还被中国记者协会选去放映，供各国驻华记者和新闻官员观看。1962 年 4 月，北京电视台连续十多次播出记者李华在老挝拍摄的纪录片，然后又选择其中 11 个选题精编后，分为上下集，定名为《老挝在前进》。该片不仅在国内播出，还被送往国外。1963 年底到 1964 年初，李华又跟随周恩来总理访问非洲 14 国，共拍摄了 16 毫米胶片 24 万英尺的素材，编成了 20 条 10 至 20 分钟的《电视通讯》，先后播出 26 次，并汇编成《周总理非洲之行》上下集。1965 年 1 月，北京电视台陆续派出叶惠、朱景和、周居芳、韩金度等在越南采访，并常驻河内，先后达 9 年之久。他们冒着生命危险，不畏艰苦，在越战前线和后方拍摄了数万条新闻，还编成《英雄的越南南方人民》、《战斗中的越南》、《越南青年突击队》等新闻专辑或纪录片播出，有的还被送到国外电视机构。

1958 年 9 月 2 日，北京电视台经过 4 个月的试播，正式开播，由原来的每周两次播出，增加为每周四次，每次为两个半小时。1959 年元旦，北京电视台又改为每周播出六次，并从 1959 年 4 月 21 日起，开始向苏联、民主德国、罗马尼亚、匈牙利、波兰、捷克斯洛伐克的电视台寄送新闻。至 1965 年，除上述 6 国外，北京电视台还与阿尔巴尼亚、朝鲜、古巴、阿拉伯联合共和国、日本、英国、印度尼西亚、伊拉克、叙利亚、摩洛哥、肯尼亚、苏丹、荷兰、瑞典、刚果(布)、法国、巴基斯坦、柬埔寨、乌干达、加纳、智利、芬兰、德意志联邦共和国、意大利、比利时、加拿大等 33 个国家的电视机构建立了交换节目或互购节目的关系，并在 1963 年开始参加国际电视节活动。1963 年和 1964 年，在阿拉伯联合共和国国际电视节上，北京电视台送展的电视纪录片《金晓峰和红铃虫》、《对虾》等先后获奖。

1961 年 4 月，第 26 届世界乒乓球锦标赛在北京举行。北京电视台第一次在北京现场直播世界性体育赛事盛况，导演是张家成，现场解说是张之，转播队伍调集了北京电视台的全体主力。在转播的同时，也以最快的速度拍摄新闻片送往全国各地电视台播出，并向世界上 33 个国家寄送了 87 份电视片的拷贝。

这一年，北京电视台演播室里制作和播放了 3 次《笑的晚会》，导演是笪远怀，它是相声和电视小品的荟萃，对此后的电视综艺节目进行了有益的尝试。

1959 年 9 月，北京广播学院在 1955 年 9 月建成的原“广播专科学校”的基础上，升格为本科大学，并且招收了一批经过国家考试合格入学的优秀青年。此后，经过半个世纪的建设，这所大学如今已经发展成教育部直属综合性重点大学，并更名为“中国传媒大学”。几十年来，她为中国广播电视第一线培养了难以计数的专业人才。据统计，至上世纪 90 年代，在我国各级电视台处级以上的领导干部中，有 70％以上是从北京广播学院毕业的。

综上所述，中国电视事业虽然一起步就遇到了“天灾人祸”，经历了“风雨交加”的最初年代，但是，历史证明了在中国共产党的领导下，中国人民是压不夸、吓不倒的。中国的电视事业，也是一步一个脚印，挣脱了各种羁绊，步履艰难而坚定，赢得了创业第一回合的胜利。

二、“文革”时期(1966—1976)

“文化大革命”开始以后，新制定的节目审查标准十分严厉，“坏节目”一律不准播。属于“坏节目”的包括：歪曲历史真实，专写错误路线的；描写英雄人物却是犯错误的，歪曲英雄形象的；描写战争恐怖，宣扬苦难的；专写中间人物，丑化工农形象的；美化阶级敌人、模糊阶级界限、调和阶级斗争的；提倡资产阶级人道主义，宣扬人性论和所谓“人情味”的；写谈情说爱，宣扬资产阶级、小资产阶级思想感情的；

传统剧目，包括帝王将相、才子佳人和鬼戏，不管中国或外国的，等等。[①] 如此一来，电视文艺百花凋零。而且更有甚者，北京电视台于1967年1月6日停止播出。全国大多数电视台（除上海台外）也都停播。

1967年12月，中共中央派出“军管小组”，收回被造反派夺去将近一年的广播电视大权。1969年4月，中国共产党第九次全国代表大会召开，无政府状态基本结束。1968年前后，各省级电视台陆续恢复。1970年10月1日，新疆、青海、宁夏、甘肃、广西、福建开始正式播出或者试验播出电视节目。1971年初，中央广播事业局在北京召开的全国电视专业会议确定，在大多数省份着手建设正规黑白电视台的同时，北京电视台和少数地方电视台向彩色电视迈进。于是，彩色电视会战在北京、上海、天津、四川四省市开展起来。但是，“彩电攻关”的道路并不平坦，在物质、技术、经验和信息都十分匮乏的情况下，闭门造车实难一蹴而就。1972年2月，美国总统尼克松访华，给中国彩电研制的天平加上了重重的砝码。根据协议，中国向美国租借了彩色电视制片和播出的全套设备；同时，在北京和上海等地建起了联合制片播出中心；然后，将这些中心和设备租给美国方面使用，费用两抵。1972年，中央广播事业局军管小组几次向国务院打报告，提出“进口彩电设备”的请求，并获批准。1973年5月1日，北京电视台面向首都观众的彩色电视正式试播。8月1日，上海电视台试播彩色电视。天津电视台、成都电视台（现四川电视台的前身）也先后开办了彩色电视。1976年，商业部和中央广播事业局对全国电视机的数字进行了统计，截至1975年底，全国仅有电视机46.3万台。其中国产彩电4000台，进口彩电1900台。68%的电视机分布在城市，32%分布在农村。按当时8亿人口计算，每1600人才拥有一台。[②]

三、成长壮大时期(1977－1991)[③]

1. 复苏时期

从1976年开始，我国电视的“硬件”呈现快速增长的趋势。首先是各省、市、自

① 参见郭镇之：《中国电视史》，文化艺术出版社1997年版，第12页。
② 参见岳淼：《中国影视传播史纲》，中国传媒大学出版社2007年版，第4—6页。
③ 本部分整理自任远：《中国电视50年的风风雨雨》，人民网—传媒频道。

治区恢复了“文革”期间被强行关闭的电视台。到1976年底，全国电视台增加到了39座，转播台达到144座。北京电视台的彩色节目可以传播到25个省、市、自治区。电视观众的人口覆盖率拓宽到36%，不只是局限在几个大城市，而是分布在全国各地，有3亿多人口可以看到电视。不过，他们还是集中在东部沿海，其中北京、上海、天津、辽宁、湖北等省市，电视覆盖率超过了50%。在1976年，中国一些地方台已经掌握了比较现代化的电视讯号传输技术，全国各地精彩的文艺、体育和新闻节目可以及时传送到北京，再通过北京转播或编选后传送给全国各地方台。

1978年5月1日，在北京电视台开播20周年的时候，正式更名为“中央电视台”。7月18日，中央电视台通知，再开放河南、南京、武汉、湖南、河北、四川6家电视台向北京传送节目。传播手段的改进在极大程度上也提高了传播的质量。从1976年到1978年，中央电视台和各地方台进行了一系列拨乱反正，解散了“文革”时期的领导班子，组成了富有经验、业务能力强的新领导班子，整顿了电视编播队伍，大力推进电视节目的改善和提高。

这一努力首先体现在新闻和纪录片的发展初见成效。1976年7月1日，北京电视台试办了《全国新闻联播》。但是，节目每晚7点仍旧在原来的《电视新闻》中播出10到15分钟，全部为国内新闻，没有国际新闻。当时，只能传送到十多个省、直辖市，新闻报道取材面还不够宽，时效性也不够强，播出的节奏也缓慢、冗长拖沓。针对这种情况，1977年7月中旬，北京电视台新闻部相继召开了华东、中南、华北、东北、西南、西北各大区的会议专题研究探讨改进新闻节目。经过多次台际间的交流、探讨，各地向北京电视台提供的新闻数量明显增加，时效性也加强了，这为正式开办《新闻联播》创造了有利条件。

1978年1月1日，《新闻联播》正式打出名称字幕，定时播出并恢复了“文革”期间中断了的由播音员出图像向观众播报新闻提要的形式。这一时期，还没有采用直播新闻，全都是录播。但是，每条新闻由原先的5－6分钟，缩短为不超过3分钟。同时取消了原来从“新闻电影”那里学来的新闻配音，采用了现场音效，增强了新闻的现场感和真实感。

《新闻联播》在这一时期，基本上采用了“老三段”的编排模式：“国内新闻”、“口播新闻”、“国际新闻”。

这一时期的新闻内容自然是以及时反映全国党政军民拨乱反正为主。1976年10月22日和23日，首都150万军民欢庆粉碎“四人帮”举行的声势浩大的游行活动，北京电视台不仅拍摄了新闻，而且于 10 月 24 日又在天安门广场转播了首都群众庆祝大会的实况。当时各行各业百废待兴，1977 年相继召开了全国“工业学大庆”、“农业学大寨”会议。4 月 23 日，北京电视台播出了“工业学大庆”会议开幕式和李先念副总理讲话的新闻。该台还开设了《工业学大庆》、《农业学大寨》和《人民子弟兵》三个新闻专辑栏目。

电视纪录片也加强了纪念和教育的意味。1977 年 9 月，北京电视台女编导王娴等拍摄了《毛主席在中南海居住过的地方》；1977 年 12 月中旬，戴维宇等利用革命历史博物馆“周总理办公室复原展览”修正的 48 小时空隙，抓紧拍摄了《周总理办公室》。这两部纪录片，表达和寄托了人民对革命领袖的哀思和无限怀念，影响很广、很深远。

1977 年，北京广播学院受广播事业局国际联络处的委托接待了英国独立电视网(ITV)所属泰晤士电视台纪录片导演查理·耐恩一行，帮助他们在北京以中国芭蕾舞团为对象，拍摄了十年动乱中一出芭蕾舞剧(《天鹅湖》)从被禁演到恢复排练、重新演出的故事，以及导演戴爱莲、主演白淑湘等在十年间受到的伤害。这部纪录片取名也叫《中国》，在英国播出后获得了热烈的反响。它是打倒“四人帮”后，第一部外国电视台来华拍摄的纪录片。查理·耐恩还于拍片空隙在广播学院讲学，把西方纪录片崇尚写实主义的风格及其策略、方法传授给学生。这对于日后中国电视纪录片写实主义创作主流的成型和发展，起到了积极的作用。在当时的报纸和理论刊物上，开始出现了清算“四人帮”时期新闻和纪录片造假和粉饰美化现实恶劣作风的文章，为后来中国纪录片的发展和成熟做了充分的思想和理论准备。

这个时期的电视文艺节目，也必然具有那个时代的特色：一方面是拨乱反正，另一方面是宣泄被“四人帮”压制了 10 年的革命情怀，再就是对周恩来等老一辈无产阶级革命家表达哀思和缅怀之情。因此，随着文艺领域的“解冻”，一大批在十年动乱期间被禁播的文艺节目陆续在电视中播出，一时间荧屏上出现了纪念热潮。

1976 年 12 月 21 日，《诗刊》编辑部主办朗诵音乐会，北京电视台进行了转播。朗诵音乐会上许多遭受“四人帮”迫害的文艺工作者，如常香玉、李德伦、郭兰英、王玉珍、王昆、马玉涛等，在平反之后重登舞台和荧屏，心情格外激动。晚会的主旋律是“怀念周总理”，一首《周总理，你在哪里》的诗朗诵感动了千万人。歌唱家郭兰英演唱的《绣金匾》，为纪念周总理改动了歌词。当唱到“三绣周总理，人民的好总理。鞠躬尽瘁为人民，我们热爱您”的时候，台上台下失声痛哭，人们任凭对周总理的怀念之情汹涌而出。

1977 年 1 月周恩来逝世一周年的纪念活动中，电视播映的怀念节目又一次达到高潮。北京电视台播出了“纪念伟大的无产阶级革命家、杰出的共产主义战士周恩来逝世一周年文艺演唱会”和“诗歌朗诵会”，还播放了彩色纪录片《敬爱的周恩来总理永垂不朽》。这部似乎有点迟到的纪录片却更加强烈地呼应了人们压在心头的悲愤。纪录片高度纪实的画面记录了人们在总理遗体前悲痛欲绝的情景，和首都群众自动聚集在十里长街为总理送行的场面，饱含激情的解说词，像“长夜无言，天地同悲。只见灵车去，不见总理归”，“人们结队成群，人们扶老携幼，心为总理哀伤，泪为总理横流”等句子，更把人们对总理的敬爱、悼念、缅怀表达得淋漓尽致。1 月 8 日晚，北京电视台播出了文艺专题《我们怀念你啊，敬爱的周总理》。郭兰英又一次演唱了《绣金匾》，当她唱到“三绣周总理”一段，在末尾几乎泣不成声，只有那板鼓在急速击打着，在延续一刻之后，郭兰英拼尽全身的气力和感情唱出了最后一句歌词。这时，全场掌声雷动，夹杂着哭声和呼声。人们的激情像火山爆发那样，整个剧场似乎都在震撼着。

电视屏幕向全世界展现了一个东方民族特有的表达感情的方式，一个摆脱了捆绑的国家和人民爆发出来的威力。

1977 年 9 月 9 日，北京电视台转播了纪念毛主席逝世一周年的文艺演出，并在同一天转播了话剧《杨开慧》；12 月 26 日又播出了歌颂毛主席的诗歌朗诵会并转播话剧《秋收霹雳》；同年 11 月 21 日播出鲁迅、郭沫若诗歌朗诵会；11 月 26 日选播了亿万人民的心声：《天安门诗抄》。在这一电视文艺复苏的时期，虽然节目的政治色彩浓厚，但是符合当时的时代背景和人民需要，很受群众欢迎。

1977 年北京电视台开始播放一批传统节目。最先播放的有湖南花鼓戏《十五贯》、京剧《闹天宫》、昆剧《大破天门阵》、京剧《打渔杀家》等。

1978 年元旦，北京电视台转播了中央广播文工团、中央民族学院及东方歌舞团演出的《独唱音乐会》、京剧《杨门女将》和话剧《霓虹灯下的哨兵》。

1978 年 2 月 6 日，北京电视台为观众举办了粉碎“四人帮”以后的第一台春节晚会。郭沫若为这次春晚写了春联：“四害必须肃清，飞雪迎春到；三年肯定大治，心潮逐浪高”。晚会内容丰富，形式多样，有歌舞、猜谜、新电视片、新故事片、新排演的戏曲等。一大批文化界名人如杨沫、李瑛、李苦禅、王晓棠、于蓝、马季等出席并表演了节目。

在1978年里，电视上还播出了不少外国文艺团体的来华演出，例如转播了墨西哥、印度舞蹈家访华表演实况，小泽征尔指挥中央乐团交响乐队演奏交响音乐会，和中央乐团、中央音乐学院演出奥地利作曲家舒伯特作品音乐会。

从1977年开始，电视屏幕上开始播放外国电影。9月1日，为了配合铁托总统访华，播了南斯拉夫故事片《瓦尔特保卫萨拉热窝》和《桥》；11月29日播放了第一部引进的外国电视连续剧：南斯拉夫的《巧入敌后》。1978年1月，北京电视台开始播放它同上海电影译制厂合作译制的BBC出品的电视连续剧《安娜・卡列尼娜》；这一年的10月，配合邓小平访日，央视放映了日本故事片《望乡》和《追捕》。

1978年5月22日，央视播出了粉碎"四人帮"以后的第一部电视剧《三家亲》。这是我国第一部实景录制的电视剧，它以真实的环境、多变的场景和灵活的镜头反映了生气勃勃的农村生活。这种风格使人联想到在"二战"后废墟上出现的意大利新现实主义，"扛着摄影机上大街"，用长镜头加同期声，在实景中拍摄真实的故事。在以后相当长的时间里，中国电视剧沿着这条道路走向繁荣和成熟。

1978年在央视播出的国产电视剧（包括央视自己和地方台制作的）共8部。因此，可以说这一年是中国电视剧开始恢复的第一年。

从1977年到1978年，专栏节目也在逐渐恢复。1977年5月22日，建台不久便开播的《文化生活》在被停播10年后，又重新恢复播出；10月26日，北京电视台国际部又开办了《世界各地》；1978年4月，推出了《体育之窗》；同年9月30日央视又开辟了《祖国各地》栏目，它反映了祖国各地的风土人情、地理风光、文物古迹、古今名胜、风物特产和建设新貌。《祖国各地》一开播就受到观众的欢迎，观众称赞它为"电视观光"、"坐游祖国"。

在这一时期，北京广播学院电视系从原来从属于新闻系的一个专业升格为独立的系，担负起为全国电视台培养电视编播专业人才的任务，并从1977年夏季开始，按照广播电视部和高等教育部的决定，遵循全国艺术院校专业面试加全国统考的办法来选拔考生。这一批学生毕业后成为从央视到各省、直辖市、自治区电视台的骨干。

短短两年的修正和恢复，中国的电视队伍已经做好充分准备，去迎接即将面临的繁荣、发展新使命。

2. 改革开放的起始时期

这一时期，在中国历史上有着至关重要的地位，因为它是中国改革开放的起始时期。1978 年 12 月 18 日 至 22 日，中国共产党第十一届三中全会在北京召开。全会认真总结了历史经验，明确肯定“实践是检验真理的唯一标准”和“实事求是”的思想路线，批评了“两个凡是”，提出了“解放思想，开动脑筋”的口号，使全国人民都认识到，必须完整地、准确地掌握毛泽东思想的科学体系，一心一意搞建设，奔向富强的历史新时期。

中国电视事业在“进一步解放思想”方针的指引下，开始探索和谋求“发展自身独特优势”，“走自己的路”。

在这一时期，中国家庭电视机拥有量在迅速攀升。1979 年，全国共有电视机 485 万台，其中大多为 9 英寸或 14 英寸的黑白样式；到 1983 年，这个数字猛增到 3622 万台，而且有一部分是进口的彩色电视机。电视在社会上的影响力随之扩大。

在这样的形势面前，原先把电视看做无足轻重的“小弟弟”，“电视不是独立的艺术，只是播放工具”的文艺界、电影界，感到了压力。居安思危的电影界已经感到再也不能像以往那样无偿向电视台提供影片播出，为了避免“吃亏”，1979 年 6 月中国电影发行放映公司提出停止向电视台供应新故事片，新影片在公映半年后才能提供给电视台播放。过去以上电视为荣的文艺演出团体，也随之提高了对电视录制信息的收费标准。

一时间，电视台原先的“小剧场”、“萎缩电影院”式的日子过不下去了。电视节目源一下子出现了一个大缺口。省吃俭用花费多年积蓄购买电视机的广大观众怨声四起。形势逼人，中国的各级电视台统一了思想，要开辟新的节目资源，只有靠电视人发挥自家优势，走独立、独特的发展道路。用现在的话来说，那就是“要按照电视自身的规律来办电视”。

(1)电视新闻

这种新的变化，在电视新闻节目方面不那么鲜明，这是因为电视新闻原来就是电视台主要的自办节目。当然，面对十一届三中全会召开以后，全国改革开放的进程，新闻节目自身的内容和报道形式、方法，都需要改进。但是，改进的力度都不大，变化也并不显著。

1981 年 3 月，中央书记处对广播电视事业的性质作了明确的阐述：广播电视事业是建设精神文明的重要工具，是宣传党的路线方针政策、促进安定团结、丰富人民精神文化生活的重要工具。4 月 13 日至 21 日，中央广播事业局在青岛召开了全国电视新闻工作座谈会，这是一次影响深远的重要会议。它着重讨论了“全国一盘棋”，共同办好《新闻联播》的问题。早在 1980 年 10 月第十次全国广播电视工作会议上，就已经确定了地方电视台是中央电视台的集体记者，现在，当务之急就是全国电视台要齐心合力，在“自己走路”的方针指引下，力争在不太长的时间里把《新闻联播》办成一个比较完整、比较系统地对国内国际的重要事件及时进行形象化报道的节目，使之成为全国观众获取新闻信息的重要途径。当年 7 月 1 日，《新闻联播》改革了编排模式，把原来按照报道形式、手段划分的一国内新闻片、二口播新闻、三卫星收录的国际新闻这“老三段”模式，改造成按照新闻内容和新闻价值统一编排，缩短新闻长度，增加条数，取消背景音乐，同时对节目标志、播音员图像背景、新闻提要处理、气象预报等都做了明显的改进。

在这一时期，央视的新闻节目也出现了批评揭露性的报道，揭开了舆论监督的序幕。1979 年 5 月 1 日，两位刚从北京广播学院毕业的青年记者用长镜头抓拍了某些领导干部的家属乘公家轿车到王府井购物的真实场景，9 月 12 日以《王府井停车场见闻》为标题在《新闻联播》中播出。一时舆论哗然，信件、电话纷至沓来，几天之内栏目就收到观众来信 3000 余封。此后，央视《新闻联播》批评性报道开始增多。1980 年初，每月已有超过 20 条之多。各地方台电视新闻节目也纷纷开展了批评性报道，开设了以舆论监督为主的新闻栏目。如北京电视台的《观众之声》、山东电视台的《街头见闻》、福建电视台的《新闻半小时》和上海电视台的《观众中来》等栏目，它们在全国也很有名气。1988 年底，《新闻半小时》在由观众评选的福建电视台“十佳”栏目中，获得 88％的选票，位居榜首。观众反映这个栏目忠于新闻工作的使命，在揭露不正之风和干部腐败现象的斗争中，敢讲真话，敢谈热点、焦点话题，不畏强权，锋芒锐利。《观众中来》是上海台 1984 年 5 月 4 日开办的栏目，在该台每晚《新闻报道》中播出。它也是一档敢于揭露问题、开展社会批评、坚持反映群众呼声的栏目。它每天收到观众来信多达百余封。1985 年 4 月，《观众中来》扩展为 20 分钟的日播独立栏目。

1987 年 7 月 5 日，上海电视台又开办了杂志型电视新闻栏目《新闻透视》，着重报道社会性题材，体现了新闻性、社会性、知识性、服务性，注重对新闻事件或社会现象进行纵横述评，深入剖析，是非常优秀的新闻深度报道专栏。

在这一时期，新闻性节目最重要的变化是节目主持人的出现。节目主持人是随着新闻评论性节目的出现而诞生的。1980 年 7 月 12 日，央视第一个述评性新闻栏目《观察与思考》开播，首播节目的标题为《北京居民为什么吃菜难》，庞啸作为第一个被正式冠名为“节目主持人”的出镜记者登上了屏幕。与此同时，各个地方台也在加强电视与观众在互动方面的积极探索。1980 年 6 月 1 日，广东电视台推出了《六一有奖智力测验》，在节目中设置了类似司仪的节目主持人；1981 年 7 月 28 日至 11 月 17 日，中央电视台举办了 13 场“北京中学生智力竞赛”，节目中设置了类似老师的人，由他来宣布知识竞赛的问题和答案，并挑选了赵忠祥担任节目主持人。这样使节目充满了魅力，紧紧吸引着观众的深度参与。

这段时期新闻节目的另外一个重大突破，是现场报道特别是新闻直播的出现。1987 年 10 月，中共十三大召开，10 月 25 日，通过现场直播设备，央视第一次实现了同步报道党的全国代表大会开幕的情况。这样就大大加强了新闻的透明度、现场感和参与感。

(2)电视纪录片

首先我们想到的是大型纪录片《丝绸之路》，它是十一届三中全会以后，我国第一部大型电视纪录片，也是中外合拍电视的第一部作品。1979 年 4 月下旬，日本广播协会(NHK)《丝绸之路》摄制组与中央电视台签订合作协议书，约定：双方共同投资组成联合摄制组，拍摄的胶片统一在日本冲洗；双方拍摄的素材共用，各编自己的版本。经过一年多的拍摄，《丝绸之路》于 1980 年 5 月 1 日在我国开始首播，1980 年 5 月 7 日开始在日本播出。

《丝绸之路》运用访古问今的纪实手法，以丝绸之路故道为脉络，由东向西，自然分段(集)，采访深入，摄影功力扎实，内容极其丰富，系统性强。其中中方摄制的《到楼兰去》(上下集)是全片拍摄最艰苦也是艺术效果最佳的篇章，在日本获纪录片大奖。第一集《古都长安》在日本首播时，立即引起了日本的“丝绸之路热”，收视率高达 20%，同名的书籍、摄影展览也获得了空前轰动的效果。该片还在 1980 年度全国电视专栏评奖中荣获优秀节目奖。

这一时期变化最大的是电视纪录片的发展和成熟。从 20 世纪 70 年代末以来，经过 10 余年的努力，我国的电视纪录片创作出现了空前繁荣的盛况。电视纪录片的制作、播出数量，仅在中央电视台(CCTV)每年都有千部(集)左右，制作的技艺也在不断进步。纪录片作为一种重要的节目形态，对提高电视文化品位起着无可估量的积极作用，已为许多电视工作者所认识、掌握。其成熟的标志，是我国各地电视台先后出现了以专栏形式播出的纪录片固定节目，例如中央电视台的《祖国各地》、《神州风采》、《兄弟民族》和《地方台30分钟》等“名牌”节目，北京电视台（BTV）的《今日京华》，上海电视台（STV）的《纪录片编辑室》，大多数为每周播出一集，而《神州风采》、《今日京华》则为每天一集，它们都曾经连续播出三年以上。这些电视机构的负责人有一个共识：纪录片创作水平是一家电视机构自办节目水平高低的标志。电视观众对纪录片的反映是热烈的，许多纪录片专栏连续播出了几年甚至十多年（如中央电视台1978年9月30日开播的《祖国各地》、1983年10月开播的《兄弟民族》播龄均在10年以上）。有些精品，如《话说长江》（25集，1983年8月7日开播）、《话说运河》（35集，1986年7月5日开播），收视率达到30%以上，几乎与同时播出的电视连续剧《四世同堂》、《红楼梦》不相上下。《话说长江》曾向观众征集主题歌歌词，短短的13天里，观众来稿即达到5000多份，稿件来自祖国四面八方，从14岁的小学生，到90高龄的老者，还有卧床不起的癌症患者。1992年上海电视台播出《十五岁的初中生》，反映了中学生学习负担过重的现实社会问题。激烈的分数竞争，来自各方面的压力，使孩子们难以承受，一些孩子心理受到伤害，极个别的孩子甚至出现自杀倾向。这部纪录片在社会上引起了强烈反响，报刊上开辟专栏展开讨论，舆论界、学生和家长对作品的赞誉占据了压倒性的优势。

十多年来，我国的电视纪录片一直充当着“文化使者”的角色，参与了中外电视文化的交流，积极担负起了“阐明抉择、解释历史和增进人类的了解”的使命（美国阿兰·罗森沙尔《纪录片的良心》的“序言”）。1989年以后，中国各地电视台制作的纪录片，屡次在国际电视节上获奖。其中佼佼者如：西藏电视台和四川电视台合拍的《藏北人家》，荣获1991年度四川国际电视节“金熊奖”大奖，并被邀请参加了1992年法国戛纳电影电视节；宁夏电视台、辽宁电视台合拍的《沙与海》，荣获1992年亚广联“纪录片大奖”；上海电视台拍摄的《十字街头》，获得了1992年上海国际电视节“白玉兰”纪录片大奖。改革开放以来，中国的电视纪录片人孙曾田、王海兵、程晓卿、彭辉、梁碧波、余永锦、江宁、李晓、张以庆、李汝健、戴艺、何苏六等带着《最后的山神》、《深山船家》、《回家》、《龙脊》、《三节草》、《平衡》、《德兴坊》、《重逢的日子》、《英和白》、《山里的日子》、《舟舟的世界》、《幼儿园》、《德巴在歌唱》、《十八里赶海》、《母亲，别无选择》等优秀纪录片作品，几乎每一年都能在世界各地的国际纪录片节上获奖。过去，世界电影史或纪录片史从来没有中国人的名字或中国纪录片片名的“传统”被颠倒了过来。

(3)电视文艺节目

电视文艺节目在这一时期也开始转型,并迅速发展、繁荣。

但是在起步的时候,电视文艺工作者感到的却是新时期所带来的巨大压力。一方面,中央广播事业局根据观众需要向电视台提出增加节目播出次数和延长播出时间的要求;另一方面,电视文艺又面临新影片、新剧目首播权被取消的致命打击。电视文艺工作者感到“被逼上了梁山”,必须开辟出“电视独自发展的道路”。他们从改革开放以来陆续引进的外国电视节目中呼吸到一些新鲜的空气。同时,北京广播学院和各电视台派出的访问学者带回了许多电视传播的新理念,也有的放矢地和电视制作、播送实践相结合,许多电视编导逐渐明白电视传媒有着自身的特性和规律,例如电视的兼容性、现场性、连续性以及观众的深度参与性等,这些新的理念都在不同程度上滋润了电视文艺的创作。很快,电视文艺节目就取得了初步成果。

1979 年 9 月 15 日至 10 月 21 日,中央电视台举办了“庆祝建国 30 周年全国电视节目展播”,在 41 天内,25 个省、直辖市、自治区推荐了自己的电视文艺节目,形成了 21 年来我国第一次大规模的节目交流。

身处改革大潮前沿的广东电视台率先为全国观众送来了温暖的南风。1981 年元旦,他们开办了一个杂志型文艺专栏《万紫千红》。它的内容丰富多彩、形式活泼多样、结构灵活多变,既有以风光旅游为主的娱乐专辑,又有主题文艺晚会,还有花式翻新的各色拼盘,以及综艺晚会和观众自娱节目。它一出现就让人觉得耳目一新,受到观众欢迎。1981 年广东台又推出了《百花园》专栏,专事播出经过整理加工的优秀保留节目。

1981 年 4 月,央视又一次主办全国优秀节目评选,并在北京召开了文艺专题节目研讨会,推动了各地电视台对文艺节目的探索。就在这个时期,1977、1978 年入学的大学生相继毕业,电视文艺队伍增添了新鲜血液,扩充了队伍,并且为电视文艺带来了活跃的新思维、新观念。

1982 年 10 月下旬,央视召开了“节目栏目化”的专题研究讨论会,同时开始筹备新的春节晚会。接着,1983 年央视《春节联欢晚会》的成功,预示着中国电视文艺走向全面发展与繁荣的新阶段。

与此同时,海外电视文艺节目也被积极引入国内。

1980 年 1 月 3 日至 4 日,央视播放了法国故事电影《红与黑》,并在放映前由

《文化生活》节目做了解读和分析。

1980年1月5日至4月19日，央视以每周六播放一集的安排，连续播放了美国科幻电视系列剧《大西洋底来的人》(17集)。这部电视剧并无深刻内容，制作水平也不高，但是它的离奇情节迷住了闭塞十多年的中国观众，每周一集的播出安排又引发了观众的期盼感。但是，连续播出的时间一久，就令观众产生了厌烦情绪，只有剧中人麦克戴的"麦克墨镜"风靡一时，使不少商人发了财。

1980年6月4日，央视又播出了中日合拍的第一部电视单本剧《望乡之星》，片名由邓小平亲笔题写。随后《达尔文》、《大卫·科波菲尔》、《老古玩店》、《鲁宾逊漂流记》、《居里夫人》、《苦儿流浪记》、《娜拉》、《安娜·卡列尼娜》、《这里的黎明静悄悄》等，一部接一部推到了电视观众的眼前，其中大部分都受到了观众热情的赞扬。但是，1980年10月11日开始在央视播出的美国电视连续剧《加里森敢死队》，其悬念迭生、充满暴力的场面引起了轰动反响，但是在播出12集后，被责令停播，原因是许多观众包括公安部门反映该剧可能引发社会的不安定。

1982年4月，日本的一部"充斥着陈腐道德的枯燥说教和矫揉造作的感情纠葛的武打片"《姿三四郎》，在征服了上海的观众之后又进军北京，由此掀起了武术热。5月，央视又推出了港产的功夫片《霍元甲》。

1984年7月，央视开始播放日本电视连续剧《血疑》。它由佐佐木编剧，山口百惠、三浦友和、宇津井健主演。在这部连续剧敲开中国大门之后，其姊妹篇《红色的迷路》、《红色的命运》、《红色纽带》迅速在中国各地播映。与此同时，巴西电视连续剧《女奴》也在1984年播出，不久风靡全国。

党中央和国务院一贯重视和关注对进口影视作品的管理。1980年元月6日，胡耀邦总书记在一封反映当前电影放映情况的来信中批示："电影放映和电视广播选择影片……一定要照顾我国的现实问题和历史发展的情况，照顾我国各民族的风俗习惯。脱离这些，也就要脱离不少群众。为了减少不必要的议论和防止副作用，我主张略加控制，即略为严一点"。1982年2月27日，中共中央、国务院发出《关于严禁进口、复制、销售、播放反动黄色下流录音录像制品的规定》；3月16日，中央广播事业局成立了录音录像制品管理处。同年12月23日，国务院原则批准并作为国务院文件下达广播电视部制定的《录音录像制品管理暂行规定》。同时，广播电视部也特别成立了中国电视艺术委员会，对于各级电视台购买、译制、播放进口影视剧加强监督、管理，各台播出外国电视节目有了限额控制。

(4)国产电视剧

比起电视新闻、纪录片、文艺节目来说，国产电视剧创作不可能在短期内就出现明显的成效，因为电视剧有自己的生产周期。

因此，国产电视剧的复苏期，是从1979年开始，至1984年结束的。

1979年，央视播出的电视剧数量是19部。篇目如下：

《他们》(电视小品，央视、抚顺市话剧团)

《神圣的使命》(中国广播电视艺术团电视剧团、广东电视台)

《玫瑰香奇案》(上海电视台)

《选择》(上海电视台)

《永不凋谢的红花》(上海电视台)

《祖国的儿子》(上海电视台)

《有一个青年》(中央电视台)

《爸爸病危》(湖南电视台)

《约会》(上海电视台)

《保险高兴》(浙江电视台)

《岳云新传》(儿童剧，央视)

《万卡》(央视)

《七个铜板》(央视)

《灰姑娘》(央视)

《人民选官记》(天津电视台)

《从森林里来的孩子》(黑龙江电视台)

《海浪》(河北电视台)

《小哥俩》(儿童剧，广东电视台)

《谁最能》(儿童剧，广东电视台)

在这批剧目中，《永不凋谢的红花》和《有一个青年》在观众中反响强烈。前者再现了遭受“四人帮”残害致死的烈士张志新的故事，1979年7月1日在上海电视台播出，几天后就在央视和全国各地播放。此剧深刻揭露了“四人帮”的罪恶，歌颂了张志新为真理献身的精神。编剧黄允在上海做了30场报告，听众都泣不成声。后者是央视根据张洁同名小说改编的单本剧。它摆脱了当时伤痕文学的影响，通过一对男女青年珍惜青春、自学图强的故事，鼓励当代青年人把目光投向新的生活。此剧在1979年10月2日播出后，几天内就收到全国各地800多封来信，一致认为该剧是青年人求上进、刻苦钻研劳动技术的好教材。

1980年的电视剧，内容丰富、题材范围广泛是一个特点。全年央视共播出了131部从各地送来的电视剧。其中比较优秀的作品有：央视的《凡人小事》（单本剧，赖淑君导演）、《乔厂长上任记》和河北电视台的《女友》（罗捷导演）。特别值得一提的是，1980年，央视还拍摄了我国第一部连续剧《敌营十八年》。

1981年央视播出电视剧128部（集），其中包括《新岸》、《大地的深情》、《卖大饼的姑娘》、《你是共产党员吗》、《洁白的手帕》等一批有代表性的作品。

1982年，全国生产电视剧348部（集），央视播出了277集。其中包括连续剧《蹉跎岁月》（蔡晓晴导演）、单本剧《周总理的一天》（河南电视台录制）、《武松》（山东电视台录制）、《鲁迅》（浙江电视台）、《赤橙黄绿青蓝紫》（央视）、《继母》（北京广播学院和央视合拍）等优秀作品。

此后的1983年和1984年，全国电视剧创作年年进步、岁岁繁荣。这期间摄制的《高山下的花环》、《女记者的画外音》等，给我们留下了深刻的印象。

综上所述，中国电视剧在前六年的恢复阶段，主要特征是：

①产量有很大发展，央视从最初的8部，上升到1983年的383部（集）；

②基本遵循现实主义创作道路；

③选材逐步拓宽，除了主旋律、英雄人物事迹，还加大了对经典文学作品、民间神话故事、童话和历史故事的改编力度；

④品种、风格、样式逐步多样化；

⑤存在的缺点是反映当代生活的作品少，存在粗、俗、浅、露、拖、旧、假的状况，同质化、雷同化比较严重，有些节目因此不能在央视播出。

从1984年起，中国电视剧走向成熟，这个过程一直延续到今天。

针对恢复期的经验和教训，1983年底，广播电视部委托电视剧艺术委员会、中央电视台、中国电视剧制作中心联合召开了全国1984年电视剧题材规划会议。会上议定1984年要把反映现实生活的电视剧放在主要位置，并具体安排了各录制单位进行题材规划。由此，1984年度，在中国电视剧史上写下了光辉的一页。全年，全国共生产电视剧740集，其中有541集在央视播出，包括电视连续剧《今夜有暴风雪》；单本剧《走向远方》、《新闻启示录》；儿童剧《插班生》、《强盗的女儿》。特别是前三部作品，引起文艺界和广大观众普遍的重视，人们认为无论从思想性、艺术性的突破，还是从两者的完美统一角度来评价，它们都达到了一定的高度，使人们对于新兴的电视剧刮目相看。

1985 年初，我国电视机拥有量已经达到 5000 万台，观众总人数达到了两亿多。由此，几年前被文艺界、电影界视作“小弟弟”的电视艺术，已经“后来者居上”，成长为令人羡慕的新兴事业。“电视艺术”、“电视艺术家”这样的概念也已经成为社会“热点”出现在媒体当中。1984 年 4 月 29 日，中国电视艺术家协会在北京成立；5 月 16 日，北京电视制片厂更名为“北京电视艺术中心”；随后，各省、直辖市、自治区的电视艺术家协会也像雨后春笋般迅速出现。

1985 年，全国共生产电视剧 1300 多集，央视播出 825 集。其中优秀作品犹如群星璀璨，例如：连续剧《四世同堂》（北京电视艺术中心）、《寻找回来的世界》（中国电视剧制作中心）、《诸葛亮》（湖北电视剧制作中心）、《新星》（太原电视台）；单本剧《巴桑和她的弟妹们》（重庆电视台）、《穷街》（上海电视台）；儿童剧《窗台上的脚印》；戏曲电视剧《喜脉案》、《秦淮梦》。

紧接着，1986 年，电视剧又是丰收的一年。全年电视剧产量为 1500 集，央视播出 946 集。这一年的电视剧更着重向大部头、经典巨制迈进。其中王扶林导演的 36 集《红楼梦》（中国电视剧制作中心）和陈家林导演的 16 集《努尔哈赤》（中国电视剧制作中心和沈阳市文联、中国新闻社联合录制）交相辉映。而《雪野》（辽宁电视剧制作中心）、《凯旋在子夜》（北京电视艺术中心），单本剧《希波克拉底誓言》（央视、上海戏剧学院、重庆台、陕西台联合摄制）、《太阳从这里升起》（山西电视台），喜剧《不该将兄吊起来》（黑龙江电视台），短剧《满票》（江苏电视台）等，都获得了轰动效应。

1987 年，全国电视剧产量与上一年持平，央视播出 1078 集。其中包括《西游记》、《严凤英》、《乌龙山剿匪记》、《雪城》。艺术上有突破的是江苏电视台制作的单本剧《秋白之死》和儿童剧《跑跑的天地》。前者的特点在于真实感人地塑造了一位文人革命家瞿秋白的形象，展现了他在错综复杂的政治斗争面前坦诚、真实的心态。后者努力从孩子的视角来表现孩子，充满了童心、童趣，克服了以往儿童剧成人腔的弊病。

到了 1988 年，我国已经拥有电视机 1.2 亿台，观众人数达到 6 亿以上。这一年 6 月中国电视剧艺术委员会更名为“中国电视艺术委员会”。广播电视部部长艾知生兼任中国电视艺术委员会主任，副部长王枫和刘习良兼任副主任，秘书长为阮若琳。第一届委员由仲呈祥、洪民生、曹惠、钟艺兵、王云缦、黄望南、任远、王纪言、蔡襄等 25 人组成，担负每年电视剧题材规划、电视剧“飞天奖”、电视文艺“星光奖”的主持和组织工作。

1988 年 10 月，中央电视台对在该台播出的电视剧的规格、长度作出规范化、标准化的要求：连续剧(3 集及 3 集以上)、单本剧(1 集或 2 集)每集 50 分钟；短剧 30 分钟；小品 15 分钟。这一年度，全国共生产电视剧 1800 集，央视播出了 1155 集。其中包括《末代皇帝》、《师魂》、《家教》、《篱笆・女人和狗》、《好爸爸、坏爸爸》、《病毒・金牌・星期天》等。

1989 年全国共生产电视剧 2000 集，央视播出 1839 集，其中包括《上海的早晨》、《商界》、《长城向南延伸》、《铁人》、《有这样一个民警》和《膏药章》等。

1990 年，全国的电视剧产量较大，有关数据只统计了央视播出 1386 集。其中有巨大反响的为《渴望》、《围城》、《辘轳・女人和井》；其他的还有《宋庆龄和她的姐妹们》、《杨乃武小白菜》、《少年毛泽东》等优秀剧作 。

1991 年 1 月 8 日，中共中央政治局常委、书记处书记李瑞环，在中南海怀仁堂同电视剧《渴望》的剧组人员进行了座谈。他高度评价了剧组创造性的工作，并要求认真总结他们的经验，促进我国的电视电影乃至整个文化事业的繁荣。他说：“《渴望》不仅丰富了人民群众的精神文化生活，而且为我国的电视剧、电影创作闯出了一条新路。”

1991 年 1 月 14 日至 17 日，中国电视艺术委员会和北京电视艺术家协会在北京联合举行“大型室内剧《渴望》创作经验交流会”。《渴望》呼唤在改革开放新的历史时期建立新的人际关系，呼唤真诚，这启示人们应把回应当代社会的呼声——即艺术作品的当代性和社会性——作为电视剧创作的首要因素。

1991 年全国电视剧的产量是 5000 余集，央视播出 1752 集。其中包括：《外来妹》、《南行记》、《编辑部的故事》、《中国神火》、《孔子》、《棒棒真棒》。

1992 年全国共生产电视剧 5000 集，央视播出的电视剧为 1600 多集。其中包括：《唐明皇》、《风雨丽人》、《半边楼》、《天梦》、《神算子》、《大义夫人》，儿童剧《金色轮船》等。

中国电视剧在这 14 年(1978—1992)里，从弱到强，已经成为当代中国最主要的文艺作品展示窗口。电视剧艺术的兼容性，吸引了文艺界广泛的参与。它的社会效益和经济效益，也为各行各业羡慕不已。中国老百姓业余休闲的方式，因经济的制约，大多选择在家观看电视。因此，到了1992年，中国电视机拥有量达到了2.2亿，观众最多时候可以达到8亿以上。文化界和商界的大部分人士，都看到电视在中国是一个新兴的、具有强大生命力的事业。

中国电视剧艺术的发展历程，也改变着一些传统的观念。例如，电视不应当是“微缩影剧院”，但是，它是登堂入室的“家庭艺术”，能近距离地与观众“面对面交流”。因此，电视屏幕上的东西，必须贴近老百姓的生活，必须通俗易懂，必须准确、鲜明、生动。

电视刚从国外引进时，曾一度被认定为是“小屏幕”，不适于表现宏大场景、重大题材。14年的中国电视剧实践经验却打破了这种认识。现在人们感觉到：电视的屏幕空间是有限的，比起宽银幕电影它甚至是“狭小”的，但是，它在时间上是无限的，因此能够包容有厚重感的任何重大题材。

(5)电视文艺全面发展繁荣

1983年开始，在经历了转型期和海外文艺冲击之后的中国电视文艺，进入了全面发展的阶段。它的主要标志是：

①连续举办了大型电视文艺晚会，尤其是春节晚会的播出，开辟了新局面；

②文艺专栏如雨后春笋，充实了日常电视文艺节目播出；

③一批综艺节目诞生，并和栏目结合，形成了电视文艺的拳头产品；

④各式娱乐性节目、竞赛性节目频繁推出，影响广泛；

⑤国际交流日益扩大；

⑥对电视文艺节目的评奖、研讨获得加强。

电视文艺晚会影响最大的，首推央视一年一度的“春晚”。从1983年到1992年，已经连续举办了10次。它已成为中国春节文化礼仪中不可缺少的一项活动，也是电视文艺晚会节目中耗费精力最大、规模最大、演播时间最长、参加演员最多、收视率最高、转播面最广的一档节目。

春节晚会成功的原因，最主要的是它得到了各级领导的重视，中央政治局负责同志、中宣部领导、国家广播电影电视总局的领导都不止一次为晚会节目作指导，央视领导也把春晚作为重点工作。

综艺晚会一般都安排在每周的周末晚上，例如1984年央视的《周末文艺》，1988年的《旋转舞台》和《文艺天地》，1990年的《综艺大观》等。

实际上，中国电视最早实现栏目化的是广东电视台，1984 年该台已经有 80%以上的节目实行了栏目化。与此同时，上海电视台开办了全国闻名的文艺专栏《大世界》、《大舞台》，它们的收视率在以后多年里一直名列上海台的前列。北京电视台推出了《大观园》，湖北台有了《心声》，天津台开办了《画中画》、《戏曲之花》，吉林台也开辟了《艺林漫步》，陕西台则放出了《秦之声》，湖南台开始做起《家庭小世界》的文章。

1992 年 4 月 6 日至 12 日，《中国电视报》刊出的央视一套、二套所列的文艺专栏共有：《综艺大观》、《正大综艺》、《戏曲欣赏》、《外国文艺》、《百花园》、《请您欣赏》、《译制片》、《文化生活》、《电视剧场》、《曲苑杂坛》、《大家唱》、《故事会》、《动画片》、《中心舞台》、《人间万象》、《艺苑风景线》16 个。

从 70 年代后半期到 90 年代初，我们的电视昂首阔步走完了 15 年的历程。在这期间，国民经济的快速增长，科学技术的迅猛发展，都为电视提供了新的发展契机和保障。

截至 1990 年，中国内地的电视频道共有 554 个，平均每周播出 22298 小时，其中每周播出自办节目 8274 小时。从节目构成来看，新闻节目占 10%，专题节目占 8.8%，教育节目占 5.1%，文艺节目占 67.2%，服务性节目占 8.9%。这些成果，为今后中国电视进一步的发展，打下了基础，创造了条件。

四、飞速发展时期(1991 年至今)[①]

量化分析往往是客观而科学的。1991 年底，我国共有 543 家电视台，这些电视台全年制作节目 91572 小时，其中新闻节目占 32.2%，专题节目占 17.2%，教育节目占 5.9%，文艺节目占 24.1%，服务性节目占 21.6%。电视人口覆盖率达到 80.7%，全国拥有 2.2 亿台电视机。

电视在中国已经是无可比拟的强势媒体。

1. 在不断突破中前行的新闻节目

从 1992 年开始，新闻类节目逐步成为央视和各级地方台的“台柱子”。央视一套的节目构成是以新闻为主体的，它覆盖了全国 80%以上的地区。全国以省、直

① 本部分整理自任远：《中国电视 50 年的风风雨雨》，人民网—传媒频道。

辖市、自治区为骨干的各级地方台当中,有800多家自办新闻节目。老百姓也从看电视主要是为了娱乐消遣,转化到以"了解世界、获取信息"为目的。电视新闻已经成为中国老百姓最主要的新闻和信息来源。

从1993年开始,央视新闻变革的第一个重大举措就是开发时段,综合性新闻栏目全面布局。1993年3月1日,央视第一套新闻节目播出时间增加到每天13次,实现了整点播出和重要新闻滚动播出。其中《早间新闻》(5月1日后改为《东方时空》,今改为《朝闻天下》)注重集纳功能。地方台也积极跟进,北京台开办了《北京您早》,天津台开播《今晨相会》,浙江台有《早间新闻》,上海台有《上海早晨》,湖南台有《潇湘晨光》等。午间新闻则强化社会性,1995年4月3日,央视把原先10分钟的《午间新闻》改为《新闻30分》。至于《晚间新闻》,则突出社会性、接近性、趣味性。1994年4月1日,央视《晚间新闻报道》进行改版,根据"三贴近"的精神,在社会新闻、法制新闻、灾害事故以及问题报道等方面加大力度,珍闻、趣闻也在晚间新闻中占有一定分量。这次改版使《晚间新闻报道》的收视率明显上升,稳定在6%－7%,周末达到10%－13%,而1985年这个节目刚开办时,收视率才2.5%。以湖南卫视的《晚间新闻》、北京卫视的《晚间新闻报道》为代表,各地方台也创办了一批风格特点鲜明的晚间新闻栏目。其中,主播采用"说新闻"的方式,以"讲"代"读",增强了与观众面对面交流的亲切感。

自从1997年以来,央视就实现了重大新闻的直播,当年就完成了《日全食和彗星天象奇观》(3月9日),《中、俄、哈、吉、塔五国边界裁军协定签字仪式》(4月24日),《香港回归72小时直播》,《黄河小浪底水利枢纽工程截流》(10月),《三峡工程大江截流》(11月)这五次直播。此后,这种立体的直播方式,成为新闻频道、经济频道和四频道传播重大新闻的常规形态。现场直播的新闻报道在时间和空间两方面都达到了新闻源的最近点——零距离,并实现了传播过程与新闻发生发展过程的同步性,使观众获得了"我在场"的临场感。

2008年对于中国来说是多事的一年,对于央视的新闻报道来说,则更是不平常。从年初的南方风雪之灾,到山东火车出轨,又经历了"藏独"分子闹事以及西方媒体就所谓"人权"问题竭力丑化中国,力图把奥运政治化的骚扰,5月12日14点28分,又发生了汶川特大地震。面对这一系列重大事件,以中央电视台为首的电视媒体都采用了迅速及时、客观透明的新闻直播方式,向全世界做了报道。

这一时期电视新闻的成熟,还有一个重要标志——电视新闻评论的崛起。

1993年5月1日，央视推出了全长40分钟的新闻杂志专栏《东方时空》，每天7时20分在第一套播出。它的第一个板块《焦点时刻》对电视新闻的“述评”进行了积极的探索，记者们在报道中针砭时弊、褒贬是非、主持公道、旗帜鲜明，引起观众热烈的反响。1994年4月1日，央视新闻评论部在原来《焦点时刻》的基础上新推出《焦点访谈》，并把它放在《新闻联播》之后播出。它的定位是：“时事追踪报道，新闻背景分析，社会热点透视，大众话题评说”（现改为“用事实说话”），并鲜明地打出“新闻评论”的旗帜。与此同时，各地方台也纷纷推出类似的新闻评论节目，比如辽宁台开办了《新闻观察》，南京台开办了《社会大广角》，四川台推出了《今晚十分》，黑龙江台开办了《今日话题》，江苏有线台开办了《公众视线》，云南电视台也开办了《今日话题》等。

市场经济的多元化也反映在电视台专业性、对象性新闻栏目的日益丰富上，这一点可以从央视二套经济新闻栏目的飞速扩展看出来。1996年，央视二套进行了大刀阔斧的调整和改版，在短短不到半年时间里推出了《经济半小时》、《中国财经报道》、《世界经济报道》、《金土地》、《企业家》等9个栏目。另外，北京台推出了《北京特快》，上海台有《第一财经》和《经济观察》，辽宁台则有《北方经济传真》，新疆台也有《新疆经济信息联播》。

与此同时，国际新闻报道也日趋繁荣。北京电视台早在上世纪80年代末就开办了报道国际新闻的电视杂志节目《看世界》（1997年后改为《世界，你好》早、中、晚版），在连续15年里一直被选为北京地区最受观众欢迎的节目之一。1994年央视开播了《世界报道》，2000年11月27日推出了《国际时讯》，12月3日又开播了《世界》。

随着中国国力的不断增强和国际地位的提升，中国电视不断加强对海外报道的力度。央视和上海、广东、天津、山西等地方台协力合作，一方面努力提高向国外主流电视媒体提供新闻的数量特别是被采用的条数；另一方面，还专门开设了对外新闻栏目，其中影响最广的是央视四套的《中国新闻》（1994年5月1日开播）和《中国新闻60分》（2000年开播）。

体育新闻的成就也引人注目。1995年，央视体育频道开播，体育新闻每天滚动播出4次，并且多半采用直播。随后，体育频道名牌栏目《足球之夜》、《五环夜话》越来越吸引观众，收视率节节攀高。每逢重大的国际国内体育盛会和赛事，体育频道的直播常常会造成万人空巷的盛况。特别是2008年北京奥运会前后以及奥运会召开期间，央视的体育节目使全世界都注视北京，让世界更了解中国。

2. 文化创意产业发展步伐加快

1993年之后，中国电视剧的产量已经达到每年8000部(集)以上。掐指一算，观众几乎每天都有好戏看：

1993年有《北京人在纽约》、《情满珠江》；

1994年有《三国演义》、《孽债》、《年轮》；

1995年有《英雄无悔》、《孔繁森》；

1996年有《和平年代》、《车间主任》；

1997年有《水浒传》、《人间正道》、《难忘的岁月——红旗渠的故事》；

1998年有《雍正王朝》；

1999年有《突出重围》、《开国领袖毛泽东》；

2000年有《大明宫词》、《贫嘴张大民的幸福生活》。

至于近几年的优秀电视剧，更是数不胜数。各台之间，甚至是每家电视台各频道之间，都展开了以好戏争夺观众的白热化竞争，使得好戏频出：

2005年有《京华烟云》、《亮剑》、《汉武大帝》、《半路夫妻》、《哑巴新娘》、《任长霞》、《家风》、《大宋提刑官》、《圣水湖畔》、《小鱼儿与花无缺》；

2006年有《乔家大院》、《马大帅3》、《别拿豆包不当干粮》、《错爱》、《乡村爱情》、《真爱之百万新娘》、《刀锋1937》、《沙场点兵》、《玉碎》、《徽娘宛心》；

2007年有《天仙配》、《特殊使命》、《楚留香传奇》、《杨三姐告状》、《花开有声》、《大人物》、《英雄虎胆》、《缉毒英雄》、《大旗英雄传》、《记忆之城》；

2008年有《李小龙传奇》、《魔幻手机》、《最后的王爷》、《公主小妹》、《网球王子》(电视版、电影版)、《笑着活下去》、《艰难爱情》、《聊斋》、《杨光的快乐生活4》；

2009年有《沧海》、《巾帼枭雄》、《战士》、《黑三角》、《潜伏》、《杀虎口》、《十三省》、《我的兄弟叫顺溜》、《蜗居》、《走西口》；

2010年有《手机》、《黎明之前》、《来不及说我爱你》、《婚姻保卫战》、《杜拉拉升职记》、《保姆与保安》、《和空姐一起的日子》、《像傻瓜一样去爱》、《铁梨花》、《美人心计》；

2011年正在热播的有《回家的诱惑》、《回家的欲望》、《宫锁心玉》、《夏家三千金》、《妻子的诱惑》、《女娲传说之灵珠》、《我是特种兵》、《幸福来敲门》、《中国远征军》、《爱情公寓2》、《风声传奇》。

这一时期，电视文艺节目出现了娱乐化的新动向，一些电视台开始以娱乐节目替代综艺晚会。例如，湖南台推出的《快乐大本营》、《玫瑰之约》、《超级女声》，北京台的《欢乐总动员》，上海台的《相约星期六》、《好男儿，加油》，央视的《幸运 52》、《非常 6+1》，浙江台的《假日总动员》等收视率都很高，尤其是在青年人中培养了一大批"粉丝"。

3. 在社会教育(社教)节目方面，谈话节目呈越演越烈之势

这方面最突出的表现是演播室内或摄像镜头前的专访节目遍地开花。在 20 世纪 90 年代，访谈节目还未引起人们足够的重视，但仅仅过了 10 年，经新闻评论节目的带动，全国各级电视台都纷纷运用镜头前访谈的形式，把它推到了极致。以央视为例，它的各档新闻评论栏目，如《焦点访谈》、《面对面》、《新闻 1+1》、《中国新闻》、《海峡两岸》等几乎全离不开访谈和讨论；经济新闻、卫生与健康、军事知识、世界见闻、文艺生活、科学技术、体育报道等，也离不开电视访谈、座谈。由此还诞生了许多名栏目和名主持，例如朱军主持的《艺术人生》、《音乐人生》；王志主持的《面对面》；崔永元主持的《实话实说》及后来的《小崔说事》；水均益主持的《高端访问》等。

2001 年 7 月 9 日中午，《百家讲坛》这所汇集各路专家、学者的"开放式大学"正式"开学"。它满足了相当多的观众盼望到大学的讲坛里亲耳聆听名教授讲课的愿望，也续补了中国国学教育和研究的断代所造成的空间。《百家讲坛》邀请过的易中天、于丹、阎崇年、纪连海等，一下子成为全国名人，充分显示了电视的强大威力。与此同时，各地方台也推出了各档讲坛类栏目，例如北京电视台的《中华文化大讲坛》，上海纪实频道的《文化中国》等。

五、中国电视发展史个案研究

(一)中国教育电视台发展状况

1. 发展概要

中国教育电视台（CETV）是和中央电视台（CCTV）并列的国家级媒体。从 1986 年建台以来，她为建设覆盖全社会的公共教育文化服务体系作出了突出贡

献。同时，在中国电视媒体市场化的潮流下，中国教育电视台走出了一条独具特色的教育专业频道发展之路。中国教育电视台成立25年来，通过对电视媒介环境和教育环境的适应以及自身的改革，围绕“教育”和“电视”两大特点，在节目策划制作、市场营销管理、人力资源管理和品牌建设等方面实施了许多有效的措施。

中国教育电视台目前拥有5个电视频道以及中国教育卫星宽带传输网。其中：CETV－1为综合教育频道，主要播出教育资讯、校园时尚、能力素质和公益服务四类教育教学节目；CETV－2为教学频道，主要播出中央广播电视大学现代远程教育课程；CETV－3为面向北京的少儿和社区频道，主要播出为少儿和社区服务的节目；CETV－空中课堂主要为农村中小学生和教师提供示范教育服务；CETV－早期教育付费电视频道2005年10月1日开播，为0至8岁婴幼儿健康成长提供专业咨询服务。目前，5套电视节目每天的播出总量达80余小时。中国教育电视台第一套节目通过亚太1A卫星传送，第二套节目、空中课堂频道通过鑫诺1号卫星传送，覆盖全国及东南亚地区。第三套节目面向北京开路发射，并进入北京有线电视网络，覆盖北京及其周边地区。全国85％以上的省地有线电视网络转播中国教育电视台第一套节目。

2. 大型电视活动

教育功能对教育电视台节目内容的要求，尤其是教育台播放广告的严格审核制度一直以来给教育电视台的广告经营带来了很大难度。毫不夸张地讲，能够在教育台播出的广告在全国电视台包括中央电视台中都可以免审播出，严格的审查原则直接导致教育电视台的广告价格上不去。

虽然教育台历任广告中心主任已经把台内的广告资源卖到了极致，但如果还是仅仅靠卖“地”，则很难做到整体提升。而节目资源这一块，想让它在近两年有一个特别大的改变，也绝不是一件容易的事情，毕竟培养受众的收视习惯需要一个过程。从教育台自身的发展前景考虑，即便是带着镣铐舞蹈，教育台的广告经营也必须另辟蹊径，实现突破。

活动营销的巨大影响力和灵活的扩张能力引起了教育台的兴趣，活动营销在电视节目推广方面的运用已经不算新奇，但这种营销策略只能等待时机，显得过于被动。结合教育台广告经营的特点，台领导认为教育电视台广告经营的突破口应该放在大型活动上，将大型活动做出声势，让大型活动变成走出演播室、走向全国的游击式动态栏目。这样一方面可以丰富电视台的节目内容，达到提升节目品质的目的，另一方面则可以凭借激增的影响力吸引优质客户，提升电视台的广告营销能力。“教育是一个大概念，教育、科技、文化、卫生都是教育应当做的。从广告的角度来说，‘大教育’应该能够为不同的品牌服务。”

如今，教育电视台已开办的“阳光伙伴”、“音乐伙伴”、“青春万岁”等大型活动都进行得有声有色。2008 年，由小洋人冠名的“阳光伙伴”活动是中国教育电视台第一次出售冠名权，可以算是教育电视台在市场化经营上的一个突破。

(1)青春万岁

“青春万岁”系列晚会，以大学生喜闻乐见的艺术形式，弘扬时代精神，激发青春激情，推动校园文化建设。晚会主题鲜明，创意独到，特色分明，互动热烈，明星与校园歌手同台竞技，经典与流行曲风相映生辉，力争宏扬大学精神，咏唱青春激情，展现校园风貌，憧憬未来梦想，进一步体现中国教育电视台贴近校园、贴近师生、贴近家庭的办台理念和创建全球最大的学习型平台的办台宗旨。

(2)音乐伙伴、阳光伙伴

2005 年 12 月 23 日，国务委员陈至立在全国学校体育工作会议上宣布，为期三年的“全国亿万学生阳光体育运动”正式启动。12 月 25 日，作为“全国亿万学生阳光体育运动”的首个项目——“阳光伙伴”活动打响了第一枪，“音乐伙伴”也同时启动。

3. 主要栏目

(1)《品牌故事》

《品牌故事》是北京环山文化传播公司创办的栏目，从 2006 年 1 月 1 日起在中国教育电视台一套上星播出。《品牌故事》凭借“品牌立人、品牌立业、品牌立国”的民族抱负和社会责任感，以经济文化类电视栏目的创新为起点，潜心发掘品牌的内幕、趣闻、核心价值，探索品牌创立者的心路历程、智能决策、内心反思，用品牌“最真实的力量”给创业者及管理者以启迪。栏目运用符合现代电视观众收视习惯的多种表现形式，在荧屏上演绎出一个个打造现代品牌的真实故事。

(2)《教育人生》

《教育人生》栏目时长 25 分钟，形态为演播室访谈，穿插故事性较强的短片，夹叙夹议，声情并茂。栏目追求客观、理性、真实、感人，以细节塑造人物，用真情打动观众。每期节目讲述一位在教育战线上(包括基础教育、高等教育、职业教育、特殊教育、社会教育等教育领域和教育理论研究界)作出突出贡献、取得突出成绩的教育家、教育科研工作者、教育实践工作者的感人故事；表现他们在教育生涯中认真负责的职业精神、严谨的治学态度、执著的理想信念、独特的教育理念；展示他们受人敬仰的人格魅力。栏目旨在为广大观众展现一个个在平凡岗位上默默奉献的教师形象，增进尊师重教的良好社会风气。

(3)《超级班会》

《超级班会》是一档公益类电视栏目，形式为大型访谈＋综艺类节目。《超级班会》是一个不设校园围墙的班会，它借助校园班会的形式，超越单纯的校园学习生活，添加了多元化的内容和多视角的表现形态，全方位地展现孩子们多姿多彩的社会生活。

(4)《国视讲堂》

《国视讲堂》是中国教育电视台于 2006 年 1 月 1 日推出的一档大型讲坛类栏目。该栏目的推出不但丰富了教育电视台原有的内容样式，而且吸引了一批忠实的观众。《国视讲堂》注重内容的指导性、知识性及前瞻性，以诠释经济生活中的微观现象，关注社会生活中的热点话题作为主打内容。栏目内容由北京大学、清华大学、中国人民大学等著名高校的专家学者和各界优秀专家主讲。

4. 新媒体战略

与新媒体突飞猛进的发展态势相契合，教育台在新媒体技术平台的开发、维护上持续投入了大量人力及资金。目前，教育台正在利用新媒体平台建设一个“学习超市”，从以前教什么学什么，到现在学什么有什么，而且将来这个“超市”还可以实现学分互认机制，这样课程学分可以在各所高校的教育课程中共认。新媒体平台上的远程教育形式也将更加新颖，3D 虚拟学习社区能让学员的学习更具趣味性。

随着新媒体战略的进一步推进，教育电视台与移动电视、手机电视等新媒体的广泛合作正在全面展开：由教育电视台制作的公益短剧《先上后下》已经开始在移动电视上播出，这部长达 300 集的社会道德公益短片，每集 5 分钟，十分符合移动电视播出的要求；即将开始制作的《每日一字》则是一档与商务印书馆合作的教育类栏目，通过讲述汉字的演变来表现中国传统文化；在手机电视方面，目前教育台的专项工作组已经开始着手制作专门针对手机媒体的“教育资讯”等内容。

(二)中国地方电视台发展状况

1. 地方电视台发展史

1958年5月1日，我国第一座电视台——北京电视台(中央电视台前身)诞生。1983年3月召开的第十一次全国广播电视工作会议提出“四级办广播、四级办电视、四级混合覆盖”的方针，并确定了采取广播卫星覆盖全国的方针。

地方电视台的发展有其自身特色，可分为三部曲。所谓三部曲，是指电视摄制组——广播电视台——电视台，这三个阶段反映了地方电视台发展的主要过程和经历。

1991年起各地电视摄制组成立，属县广播站建制，由电视摄像机 、3/4型摄像机 、编辑机组成。电视摄制组成立后，有线广播严重滑坡，电视迅速兴起，广播、电视两套人马各行其道，各自争抢价值高、经济效益好的新闻。后来，多数地方县委批准广播站与电视摄制组合并成立广播电视台，建立统一领导、统一经费开支、统一人员调配、统一工资待遇的“四统一机制”，从而较好地解决了问题，广播电视台迈入健康发展的轨道。随着电视的不断繁荣，建电视台的条件开始成熟，后各地逐渐开始组建地方电视台。

从1999年起各地电视台开始改版，多从节目包装、栏目设计、时段编排、设备更新等四个方面付诸实施。更换台标、更新栏目的片头是当时电视台改版的主要内容。2003年以来，地方电视事业开始进入一个生机勃勃、方兴未艾的高速发展时期，电视宣传更是丰富多彩、成绩斐然。

2008年在各地逐渐投入使用的广播电视综合播控大楼，集公共办公、电视制作、报刊编印、电台播出、网络传输于一体，全新的现代化设备，先进的信息传输手段，是地方电视台发展的重要表现。①

2. 地方电视台面临的问题

从20世纪80年代中后期到90年代中期的10年间，中国地方电视台如雨后春笋般出现，这是地方电视台发展的繁荣时期。

---

① 参考百度百科。

与此同时，地方电视台的发展以及经营又面临着多重问题：

一是会议新闻居多，舆论监督报道偏少。作为党和政府与人民群众沟通的桥梁和纽带，地方电视台担负着传达本地党和政府的声音，影响和引导本地舆论的使命。可以这样说，地方上的一些重要会议及所制定的政策、所形成的决议，直接关乎着本地区的未来与发展，关乎着政治、经济、文化、教育等各项工作的有效开展，像这样关乎地区发展的重要会议，地方电视台不仅要报道，而且应该整合力量，下力气报道好。但令人遗憾的是，一些没有传播价值的会议、领导的日常活动以及行政事业单位的日常工作等被当做新闻，整天充斥于电视屏幕上。电视新闻中会议成灾是多数地方电视台的通病。导致的结果是，本地观众远离了本地频道，只好用手中的遥控器将电视画面转换到另外的频道。

二是模式化的新闻多，高质量的新闻少。新闻姓"新"，即新闻的内容要新，时效要强，报道的形式也要求新求变。目前，多数地方台都没有完全实现当日新闻当日播出，常使新闻成了"旧闻"。

三是从业人员的素质有待于进一步提升。随着电视技术的快速发展以及高端技术在电视领域的广泛应用，电视事业对从业人员的综合素质要求更高，而地方电视台的从业人员在业务能力、专业结构、学历、知识结构等方面的综合素质还不高，这将影响到今后电视工作的开展。

3. 地方电视台如何发展

(1)立足地方资讯与民生新闻

地方新闻的优势在于贴近性，它是老百姓了解地方经济和商业信息的一个窗口，关系到他们的切身利益。地方电视台要推出具有本地特点的民生新闻节目，突出与观众的互动，增强观众的参与意识，这有助于收视率的提高。

(2)娱乐节目本土化

娱乐节目依然是地方电视台竞争的核心，立足娱乐节目的本土化是地方台娱乐节目的生存之道。地方电视台在开办娱乐节目的时候，要注意增强节目的参与性，以"本地色彩浓厚，互动性强，观众的现场感和参与感强"取胜。

(3)普法栏目

在老百姓的维权意识越来越强的今天，法制类栏目已成为继新闻、娱乐之后的第三大电视节目门类。

但是，由于法制栏目在选题上易朝着广泛性和多样性的方向发展，题材的重叠性强，因此法制栏目要想有良好的表现，只能在深度上下功夫，通过挖掘同类案件中不同的生活背景，突出栏目的个性。

（三）中国少儿频道发展状况

1. 概况

2003 年 12 月 28 日，我国第一家少儿电视频道中央电视台少儿频道开播，它脱胎于 CCTV－7（原央视少儿农业军事频道）。频道提出“尊重、支持、引导、快乐”的核心理念，其总体基调为“健康、有趣、益智、教育”，节目类型包括教育类、益智游戏类、科普类、综艺类、动画片和儿童剧等。紧接着一些省市电视台也开办了少儿频道：2004 年 6 月 1 日，首家省级电视台少儿频道天津少儿频道开播，其基本定位是“阳光频道、少儿家园”，基本理念是“尊重、关心、引导、快乐”；7 月 18 日，上海东方少儿频道开播；10 月 1 日，江苏少儿频道正式开播；12 月 18 日，浙江少儿频道开播……雨后春笋般出现的少儿频道，成为全国 3.6 亿少年儿童收看电视节目的重要渠道。

2004 年 3 月，国务院颁布《关于进一步加强和改进未成年人思想道德建设的若干意见》。广电总局还要求省级和副省级电视台三年内必须全部开播少儿频道，全国还没有开办少儿频道的地市以上电视台年内一律要开设少儿栏目。目前，我国各省、直辖市、自治区电视台几乎都有了自己的少儿频道。

2. 存在的问题

众多的少儿频道在短时间内相继开播，每天播出时间达 15 个小时以上，但是它们提供的电视节目在很大程度上仍不能满足少儿的需求，众多省市少儿频道不禁发出“拿什么给你看，我的孩子”这样的感慨。节目资源一靠自产，二靠外购，前者因为筹建少儿频道时间短，缺乏资金和专业人才，节目自产能力差。后者又遇到无可选择的尴尬境地，整体的市场经营开发呈现疲软状态。内容匮乏导致了节目重播率高，是频道资源的一种无形浪费，也使各地共用一种内容和形式，节目的同质化程度严重。

（1）缺少自制节目，缺乏品牌栏目

少儿频道的激增意味着需要更多的少儿节目资源，然而各地少儿频道都存在程度不一的“片荒”问题，这点从少儿频道的节目安排即可看出。以浙江电视台少儿频道2010年11月15日的节目安排为例，该日该频道播出时间长达17个小时，播出栏目13个，其中自制节目仅5个，首播时长不足2小时，其余节目均为动画片和剧场。由于自制节目成本较高，这种现象普遍存在于国内各个少儿频道，大多数频道很少甚至没有自制节目，三分之二以上的少儿频道的自制节目只占到节目播出总量的11％－25％，自制节目的首播时长也不过1－2小时。

中国有将近4亿的少儿观众，这是一个充满巨大潜力的市场。少儿频道如何才能长久地吸引这些小观众的眼球？我们认为只有通过自制栏目才能培养小观众的忠诚度。购买节目虽然相对来说投资成本低，风险系数小，但这种无差异化的运作导致很多少儿频道失去了自己鲜明的特色，此频道和彼频道面目雷同，小观众既可选择这个频道也可观看那个频道，这样，少儿频道就很难培养稳定的收视群体。因此，要想在竞争激烈的传媒环境中夺人眼球，就必须制作独特的品牌栏目，实现差异化生存。

(2)受众未细分，播出时间不合理

不同年龄阶段的少儿受众对信息的需求会有所不同，在接收和理解信息时也会产生差异。这就要求少儿节目制作方必须细分受众，针对特定年龄受众特定的心理特征和成长需求，提供富有教育性和娱乐性的少儿节目。但从当前开播的国内少儿频道来看，多是笼统地面向0－18岁所有受众，各种年龄段的少儿收看同样的节目。电视台在安排少儿节目的播出时间时，也很少考虑到不同年龄阶段的少儿收视习惯和作息时间的不同，因而节目播出时间的安排也不尽合理。比如《快乐星球》的目标受众应是中小学生群体，但央视少儿频道的播放时间是周一至周五下午3点，这个时间段显然其目标受众无法收看，不利于保障收视率和达到最佳传播效果。

(3)制作理念成人化，加剧童年的消亡

电视是我国近4亿少年儿童最常接触、最易于接收信息的媒体。不可否认，电视节目在很大程度上丰富了少年儿童的生活，但是国内少儿节目制作理念成人化也一直备受观众和业内人士的抨击。

3. 国内外比较[①]

少儿频道一拥而上的繁荣景象给各电视台包括电视节目制作机构带来了巨大

---

① 豆丁网：http://www.docin.com/p－15141143.html。

的机遇，可纵观国内现有的少儿频道，开办"年龄"最大的也不过七、八岁，这意味着我国的少儿频道还处于幼儿阶段，还有许多不成熟的地方，还有许多亟待解决的问题。只有分析并解决这些问题，才能使我国的少儿电视频道健康地发展，而参考国外少儿电视频道发展的成熟经验并与之相比较，无疑是解决问题的好办法。

(1)与国外少儿频道较为成熟的节目编排相比，我国少儿频道的编排设置欠科学，节目内容编排不当

美国的尼克罗迪恩儿童频道在进行节目编排前会先进行有效的收视调查，在充分掌握受众的特点、需求和差异度的情况下，根据受众的收视时间和收视习惯编排相应的节目。而我国的少儿频道，很少经过调查就去编排节目。据调查，我国少儿频道的节目播出时间很大一部分正好是学生们上课的时间，所以根本没有多少人去看。出于商业利益的考虑，各少儿频道播出的与少年儿童完全无关的影视节目比比皆是，甚至出现一些"少儿不宜"的成人节目、成人电视剧和成人广告。江西少儿频道播放了一系列《摇摆女郎》、《欲望都市》、《百年婚恋》等都市爱情片；四川少儿频道的"过把瘾剧场"一天播出四集韩国《阁楼男女》爱情片；电视剧《马大帅》也在不少少儿频道热播……有些少儿频道的部分自办节目更是有悖于"少儿频道"这个名号，如山东少儿频道播出的《金融街》、《天天房产》、《质监焦点》栏目，相信只有儿童的父母才会感兴趣；四川少儿频道的《女人故事》、《新婚碰碰碰》这类完全是成人的栏目竟然出现在少儿频道里。少年儿童处于个体生理、心理等发展的重要阶段，尚未成熟，缺乏辨别是非的能力，长期接触不健康的节目内容会对少年儿童的成长产生不良的影响。

(2)与国外少儿频道越来越窄众化相比，我国少儿频道的定位过于宽泛

国外的少儿频道定位越来越窄众化，如英国的 BBC 就分别针对 5 岁以下儿童、6—13 岁儿童和 16—34 岁的青年受众办了三套节目。国外的少儿频道不仅受众定位范围小，而且频道的节目更是"量岁定做"，突出节目的针对性。相比之下，我国少儿频道的定位则过于宽泛，如中央电视台少儿频道把观众定位在 0—18 岁的少年儿童及家长，广东南方少儿频道把自己的定位拓展为少儿女性频道，天津少儿频道把自己的定位往家庭频道上靠。这就出现了少儿频道向综合性专业频道发展的倾向。在短时期内这样做会收到一定效果，但从长远来看却对频道的发展、品牌的建立不利。

(3)与国外少儿频道运营模式相比,我国少儿频道的经营面临着公益性与盈利性的矛盾

国外少儿频道的运营大体可分为两类:一类是公益性模式,以英国 BBC 的儿童频道为代表,所有少儿频道均由政府全额投资,其节目衍生产品的开发经营则由属下公司运作,经营利润用于补充频道发展的资金需求。另一类是经营性模式,以美国的尼克罗迪恩儿童频道为代表,完全实行频道市场化运作和产业化经营,频道运作主要来自广告、收视费、节目销售和衍生产品的开发。这两种模式并不互相排斥,采取公益性模式发展的儿童频道并非不谙经营,而采取经营性模式的儿童频道也不忽视频道的公益属性。

我国的少儿频道尚处在起步阶段,完全的市场化发展模式目前还不适合我国的实际情况,过多的商业广告也不利于儿童的成长。国家广电总局要求建立少儿频道的出发点是以社会效益为主,为此,各级管理部门和电视台都对少儿频道给予了政策和资金扶持,然而现实中政府财政支持的缺位使得少儿频道被迫选择了以广告创收为支撑的经营模式。由于少儿频道的主体收视人群是未成年的少年儿童,他们不具备完整的经济支配能力,故广告客户普遍采取观望甚至排斥态度。据调查,2003 年全国面向青少年观众群体定向投放的电视广告总额约有 3 亿人民币,主要投放在中央电视台、为数不多的大省会电视台及部分教育电视台。如何在公益性与盈利性上寻求平衡点,保证既有广告经营效益,又能有效控制过分商业化的负面影响,是我国少儿频道面对的长期存在又难以调和的矛盾。

此外,我国少儿频道还面临着节目数量的困扰。一是大部分少儿频道的自制节目能力偏弱,在每周首播节目时长中,各少儿频道自制节目不到 12%,88%的时段需要购买节目;二是除动画片外,社会制作公司几乎不生产少儿节目;三是少儿节目市场交易组织缺位,目前,国内少儿节目的交换、交易与展销市场还非常少见。

随着少儿频道的开办,少儿电视节目对专业人才的要求越来越高。从人才素质来看,从事少儿节目制作需要具备包括儿童心理学、教育学知识和专业技能在内的高素质人才。从人才结构来看,急需包括节目总监、制片人在内的管理人才和策划、编导、主持、创作人才以及市场经营人才。而我国这些新设的少儿频道的创编人员大都来自其他节目部门,普遍缺乏儿童心理、儿童教育等方面的专业素养和少儿节目创编的经验,难以满足少年儿童的欣赏趣味。

4. 少儿电视频道的打造[①]

(1)在节目编排方面,针对目标受众的作息时间对其进行二次细分,使编排的节目与作息时间形成约会关系

美国的尼克罗迪恩儿童频道在节目编排方面的特色是时长标准化,即30分钟为一个单元,全天24小时共分为48个编排单元。所有动画片、电视剧、儿童剧等节目均以该长度单元进行标准化制作。广告、包装等均包含在节目时长里。这样,所有节目开始的时间均为整点或半点,便于目标受众收看。借鉴尼克罗迪恩儿童频道的成功经验,我国少儿频道的节目编排可将适合儿童收看的节目分为早间、上午、午间、下午、傍晚、黄金时段、晚间七个时段播出,上午下午时段给2—6岁学龄前儿童,节目编排和幼儿园作息时间配套。早间、午间、傍晚、黄金时段以7—13岁学龄儿童和14—17岁中学生节目为主。晚间时段22点以后以家教节目为主,主要针对父母和老师。这样编排的目的是使节目与受众之间形成一种约会关系。一旦这种约会关系建立,那么受众对节目就会形成一定的忠诚度。

(2)在频道定位方面,将少儿频道定位在以少年儿童为受众核心,辐射父母、老师

根据卡茨的"使用与满足理论",处于某种社会条件中的受众根据不同的心理倾向对大众媒介产生期望,并对媒介产生接触行为从而得到信息需求的满足。由此可见,频道定位首先要考虑到目标受众在审美特征、收视心理与收视习惯的差异,要对目标受众进行细分,然后针对不同受众的不同需求来设置节目内容。国外的少儿频道大都是这样定位的,虽然美国的迪斯尼频道倡导家庭成员共同收看儿童节目的观念,但还是十分注重目标受众的细分,并采取多样化的经营策略:在一个主频道下设立子频道以达到目标受众细分的目的。将这一理念应用到我国的少儿频道应该是以儿童为受众核心,辐射父母、老师。首先,少儿频道是为青少年的健康成长营造一个良好的环境。这个环境需要各方面的配合,父母在孩子的成长过程中起着决定性的作用,因此有必要让父母从中了解到科学合理的教育观念和与孩子沟通的技巧等,让父母与孩子共同成长。其次从频道资源看,考虑到儿童的作息规律,给他们看的电视节目最晚在22点就得结束了。22点以后如果还在播放给他们看的电视节目,显然是在对空气传播。再次,从广告经营看,纯粹将没有

---

① 百度文库:http://rw.njau.edu.cn:8016/Editor/UploadFile/2007123172625453.doc。

购买能力的儿童作为受众，广告主是不会热衷于在少儿频道上投放广告的，如果受众能辐射到父母、老师，那情况就大不一样了。

(3)在频道运营方面，树立自己的品牌，走产业化经营道路

美国的尼克罗迪恩儿童频道就是以品牌战略，即以频道中的一个或几个名牌来带动整个频道的发展；迪斯尼公司从1995年起通过本土化制作向中国的48家电视台、近1.6亿观众群提供的儿童电视节目《小神龙俱乐部》，吸引了众多的中国小观众。具体到我国少儿频道的品牌建设，有以下两点可以参考：

①打造品牌栏目

现在各频道之间的荧屏之争十分激烈，受众选择频道、选择栏目的主动权越来越大，一个频道要想得到受众的青睐，使其较多地选择收看自己频道的节目，就必须在保证栏目质量的同时打造自己的品牌栏目。美国著名质量管理专家米兰博士称，质量是保证品牌打开市场大门的钥匙和品牌运营的核心所在，稳定的优质产品是品牌形象的重要来源。像中央电视台少儿频道的《大风车》、《动漫世界》、《东方儿童》等品牌栏目不仅被许多受众所熟知、喜爱，还使频道的收视率不断上升。

②打造品牌主持人

主持人是栏目品牌的一部分，知名主持人本身就是一个品牌。比如，李咏是《非常6+1》的品牌、白岩松是《东方时空》的品牌、毕福剑是《星光大道》的品牌。主持人"明星化"的栏目制作正逐渐成为一种新的趋势和媒介经营理念。管理者应有意识地培养一批德才兼备、事业心强的名主持人，进而带动一批名栏目的出现，对那些敬业爱岗、有突出贡献的主持人，应采取特殊岗位津贴制或其他奖励形式，这样既可以培养人才、防止人才流失，又提高了收视率和栏目知名度。

此外，在节目数量及质量方面，还应发挥系统优势，加强中央台和地方台的合作，建立全国性和区域性的少儿节目交易平台，构建少儿节目市场体系，发挥市场机制对节目资源配置的作用，优化少儿节目发展的市场环境。另外，还应建立有效反馈机制，为少儿频道的发展战略提供前瞻性指导，协同社会各界，形成支持合力，共同打造精品少儿节目。在人力资源方面，严把用人关，用新的观念、新的方法选拔人才，用新的模式高效率地激励和使用人才，稳定现有节目制作队伍，建立激励机制。针对现阶段专门的少儿电视人才匮乏的现状，各高等院校应加快对少儿电视人才的培养。

少年儿童是未来的主体，承载着社会的希望。我国的少儿电视频道陆续成立，少儿频道专业化的道路才刚刚起步，未来的道路还很长。在实践中，我们除了借鉴国外少儿电视频道的经验外，更要根据我们自身的实际特点寻找出一条新的道路，给我国少年儿童一个健康快乐的、属于他们自己的电视频道，伴随着他们一起健康快乐地成长。

第三章 广播电视的传播特性

从人类20世纪20年代发明无线电广播，40年代发明电视以来，广播电视就一直是对人类影响最大的大众传播媒体。但是，我们必须看到，无论广播还是电视，它们最终都是通过人的感官系统起作用的，人不可须臾离开视觉和听觉。人除了睡眠以外，每时每刻都在用眼睛看外部世界，看书，看电视，用耳朵听人说话，辨别一切声音，听广播和音乐等。正如马克思在《1844年经济学—哲学手稿》中所说："人同世界的任何一种属人的关系——视觉、听觉、嗅觉、味觉、触觉、思维、直观、感觉、愿望、活动、爱——总之，他的个体的一切官能，都是通过自己对象性的关系，亦即通过自己同对象的关系，而对对象的占有。因此，五官感觉的形成是以往全部世界史的产物。"

众所周知，电视主要是视觉媒体，广播主要是听觉媒体。电视有声音存在，但它主要是依附于图像而存在的，图像和视觉形象实现了电视绝大部分功能，而声音只起辅助和次要的作用。广播的第一介质是声音，自然视觉形象(主要是虚拟的)是通过声音来展开的。

从两种媒体对受者达到的效果来看，电视可以说是"清晰媒体"，而广播是"模糊媒体"，两者的主要区别在于信息传递的明确度和清晰度，而与信息量的大小无关。观众在看电视节目时，图像传递的信息一定是较为清晰的，如电视剧的故事情节、人物、环境、矛盾冲突等；新闻类节目的具体对象和背景、人的行动和表情、事件演变过程等，包括电视画面的色彩、构图、变化、空间的布置等，都让人一目了然，不至于发生大的误差，达到如见其景，如见其人的效果。电视给人提供的信息非常具体，无论电视屏幕表达的是真实的或是虚构的，是现实的还是艺术的，这些人物和事件仿佛就发生在我们身边，只不过它把那些远在千里之外的人物和事件展现给我们看，让我们看见那些我们平时无法看见也不可能看见的事情。电视传递的信息概念，其外延和内涵都较为明确，并没有多少模糊的空间，我们不可能加进更多的主观猜想和判断，更不会去张开想象的翅膀。电视的接受过程由于信号过于清晰，所以较少引发高级的心理创造活动，比如联想、想象、加工等，画面把我们牵着走，并不让我们停下来，更不允许我们游离于画面之外。我们不可能把一个胖的人看成一个瘦的人，也不会把一幢楼房看成一间平房，更不可能为对象设计几种可能和结局。包括任何人的音容笑貌、大自然的万事万物，都栩栩如生地展现在人们面前。

但广播就不同了。由于广播的第一介质是声音，因此尽管它传递的是真实的事件、人物和对象，但我们只见声音，不见形象，我们仍无法凭声音得出一个清晰的具象。广播传达的信息从本质上具有更多的不确定性，它受制于信息介质的属性，这就是听觉形象的模糊性。正如我国美学家滕守尧在《审美心理描述》一书中所说："音乐是一种极为抽象的听觉艺术，它对现实的再现根本不可能靠绘画艺术中使用的那些与现实有些近似的色彩、光影、轮廓线等媒介去实现，它唯一能使用的媒介是乐音，而靠乐音在时间中的连续和变化，无论如何也不能把一幅在阳光照射下广阔草原的景象再现出来，上述事实的确是无可争议的。"滕守尧讲的是音乐，但作为声音其道理是一样的，它们传递的信息都极为模糊，都带有极大的不确定性。

声音的不确定性并不代表它不能与其他介质互通，事实上这种互通是普遍存在的，只不过它的发展过程是由真实的"第一介质"过渡到虚拟的"第二介质"。这种互通是在人的感知过程中完成的，它除了依赖于经验的联想外，还要靠各种感受之间的相通和混淆，而这种混淆又往往是因为声音的"张力式样"与构成视觉形象的某种"张力式样"大体上同构。比如我们实际(或者在电影中)目睹了一场雪崩的情景，那成千上万方的积雪，如山呼海啸般向山下席卷而来，在山谷中带着隆隆的回响，溅起了遮天蔽日的尘雾。但如果这场雪崩只用声音材料来表现，我们只能听见隆隆的声音由远而近滚滚而来。我们如果有了冰川塌方或者雪崩经历的话，就可能把这种音响同这一场景联系起来。广播没有具体的形象，但并不等于它没有虚拟的形象，事实上，这种虚拟的形象是在我们的记忆和感知中被复制出来的，是在感知过程中被创造的。由于这种被再创造的意象只存在于我们的主观世界，所以，它可以随心所欲地被人补充、移植、加工和修饰。声音，正因为它的模糊性，才给人提供了一个后制作场所。[①]

本章，我们就来了解一下两种媒体的不同特性。

---

① 参阅《广播声音的创造性功能研究》，作者：周七月。

第一节　广播的听觉艺术规律

在现实生活中，由于声音有使人产生神奇联想的功能，所以我们经常会在声音这个词前冠以“美妙”二字。殊不知，这“美妙”二字的使用恰恰说明声音与人们的听觉有着一种奇妙的联系。

在有声世界里，人们早已将声音在自己的意识里建立起某种概念。声音成为人类听觉摄取的主观意识符号。举个例子，日常生活中的电话铃声、门铃声，一听便能辨别，就是因为这些声音早已被我们符号化了。

声音在融入了人的主观想象与判断之后，再经过多次的刺激与引导便成为声音符号，代表着它在特定环境中产生的不同的确切的概念。为什么要说是特定环境？这是因为我们知道有些声音被符号化了，很容易辨认，但仍有很多声音听起来很模糊，不易辨认。比如：一个物品破碎的声音，听者可能判断是玻璃杯被打碎了，也可能判断是一块玻璃被打碎了。脱离了特定的环境，很难有唯一的答案。在广播作品中，强调要使用典型音响去表现主题，这里的典型音响应该说就是指那些能让听者准确辨别判断的“声音符号”。

除了了解声音符号以外，就是要十分熟悉“声音环境”。有过采录音响经历的人都会知道，有时采来的真实音响由于音响中的声音元素单一而无法还原声音环境，但是如果把采录来的音响中的几个声音元素混叠，效果却出人意料。比如将小溪流水的声音混入山林鸟鸣声后，效果显然比单一的小溪流水声更容易让听者判断这是在一个有树有水的山林之中。这个例子说明了单个的声音元素听起来虽然简单，但它就像一个音符，一个小小的色块，只要懂得利用人的听觉想象力，巧妙地叠加组合，就能勾勒复原绚丽多彩的声音世界。

声音是广播媒介传播的唯一手段，因此我们对广播的声音必须有一个确切的了解。我们可以从不同的角度来探讨声音的性能，譬如声音的物理性、生理性、表情性等。与广播联系最紧密的，一是声音的物理性——声音在本质上是一种波动。声音的传播，就是通过媒介以振感的方式传递，以波动的形式呈现。这种声波传到人的耳朵便形成了人对声音的感觉，包括响度、音调、音色三个方面。二是声音的心理性——我们实际上就生活在充满声波的海洋里，声音无处不在、无时不有，但人所能感觉到的声音是有限的，也是各不相同的。即使是同样的声音，在不同的人听来，往往会产生不同的感受。人们听到的声音实际上已经掺杂了心理因素。如真情的语言、悦耳的音乐、和谐的音响等常常会让人感心动耳，百听不厌；而那些市井的喧嚣、刺耳的噪音，人们会感到厌恶、烦躁，犹恐避之不及。声音还会引起人们的种种联想、思维或条件反射。人的生活经历、审美经验各不相同，也可导致人们对同一声音的不同反应。三是声音的表情性——声音的响度、音调、音色的不同组合，在人的心理上能产生丰富的内涵，具有表情达意的功能。洪深在《洪深文集》第三卷中曾讲过一个故事：一位著名的波兰悲剧女演员，用波兰语念一段独白，同样能让不懂波兰语的英国人潸然泪下。

声音具有的这些特性，为诉诸听觉的广播传达信息提供了便利。具体来说，广播的声音结构包括语言、音乐、音响三大要素。其中，语言是信息的载体，是广播传情达意最主要的手段，音乐、音响是渲染气氛、增强真实感、提高传播效果的辅助手段。

一、有声语言（言语和类语言）①

汉语是很神奇的，有时陈述是明晰的，但往往又是抽象的。明晰代表着一种现实生活的图像，抽象又意味着现实生活的本质，即便是一句很简单的话“我想歇会儿”，就表达了一个人极度疲劳时的想法，是具体的描述，而同时从“想睡觉”这句话中，又表达出人的某种生理需求，这是抽象的概括。语言是发展的，词汇是发展的，词汇和语法也会随着社会进程不断演化、丰富，从而对人类社会和自然世界的现象作出生动、准确的描述，既能达到形象化又具有抽象的意蕴。我们可以从下面两段话中看出语言的表意功能。

例一：市场经济是信用经济，商誉形象是无形资产。试想，在一个制假贩假名声在外的地方，谁还敢来投资？在一个假冒伪劣产品泛滥的地方，社会公德和商业信用从何谈起？法律的尊严和政府的形象怎能确立？制假贩假或许能给地方带来一时的繁荣，但这种“繁荣”绝不会长久。对制假贩假的地方保护不但保护不了地方，最终结果肯定会祸害一方，殃及

---

① 参阅毕一鸣：《现代广播电视论纲》，中国广播电视出版社 2007 年版，第 148—155 页。

百姓。[1]

例二：现在林伟宁走上了高高的领奖台，举起双手向全场致意。我们看见场内有很多中国的观众拿着五星红旗在向她示意。金光闪闪的奖牌已经戴在了林伟宁的脖子上，这是中国举重运动员在本届奥运会目前为中国代表团贡献的第三枚金牌。我们为中国举重队能培养出这样优秀的体育人才、体育健儿感到高兴。林伟宁手举鲜花向全场示意。林伟宁现场擦了一下双眼，看来也是激动万分。[2]

同样对两个概念的表达，一个运用归纳、判断、演绎、推理的方法概括，得出的概念是十分抽象的；而另一个是运用描写、叙述、抒情的笔调，得出来的是激动人心的场面。这里并没有运用直观的表现手段，而只是调动听众的判断和想象，却给人以足够的说服力和表现力，这说明有声语言对于事物的表达和描述能力是十分丰富的。

广播中的语言，由于都是依托声音传达的，所以我们称它为“有声语言”。这里所说的“有声语言”并非只是传情达意的言语，还包括辅助表达的“类语言”。言语是声音和语义的结合体，类语言则是声音和情态的结合体。在广播实践中，它们总是相辅相成、不可或缺的。运用口头语言的表现力，能够比文字语言对受众施加更大的影响。充满感情的人的话语具有无与伦比的力量，它往往比书写出来的文字具有更大的魅力，往往更能触动人的心灵。

综上所述，有声语言在广播中主要发挥着四个方面的作用：

1. 传布信息

这是文字语言无法替代的作用，也是有声语言最主要的任务。新闻、教育、服务等节目主要是客观类的信息，不需过多的感情渲染。譬如天气预报，重点是让听众了解气温、天气、风力、风向等气象信息，不宜用过多的音乐、音响，甚至情色手段来分散听众的注意力，主要还是靠语言来传达信息。

2. 整合节目

作为构造节目整体的部分节目要素，需要连贯、完整，这就往往需要开头语、结

---

① 河南电视台《两起假货带给河南的警示》，2000 年度获全国奖作品。

② 中央电视台 2000 年获奖作品《漫步悉尼》。

束语以及中间的过渡语等。另外，一些广播文艺作品还要配解说词。按时间顺序安排的广播故事情节，由于语言的说明而更加清晰、自然、贴切，不会因为情节的突然转变，造成理解上的障碍，从而维护了整个广播节目之间的完整与和谐。

3. 制造情境

有声语言中的类语言因素可以为广播艺术作品提供特定的艺术情境。例如颤抖的声音造成一种阴森的背景，欢声笑语表现出其乐融融的氛围，深沉凝重的语气表达一种追思怀念的情愫，铿锵有力的声调表现出正义的力量等。特定的语调设定了特殊的艺术氛围，促使听众产生符合情节和逻辑的联想。

4. 描述情节

在广播文学类节目中，语言的艺术表达能力十分重要。它不仅可以制造作品的情景，而且可以生动、细致地描述作品的情节。譬如：小说演说的成功与否，就和演播艺术家的语言功底密切相关。此外，广播剧中人物形象的塑造、矛盾冲突的展开也主要依靠演播艺术家的语言再创造能力。

有声语言对形成广播的影响力具有举足轻重的作用。广播形象主要凭借有声语言来塑造，广播的内容需要依托有声语言来传达。有声语言为广播的传播提供了一种方式，而广播因自身的规律又对有声语言的运用提出了特殊的要求。

二、听感音乐

音乐是通过一定的谐音曲调形式来表达感情、反映社会现实的艺术。它通过旋律、节奏、和声、复调、音色、力度、速度等要素构成艺术表现形式，是在一定的时间和空间条件下延展声音旋律的动态艺术（譬如立体声、环绕声等）。当音乐经过电子技术处理，并列入广播节目序列时，就成为我们常说的广播音乐节目。但是我们这里说的音乐，不仅仅是声乐、器乐等演唱、演奏艺术，还包括带有曲调特点的戏曲、说唱、曲艺等艺术形式。但是在广播中它们都自动失去了舞台上表演成分，所以我们称它们为“听感音乐”。

广播中的音乐既可以成为独立的节目单元，也可以成为节目单元中的一部分，前者我们称其为音乐节目，后者称其为“节目音乐”。音乐节目是以主题音乐为结构的节目形式，而节目音乐则是表现节目主题的音乐素材，它按照节目的宗旨、结构和风格作为自己的出发点，与有声语言、自然音响有序组合，相互补衬，融为一体，以形成节目的整体效应，如节目的开始曲、间隔乐、情境音乐、结束曲等。

在广播播出实践中，大量使用的是节目音乐，它主要具有以下三项功能：

1. 深化节目主题，产生渗透力

音乐在抒发人物感知和揭示人物内心活动方面往往有着语言所难以替代的作用。节目音乐是一种“时间的艺术”，在深化节目主题方面可以起到重要的作用。譬如：1995 年黑龙江人民广播电台曾播出的新年特别节目《立交桥畅想曲》中播放的垫衬的音乐，就是在节目构思以后，专门为它谱的曲，曲名就叫《立交桥畅想曲》。这首贯穿整个节目的主题曲，就为烘托和深化主题发挥了揭示和启迪的作用。

2. 渲染环境氛围，增强感染力

受众往往是首先通过节目形式的美感，进而去领会内容的含义的。音乐的美妙旋律可以首先吸引听觉感受，把人们的思绪和感觉引入一个令人愉悦的氛围中去。譬如：早晨清新、明快的开始曲，使人振作；午间轻快、活泼的节奏，使人兴奋；晚间舒缓、悠扬的节奏，使人安逸。节目中的过渡音乐还可以起到承上启下、调节情趣的作用，特别是好节目的结束曲，常常给人以余音缭绕、意味无穷的感觉。

3. 协调节目要素，提高表现力

广播节目中的语言和音响素材在比较凌乱的情况下，往往可以通过音乐贯穿起来，产生浑然一体的效果。节目音乐的整合效果并不是随意插进去的，尽管它在节目中的出现是零碎的、隐入隐出的，而且是不同调性和无调性、主题曲与插曲交替出现的，但它都是围绕着主题而展开的。特别是广播剧，十分注重从整体上揭示音乐、语言、音响三者之间相互联系的依存关系。只有把节目音乐与其他声音要素有机地组织协调起来，才能使节目产生赏心悦“耳”的效果，大大增强广播特有的声音表现能力。

在文学节目中，配乐诗朗诵能创造出一种更加深邃的意境。配乐散文、配乐小说也都能唤起听众更多的联想，听众从中可以得到高雅的艺术享受，甚至有人把广播剧中的音乐比喻为肌体中的“血液”。

三、音响艺术

音响蕴含着丰富多彩的表现力，特别是自然音响在广播节目中的准确运用能够起到叙事、表达创作情感和渲染情绪气氛的作用。自然音响作为广播节目的构成要素，主要给人以真实与和谐的心理感受。音响是指除了人的语言、音乐之外的其他声响，包括自然环境的声响、动物的声音、机器工具的音响、人的动作发出的各种声音等。[①] 只要运用恰当，它在深化主题、烘托气氛、引发共鸣等方面都有着特殊的作用。所以优秀的广播节目，可以没有音乐，但绝对不能没有音响。

近年来，录音报道在广播新闻报道中日渐普遍，它以广播特有的“绘声绘色”，及时生动地传递信息、报告新闻，给听众如临其境、如闻其声之感，一定程度上增添了广播新闻的魅力。录音报道是带音响的广播新闻体裁，它包括录音的新闻、通讯、特写、访问、述评和现场报道等各种形式。无论哪种，一般来说都由现场音响和记者的现场口述(即有声语言叙述)两部分组成。

应该说，成功的录音报道，往往以音响素材的出彩而感人；失败的录音报道则往往败在音响素材上。在日常的广播新闻节目中，我们经常会听到这样的报道：“我是记者莒莒，我现在是在莒莒活动现场为您报道……”记者现场播报口齿伶俐，被采访者声音清晰，但“活动”现场却安安静静，这样的音响毫无活力。还有一种现象，音响报道的增加很大程度上依赖“量”的增加。有些音响报道只是简单地把记者口播与一段录音简单叠加，成了不相融合的“两张皮”，这种“带响”的报道，食之无味，弃之可惜。有些音响报道使用的音响含糊不清，直接影响了广播新闻的可听性。究其根源，就是记者没有去体验，没有录制有思想的音响，当然就无生命力可言。[②]

1. 音响的写实性

录音报道的真实性体现在两个方面：一是记者叙述的真实；二是现场实况录音的真实，二者缺一不可。如果其中有一个方面出了毛病，整个录音报道就会失去其生存的价值。记者叙述，无论是口头的还是文字的，都要求完全真实。现场实况录

---

① 参阅百度百科，http://baike.baidu.com/view/68529.htm。

② 参阅王承红：《录音报道——广播新闻的“映像”》，《新闻记者》2008年第5期。

音的真实性更应当加以重视，既不能以模拟音响代替现场实况音响，也不能搞事前录音或事后补录，更不能移花接木，以甲地的音响代替乙地的音响。因为录音报道之所以比文字报道感人、可信，关键就在于音响的真实。

我们在收听一些节目时，有时会有虚假的感觉。报道中讲话的人是真实的，语言也是真实的，但听完之后总有不实之感。有些被采访的对象，是地地道道的农民，而声音一出来，说变成了念，口头语言变成了书面语言，农民的谈话变成了记者的遣词造句。听完这样的录音报道，听众便不得不作出这样的结论：这不是农民在说，而是记者在说。假如主观的意念冲淡了客观的事实，再好的新闻素材，也会变成画蛇添足。有的记者为了追求报道制作的"完美"，让语言表达能力强的人到录音棚重新仿制，以假乱真。某些报道中，有些记者为了弥补素材的不足，便找来动听的形容词，以求"添加"感情色彩。事实上这样不仅没有收到正面的效果，反而降低了报道的质量。例如，在某些谈话音响之前加上诸如"高兴地说"、"激动地说"、"爽朗地回答"等形容词，而听众听到的真实音响并没有这种感觉，人家说的也并不显得高兴，回答也不那么爽朗。有声无"景"，谈不上是成功的录音报道。

而用真实的原生态音响来表达记者的所见所闻，带给听众的是真切、自然、鲜活的感觉，无疑就增强了广播新闻的生命力。2007 年第 8 号台风"圣帕"袭来时，录音报道《抗击"圣帕"》的音响就很真实。雨夜，记者跟随领导深入抗台一线，现场惊涛骇浪，风声、雨声、人声交织，加之记者同群众的对话真实，听众可以真切感受到军民奋力抢险护堤的情况，犹如身临其境。

2. 音响的情景性

选择突出典型的音响，即在特定时间、特定地点、特定环境中选择能够揭示事物特征的音响。广播新闻中的音响要根据主题的需要，精心选择出的典型音响所起到的作用，往往是文字无法替代的。在选用音响时，无论是主体音响、环境音响，还是背景音响，都要注意它的典型性，即选择最能反映事物本质、最具代表性、最能说明问题、最具有现场感的音响。恰当选用现场音响，如风雨声、人物谈话、机器声……会对听众的听觉形成立体"笼罩"，产生空间感、立体现场感，使现场报道更具冲击力。同时，典型音响的运用，从某种程度上易于聚集听众的注意力，缩短听众与现场的距离，进而对听众产生感染力，使听众的听觉形象迅速转化为视觉形象，从而达到如见其人、如闻其声的效果。莆田广播电台采制的《海上救险同胞情深——湄洲岛干群奋力抢救台胞渔船》以真实的环境背景音响，把大陆警民奋力抢救湄洲岛附近海面遇险台轮的事件生动地再现于听众面前，表现出海峡两岸同胞血浓于水的骨肉深情。

中央人民广播电台在“穿越三北风沙源”大型采访活动中，把音响运用得很到位。在整个报道中，我们经常可以听到随着人物出现或事物变化而相伴的声音，脚步声、开门声等，不一而足。这些素材因为带着记者的亲身体验，因此才能在听众心中形成一个真实的沙漠场景。这组系列报道里大多数音响的采制相当精致，所以产生的真情相当厚重。在《沙窝人家》里，记者就是充分运用音响艺术，带着听众走进科尔沁沙地的孤独人家，与席海山一家直接交谈。尽管收音机里不能显示席家的场景，但是听众仍然能够通过现场的自然音响、人物对话和记者的同期声，真切感受到这个沙地孤独人家的生存状态，借助记者的音响走进节目中主人公的内心世界。这种成功来之不易。

3. 音响的寓意性

自然音响往往被赋予了某种意义，可让人们产生带有象征意义的联想。譬如，第二次世界大战中英国广播公司对德广播的节目中，曾巧妙地运用了最普通的钟声音响，产生了意想不到的效果。当时，德军入侵苏联四个月，阵亡超过一百万，平均每七秒死一人。广播中做了这样的描述：“你是否听见钟表在滴答地响呢？你屋里的钟，是否每秒都在发出滴答声呢？一、二、三……六、七，每七秒钟就有一个德国人在苏联死亡。”随后五次重复并发问：“会不会是你的儿子呢？会不会是你的丈夫呢？会不会是你的兄弟呢？”“究竟为什么呢？”“究竟为了谁呢？”“还要持续多久呢？”平凡单调的钟表声，竟产生了震撼人心的力量。

再如，中央人民广播电台的获奖广播特写《老人与渡口》就是以划桨声、风声、水声、开门声、喂猪时桶与槽的碰撞声等自然音响贯穿始终，真实再现了一个110岁的老人近一个世纪摆渡生活中的酸甜苦辣。

第二节　电视的视觉艺术规律

如果说广播是一种有声媒介，那么电视就是视听兼备的电子传播媒介。我们在上一节中介绍了构成广播讯息的三类要素，它们组成了千变万化的声音传播形态。电视除了具备广播中声音的三大要素以外，主要就是增加了视觉部分的图像，并成为它最基本的要素。一切电视节目的内容和形式都是由图像和声音加以表现的。

如果我们把电视的节目要素看成是符号系统，根据电视声画兼备的特点，我们可以把它们归纳为视觉符号系统和听觉符号系统，系统结构如图所示：

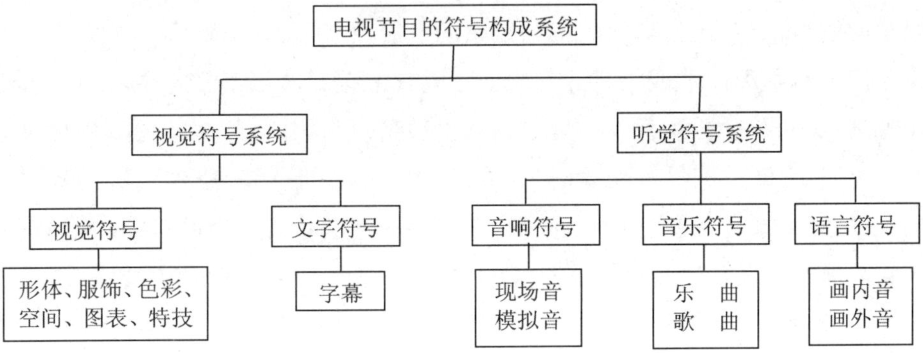

画面语言的基本构成单位是镜头，两个分切画面之间叫一个镜头。一个镜头可以表达一个简单的意思，也可以表现多层的含义。几个镜头有机组织起来，表达一个完整的意思，称为蒙太奇句子。

一、画面分切的意义和作用[①]

镜头的组合通过分切的方式完成，分切即画面的转换。

电视创作借鉴了许多电影的手法，早期的电影没有分切，一部片子只有一个镜头。在单独一个镜头内表现的是一个视点的连续性观察，画面的变化是在这个镜头内完成的，其表达的意义也是在镜头内实现的。由于在一个镜头内往往不能完成叙事，尤其在拍摄新闻片时经常要移动机位，带来很大麻烦，这就不得不打破固定机位连续拍摄的惯例。发明特写镜头的是英国的史密斯，他和他的同事发现了特写和远景镜头的相互作用，首次将特写镜头插进全景和中景镜头之间，从不同的距离和角度来表现事件和刻画人物，突破了电影的戏剧形式，开始用电影特有的方式来观察世界。这就使原来只有一个镜头的电影，可以被分切为许多镜头；原来只有一个全景的电影，可以用不同视距的景别来充分表现。这种多视

① 参阅资料出处：http://jpkc.jnu.edu.cn/2010/dsjmzz/webcourse/kcln/12/2.htm。

点、多空间的剪辑形式，标志着早期蒙太奇技术的基本形成。

发明了分切以后，摄影师观察的视点可以在一个连续性的场景中作不同视距、不同角度的跳跃性的选择，使电影增加了景别；同时也摆脱了只能表现一个场面的局限，使时空的叙述可以中断或加插，电影能够交替表现同一时间内不同空间的几条线索的发展，或者同一空间内不同线索的发展。

分切虽然属于技术或技巧上的概念，但其依据是人的视觉经验和心理体验。人在观察事物的时候，注意力会集中到某一被吸引的物体，其他位置的视像则是模糊的；当注意力转移到另一物体时，会省略中间的移动过程，视线直接跳到另一物体上；在观察全景时，视线会不断流动，按照兴趣逐次看清所有的东西；在观察时还会产生丰富的心理联想，观察的速度随心情平和或心情激动而相应变慢或加快，这就是镜头转换的视觉体验基础和心理体验基础。在此基础上，分切能赋予镜头画面本身含义之外的更丰富的含义，时间的、空间的、现实的、心理想象的，一切外在和内在的元素都可以通过多种方式重新组合并能表达一种全新的意念，这些新的组合几乎可以无限地自由发挥和表现一切。

简言之，分切的意义在于突破了视距的束缚，突破了时空的限制，使电影能够自由地表现一切。分切可以说是一种组合的艺术、剪辑的艺术，这些组合必须遵循一定的原则，符合一定的语法规律，有基本的表现手法。

运用分切的方式来设计不同景别的镜头组合，就是分镜头。在节目拍摄前必须设计好分镜头剧本或做好分镜头构思和计划，即设计好一个个镜头，表述事件发展的阶段和动作分解与组合的过程，这是运用画面语言表达拍摄意图和节目内容的过程，体现着制作者对节目的整体结构和各种表现形式能否准确把握。分镜头剧本通常包括镜头的景别、拍摄方式、拍摄技巧、镜头长度和声画内容等，如下表所示。

分镜头剧本格式

镜号	景别	技巧	画面内容	解说词	音乐	音响	长度(秒)

备注

镜号：每个镜头按顺序编号；景别：远景、全景、中景、近景、特写等；技巧：推、拉、摇、移、跟、升、降，还包括淡化、叠化、声音或音响转换、字幕的提示等；画面内容：详细写出画面里场景的内容和变化，简单的构图等；解说词：按照分镜头画面的内容，以文字稿本的解说为依据，把它写得更加具体、形象；音乐：使用什么音乐，应标明起始位置；音响：也称为效果，用来创造画面身临其境的真实感，如现场的环境声、雷声、雨声、动物叫声等；长度：每个镜头的拍摄时间，以秒为单位。

二、重组的时空关系和画面的连贯性

电视中的时空关系与真实的时空关系有所区别，它是重新构建的。观众之所以能够理解和愿意相信这种重组的时空关系，是因为它符合事物发展的逻辑，符合思维的规律和情绪的发展。通过镜头的组接，事物的空间运动和时间脉络的发展没有中断，并且产生连贯性。镜头与镜头之间是相互关联的，能建立起联系的，能产生明确的表述意义或描写意义的。也就是说，每一个镜头必须由上一个镜头衍生出来，并与下一个镜头相融合，上下镜头一经建立联系，观众就感到真实可信，不会产生歧义。合理的连贯性可以让观众忽略镜头的存在而专注于内容的发展，观众不必忙着找出摄影机突然跑到了什么地方，不至于费解人物在不同的时间空间内发生的变化，从而带来一种全新的现场体验。

连贯性的表现包括时间的连贯性、地点的连贯性和动作的连贯性。

1. 时间的连贯性

电视中的时间包括真实的时间和表现的时间。真实的时间只沿着一个方向运动（向前运动），运动的速度是确定的；表现的时间则不只是沿着一个方向运动，而且可以跳跃发展。不同的时间指向表现为过去、现在、将来等时态，而且其运动的速度是不确定的。时间的多向性跳跃发展包括闪回和闪进，闪回是指从现在跳到过去，闪进是指从现在转到将来。

时间的连贯性表现除了方向性的时态变化外，还包括速度变化所产生的连贯性。这种速度的变化表现为可压缩、可延展、可相对保持静止。其中压缩的技巧包括淡化、叠化、声音或音响转换、字幕的提示等，使事件、情节的发展过程更紧凑；延展的技巧有动作放慢、动作重复、情绪积累等，有助于对事件局部的细致刻画，可强化画面冲击力；瞬间的相对静止提示时间的凝固，仿佛空气停止了流动，用于营造强烈的气氛，或极度渲染情绪，增加画面的张力。

2. 地点的连贯性

影视中事件发生的地点大多数并不局限于同一地方，画面的变化可以瞬间将观众送到不同的地方，但对观众来说，他们很少会产生困惑，这是由观众的视觉习惯所形成的期待和猜测决定的，同时还与正确的剪辑有关。地点的交代通常必须由一个远景或全景介绍整体的环境，并由此建立其他细节部分在整体环境中的位置关系，然后运用正确的视线角度来表现不同的细节。当地点发生变化时，同样必须运用各种技巧将这些不同的地点联系在一起。这些技巧与连接时间的技巧相似，包括淡化、叠化等技巧和字幕、画外音、音响或音乐的运用等。

3. 动作的连贯性

动作连贯性是指一组连续镜头的组接和构建使观众相信画面中的动作是连续的。这种连贯性的建立是连续构成中最复杂的一部分，也是最容易出错的部分。它的建立很大程度上依赖拍摄方向的确定和正确的组接原则。

三、画面景别的功能

景别是指画面范围和构图对象在画面中所占据的比例大小，由视距或镜头焦距变化而形成。视距就是从不同视点到被摄主体的距离(三坐标中的物距)，视距远，景别范围大；视距近，景别范围小。视距不变，镜头焦距短，景别大；镜头焦距长，景别小。景别不同，画面包含内容或多或少，说明摄影师通过镜头的运动变化对拍摄内容范围的取舍。不同景别的有机组合，能带给观众不同的感受，形成画面的外部节奏感。按照拍摄范围以及人物在画面中所占的位置，一般将景别分为远景、全景、中景、近景、特写五种。

1. 远景(Long Shot)

从较远的距离上观察和拍摄时形成的景别，又称大全景。它视野广阔，通常用来交代事件发生的地点以及周围的环境，人物主体在画面中通常只占较小部分，画面细节不易辨清，看不出特定的主体对象。观众要全部了解画面内容的时间较长，因此镜头长度应以让观众能看清画面中主要景物所需的时间为标准，一般需要5秒或以上。有的划分方法是将使用摄像机镜头的最大极限以更远距离来展现环境的镜头称广角镜头或地理镜头(XLS)，人物在画面中极小或根本看不到。这种景别适宜表现宽广辽阔的场面和雄伟壮观的气势，用于描写环境和景物富有抒情的气氛和意境。

2. 全景(Full Shot)

表现人物主体对象的全部或事件场景的概貌的景别。用于表现被摄体完整的形态以及所处的部分背景，通常并不包括周围的大环境。与远景相比，画面中有较明确的对象和内容中心，人物成像为全身镜头，能比较清晰地展现其交流和活动的空间，尤其是人物移动的过程，画面动态明显。

3. 中景（Medium Shot）

中景包括画面主要被摄对象或主体的主要部分，人物成像在膝部以上。中景用于表现事件中的主要事物，表现主体的形状特征，有利于兼顾动作和情节的发展以及人物之间的交流，并能揭示人物之间、人物与场景或所处位置之间的关系，是电视节目制作中的常用景别。

4. 近景（Close Shot）

近景中人物成像占画面的大部分，一般是人物腰部以上。用于突出人物情绪神态的特征和幅度不太大的动作，在电视中是描写人物情感和事物细节的主要景别。

5. 特写（Close up）

主要对象或主体的某一局部充满画面，或人物成像在胸部以上的景别。有利于刻画人物的心理活动和强烈的情绪，揭示人物内心世界和事物的本质。特写将人或物体与周围环境分离，能引导观众从细微处观察对象的特征，起强调的作用，给人以鲜明突出的印象。特写的画面内容比较单一，易于被观众理解，镜头长度一般只需要 2 秒左右。由于特写具有强烈的视觉冲击力，尤其是表现人物表情的大特写镜头，通常只适合在内容描述的关键时刻或情绪节奏达到高潮时运用。

四、画面的构成方式

画面的构成方式就是运用镜头组接形成画面语言的方式，是一种画面语言的语法结构方式。

1. 连续构成

表现同一对象的几个镜头（不同景别或角度）连接起来，称连续构成。它对事件的发生、发展，动作的相对完整过程起叙述作用。连续构成按照时空的顺序组接镜头，能保持对象动作、事件发展线索的连续性，强调镜头叙述的流畅和连贯。

2. 对列构成

表现不同对象的几个镜头连接在一起，称对列构成。它起揭示不同对象以及各种画面因素相互关系的作用，是一种蒙太奇的构成方式，利用镜头的对列组接能产生新的意念和感觉。

在电视节目中多运用对列构成可以避免镜头组接上的一些难题，如可以避免环境的跳跃和动作的跳跃，并有利于将主体、陪衬的对应关系表现出来。

运用镜头组接的对列手法叫对列表现法，是蒙太奇剪辑的重要方法，包括镜头或句子之间的对列、段落之间的对列、镜头内部的对列、声画对列等。

五、画面叙述的句型

不同景别镜头的组合运用有一定的规律，它构成不同的句型方式并与画面内容相配合形成节奏感。不同节奏的蒙太奇句子组成段落，它们的叙述方式能模拟或操纵观众的感受，能渲染气氛，起某种强调作用，可以对观众产生情绪影响。

1. 前进式句子

景别变化从远到近，沿着远景—全景—中景—近景—特写的方向前进。用于由面到点的观察和叙述，剧情发展趋向迫近或紧张，把观众的注意力从环境整体引导集中到环境的某一特定对象或精彩的局部细节。例如对于某一事件的表现来说，前进式句型的发展过程为：事件发生的环境、概貌—事件全部—事件主体—主体的细节。观众的视觉感受随着景别的发展不断加深加强，情绪上升并推向高峰。

2. 后退式句子

景别变化从近到远，沿着特写—近景—中景—全景—远景的方向后退。用于由点到面的观察和叙述，剧情发展趋于平缓或结束，让观众先了解精彩的、重点的局部细节，兴趣受到吸引后，再交代与局部对象有关的环境全貌。例如，《鹰狼传奇》中将菲利普越狱时挖穿洞口的特写场景作为全片的开头，深深吸引观众的注意，然后再展开与此相关的情节。后退式句型通常还用在段落或故事的结尾，观众在了解内容的细节特征后，情绪就会趋于回落，并在后退扩展的场景中融入某种联想的空间气氛。

3. 复合句子(环形句子)

在一个句子中,既有前进式,又有后退式,包含两种句型的称复合句子。它的情节叙述有起伏变化,先进后退,或先退后进,情绪发展有升有降。

下面以 Pizza Hut(必胜客)的一则电视广告为例,说明画面的构成方式、景别的实际运用和句型的发展对故事叙述、节奏和情绪的影响。这是在世界杯足球赛期间推出的以足球为主线演绎的故事情节型广告,短短 30 秒内容含纳了 27 个镜头(时间长度以帧为单位),巧妙地将广告主题融入一个精炼的、扣人心弦的故事之中。

①全景	从网后拍对方球员射门	10 帧
②全景	从正面拍小守门员扑球	16 帧
③全景	球从小守门员脚下进网	11 帧
④特写	教练的表情	10 帧
⑤全景	小守门员趴下	18 帧
⑥近景	对方球员欢呼	17 帧
⑦中景	教练与队员背影	45 帧
⑧全景	走进餐厅	24 帧
⑨中景	小守门员坐下	36 帧
⑩中景	教练坐下	24 帧
⑪特写	小守门员情绪低落	13 帧
⑫中景	侍者托盘子走出	14 帧
⑬近景	侍者被足球绊倒	23 帧
⑭近景	盘子脱手而出,侍者倒吸口气	17 帧
⑮特写	Pizza 横飞过画面(慢镜头)	23 帧
⑯近景	小守门员站起	13 帧
⑰特写	伸手接饼(慢镜头)	17 帧
⑱近景	救球动作般飞身倒下(慢镜头)	18 帧
⑲中近景	队员们纷纷站起来看	18 帧
⑳中近景	教练站起来,侍者也站起来	26 帧
㉑中近景	小守门员从桌底举起 Pizza	75 帧

㉒中景	众人喝彩	24 帧
㉓特写	小守门员得意的样子	24 帧
㉔大特写	Pizza	14 帧
㉕特写	教练吃 Pizza	14 帧
㉖特写	小守门员吃 Pizza	22 帧
㉗标版字幕:	融入必胜客世界杯热潮,旗开必胜	139 帧

这则广告的画面语言构成基本上沿用是了电影叙事的方式,并结合广告的特点,以清晰简洁的句型,明快紧凑的节奏,既高度浓缩又充分展示了剧情的发展。其中①～④为前进式句型,在 3 个节奏紧凑的射门动作后,突出教练对失球的反应,忧虑和失望的情绪开始积累;⑤～⑥为对列构成,用对方球员欢呼的背影来映衬小守门员的伤心沮丧;⑦～⑧为后退式句型,同期声是教练对小守门员的鼓励,情绪趋于平静;⑨～⑪为对列构成和前进式句型,表明低落情绪仍在保持并预示剧情将继续发展;⑫～㉕以前进式句型为主,带出第二条线索发展的全部过程,剧情出现另一个高潮。其中⑫～⑮和⑯～⑱为侍者被足球绊倒和小守门员的反应动作,一气呵成,节奏紧凑,尤其是⑮～⑱用慢镜头表现,分解和延长了瞬间的动作过程,有效发挥了积累作用,贯穿前部分的低落情绪到此转变为高涨情绪;⑲～⑳的对列表现继续积累众人紧张和焦急的心情;⑳和㉑是较长的镜头,将关注、等待、盼望奇迹出现的复杂气氛提升到顶点,然后终于让观众看到完整无损的 Pizza 在守门员手上托起,情绪发展被推至高峰;而最后出现的连续特写画面和字幕则迅速缓解紧张的气氛,引出广告主题,将激动和高涨的情绪释放融入广告品牌的特定氛围之中。

在整体的节目中,由句型运用带来的情绪变化总是有起有伏,有快有慢,错落有致,既有渐进式的前进或后退,也有突变式的两极镜头直接组合。一般来说,只要有两个以上的不同景别切换,就能体现情节发展的进退变化,景别相邻越近,节奏发展越平缓,适合一般性的叙述;景别相邻越远,节奏发展越紧迫,用于强调突变的情绪和紧张的气氛,制造强烈的视觉印象和心理冲击。

通常在电视中,极端的远景运用不多,因为电视屏幕不宜展现远方的景物层次和细节,而多以全景代替,以表现人物和近处环境为主,景别及句型的发展多选择在全、中、近、特的范围内。

六、电视画面情绪发展的控制

1. 情绪发展曲线

电视以直观的形象化特点，引起观众的直觉感受，产生情绪的感染力，它不同于文字方式需要间接地从想象中感受客观的物象，所以更强调具象的、动态的可视因素和可经历过程的再现，更讲求视觉震撼、气氛、节奏对情绪的影响。

画面语言用情绪发展曲线来表明镜头和句型的运用以及剪辑点的选择对内容和对观众情绪影响的程度。影响情绪的因素包括景别、镜头运动、镜头长度和节奏等，在做分镜头计划时，必须设计不同的景别、镜头长度和句型发展，使之与剧情内容相吻合。情绪向上发展时用前进式句子构成情绪上升曲线，情绪回落时用后退式句子构成情绪下降曲线，而用环形句子表现情绪起伏、内容跌宕变化。

2. 内容调子曲线

影响观众情绪的首先是画面的内容，内容调子曲线表明内容本身对情绪影响的程度，这是内在节奏发挥的作用。曲线随时间的推移上升，即随着镜头长度的增加，画面内容逐步被观众所理解，当曲线上升到一定程度，表示画面内容被完全理解，如果没有新的内容继续出现，观众情绪就会下降并逐渐消退。

3. 剪辑调子曲线

画面的外部剪辑节奏同样影响观众的情绪发展，通过剪辑把几个镜头的内容调子累加起来叫剪辑调子。反映剪辑调子所形成的曲线称为剪辑调子曲线，表明剪辑效果对情绪影响的程度。

当剪辑点选择在内容调子曲线上升到顶点时，及时转换到下一个镜头，那么下一个镜头的内容调子就不是从零开始，而是从上一个镜头的高峰点开始。这是因为镜头虽然转换，但观众的情绪还没有立即下降消退，而是累加到下一个镜头中，成为下一个镜头内容调子上升的基础，这种现象叫做情绪积累。在一定的条件下，可通过这样一次次的积累，把观众情绪一步步推向更高峰，形成正确的剪辑调子曲线。

但是，如果将剪辑点选择在内容调子还没有上升到顶点即观众还没有完全理解或在内容调子已经下降时才转换画面，就达不到情绪积累的效果，这种选择称为错误的剪辑点，积累效果可能等于零。

运用剪辑调子的积累效果称为积累蒙太奇，是画面语言特有的表现技巧。运用得好，就可以使情绪在将要下降时马上转换到另一个镜头，保持情绪一个比一个上升，紧紧吸引住观众，维持和延续情绪的发展。

4. 积累效果和制约效果

积累效果是运用剪辑调子把几个镜头对观众的影响作用累加起来所形成的效果，使情绪发展扣人心弦。制约效果是指内容本身会限制剪辑调子的发展，不能随意无限增加，当内容被理解、情绪到达顶点后就要下降，这是内容调子对剪辑调子的制约。

这里以电影《鹰狼传奇》的一个片断说明一下积累效果和制约效果的运用：黎明前，菲利普帮助伊莎为摆脱教堂追兵而来到城堡顶层，画面上不断交替切换追逃双方，景别越来越近，镜头越来越短，前进式的句型运用把情绪积累一步步推向高峰。随后，在慌乱中，伊莎滑出悬崖，菲利普紧紧拽住她的手，画面出现伊莎悬吊在半空的惊险场面，并反复切换两人惊恐万状的脸部特写和将要松脱的手部特写，此时，观众的心被紧紧抓住，情绪发展达到高潮。就在两只手松开的一刹那，天边露出一抹朝阳并瞬间洒满耀眼的光芒，在晨光照耀下，正在下坠的伊莎神奇般地幻化为一只鹰。伴随着凄厉的鹰叫声，特写的慢镜头展现着人和鹰眼睛的交替变换、飘动的衣服和拍动的翅膀的交替变换，观众情绪发展从极度紧张转为惊异万分，并最终舒缓下来。

这个片断的前半部分运用的是典型的前进式句型，带动情绪上涨；结尾部分运用了后退式句型，情绪由紧张恢复到平静。这种叙述事情发展经过的画面，叫做叙述画面。把一系列叙述性镜头按照事物发展的逻辑顺序排列，以达到把事情说清楚的目的，称为叙述性剪辑。叙述画面的内容调子向上升的过程，就是观众领会画面内容的过程，也代表理解画面内容所需要的时间。

需要注意的是，剪辑调子不能无限制地上升，当积累效果达到饱和状态，即剪辑调子上升到顶点时，也就是矛盾得到解决之时，积累效果就会很快消失，这就是客观内容所起的制约作用。

例如伊莎在悬崖上的惊叫，给观众造成极度的紧张，但不能一直呼喊下去，当惊恐万状的脸部特写已为观众所熟悉时，内容调子曲线很快就会下降，而且，反复出现的次数越多，下降速度越快。为了使情绪保持上升，使千钧一发的场面延续，就必须不断加快节奏，镜头转换越来越频繁，同类镜头出现的长度也越来越短，以减少内容调子的制约效果，造成剪辑调子继续上升。

在表现同一事件的各个画面中，为了减少内容调子的制约而选择的剪辑点，就是比较剪辑点。如悬崖上的惊险场面从特写到大特写，反复交替出现并渐次缩短，那些重复出现的镜头的出点，就是比较剪辑点。

用叙述剪辑点和比较剪辑点造成积累效果，特别适合表现那种紧急、危险、千钧一发的场面；把同类性质或相近内容的画面叠加在一起，同样可以造成不断积累的情绪效果；而专门用于表现情绪变化的描写性画面，其剪辑点的选择根据情绪发展变化所经历的时间和剧情表现所需的过程而定，称为情绪剪辑点。

七、画面语言的节奏

节奏是客观事物发展变化过程的固有现象，自然界的变化、物体的运动状态，无不表现出有规律、有对比、交替出现的节奏。四季更换，花开花落，日月星辰，潮涨潮落等现象都与节奏有关，可以说，节奏是大自然中客观存在的生命的现象，只要有生命，有运动，就有节奏的产生。

在艺术作品中，节奏发挥着微妙而独特的作用。对于作品来说，节奏是感染欣赏者情绪的重要手段；对于欣赏者来说，节奏是一种心理感受。法国电影理论家亨利·阿杰尔说："节奏是由一种物质因素和一种感情因素组成的运动的发展。"节奏，经常作为音乐中的术语，是指音乐中交替出现的有规律的长短、强弱现象；在诗词朗诵里，它则是抑扬顿挫、音韵音调的变化，与音乐一样，都是作用于人的听觉，使人们产生心理的共鸣。而作为视觉艺术的节奏，它体现在建筑艺术中，是高低起伏、方圆曲直的结构布局的对比和变化；体现在美术作品中，是线条、色彩、影调等元素搭配安排、交替出现的形式。

在电影电视作品中，节奏同时作用于人的视觉和听觉，它的体现关系到更加复杂多样的因素。存在于画面语言中的节奏包括两个方面，一方面是画面内部的节奏，又称为叙述性节奏，它是指镜头所摄物体、事件、情节、人物情绪等发展的强度和速度，是由事物的内在矛盾冲突、人物的内心情绪起伏等因素所构成，表明内容本身对观众心理影响的程度；另一方面是画面的外在节奏，又称为蒙太奇节奏或造型性节奏，主要由镜头的长度和幅度所组成（幅度是指对观众心理影响的程度），不同景别、长度的镜头，不同动感方式、镜头组接方式等的运用，都能构成节奏感。

这种外部节奏主要是通过剪辑这一环节来实现的，它是控制节目结构形态的重要依据和吸引观众的重要手段。

影响外部节奏的因素主要包括：由景别、角度、焦距等因素造成的对主体运动速度的影响，镜头运动本身对节奏的影响，镜头切换频率对节奏的影响等。其中掌握景别的发展变化规律和镜头组接的规律是剪辑过程中处理节奏所必不可少的步骤。

1. 景别变化的节奏

景别是控制节奏快慢强弱变化和观众情绪变化的重要因素。例如，运用中景、近景、特写景别，内容调子上升快，对观众的心理冲击强，情绪上升快；而运用全景、远景和长镜头的方式，内容调子上升慢，对观众的心理冲击较小，情绪影响慢。画面景别的发展也是形成节奏的重要手段，画面句型运用中相邻的镜头景别相差小，可构成渐变式的画面节奏；景别相差大，则构成突变式的画面节奏。如果将全景和特写这两种镜头相接，会带来节奏十分强烈的感觉。

2. 镜头切换的节奏

镜头的长度构成画面切换的频率，即剪辑率，同样是形成节奏的重要因素。不同景别的镜头长度应根据画面所包含内容的容量和观众理解的时间长度为依据。镜头的长度安排要适宜，镜头过短，观众还没有看清楚画面的内容，镜头就转换，这就失去了这一镜头存在的意义；镜头太长，如果没有新鲜的内容加入，就会造成节奏拖沓，使观众感到厌烦。一般来说，表现较大的场面和特定的环境气氛，要用较长的镜头连接，切换率宜慢；而表现强烈的动感、紧张的局面、激烈的情绪等，用较短的镜头，加快切换率，则有助于加剧节奏，强调情绪的变化与发展。此外，运用"无技巧剪辑"即正常的切换方式转换镜头，节奏表现紧凑；运用"有技巧剪辑"即淡化、叠化等方式转换镜头，节奏则显得缓慢、柔和，适合于抒情、回忆、幻想以及配合情节段落的起伏和转变等。

节奏总是通过对比才能表现出来，快慢动静的交替出现，长短强弱的相互转换，才能使情绪起伏变化，内容错落有致。例如紧张过后的一阵放松，就像乐章的快慢拍交替出现，可以达到更强的艺术效果。

普多夫金说："节奏是从情绪上感染观众的手段。导演用这种节奏可以使观众激动，也可以使观众平息下来。”节奏虽然不是影响观众情绪的唯一因素，但的确能引起人们的情感体验，不同的节奏，带给人或平缓、安静、舒适，或轻快、活泼、跳跃，或激动、紧张、慌乱等不同的心理感受。例如，喜剧的节奏是轻快、活跃的；悲剧的节奏是沉重、缓慢的；追逐的段落是急促、紧张的；交代性的段落是中速、平和的。人们将节奏比喻为一种特殊的力量，认为它能将视听艺术作品各个组成部分、各种表现要素有机地结合起来，发挥协调和统一的作用，能表现特定的情调、性格和气氛，给作品以呼吸、以生命。也就是说，在影视节目中，根据内容和结构的特点，合理安排节奏和冲突，既能适应事件情节变化的“转折点”，又能为观众提供符合情绪起伏的“换气点”，从而带来丰富的艺术感染力。

因此，在节奏的处理上，应以节目内容和结构要求为依据，并按照观众的情绪和心理要求作出足以感染他们的节奏安排，使节奏与观众的心理同化，达到内外节奏共振的目的。对快节奏的处理，可以多运用短镜头，多分切，镜头推拉摇移速度快，多插入近景、特写镜头，采用前进式结构，使节目的内容紧凑，细节丰富，不断向观众传送新的信息，心理冲击力就强；相反，如果需要舒缓的效果，减慢节奏，就运用少分切、长镜头、景别渐变等方式，循序渐进。

在电视节目中，节奏运用和处理得好，节目的感染力就强。富有节奏感的表现，能使观众的心理随情节波动，带动情绪的发展。相反，节奏运用和处理不好，节目就显得杂乱无章，令观众不得要领，更无感染力可言。

八、画面方向的规律

电视画面具有运动性，而这些运动总是沿着一定的方向进行或通过对列关系表现出来的，如物体或人物的行进方向、人物的视线方向等。方向性也是构成画面语言的要素之一，不同方向的组合，构成不同的表述关系，方向不同，表达的意思可能完全相反；方向性不明确，会造成语义模糊，概念不清。

在拍摄和组接一些方向性明显的画面内容时，如运动行走的方向、体育比赛项目、采访对象的相互呼应等，要尤其注意方向性和对应关系，遵循画面运动方向的规律，正确反映不同运动的含义，避免出现错位的现象。

1. 第一条规律：拍摄方向决定画面方向

拍摄对象的运动或视线本身就具有方向性，但在画面上表现出来的方向性与实际运动中的并不一样。首先,屏幕中的运动方向受到画框的限制是没有东西南北之分的,而是表现出横向、垂直、斜向和弧线等方式。不同运动方向的镜头连接,表示不同的实际运动的意义。此外,人们在屏幕上观察主体运动方向时的感受并不同于现实生活中的体验,由于画面上缺少周围环境物的参照,当运动方向发生变化时,观众往往无法意识到要相应调整视点,难以正确判断出真实运动的方向。这就决定了画面方向具有假定性,画面中表现出来的方向性并不是由运动体本身的方向决定的,摄像机的位置和拍摄方向对画面方向的形成起着决定性的作用。

2. 第二条规律:轴线规律

根据画面方向形成的规律,当摄像机的位置确定时,就同时为主体的运动和主体之间的对应关系确定了一个基本的方向概念。这时,在摄像机与被摄体之间存在一条假想的线条,这是一条为保持画面的基本方向概念而设定的方向性轴线:顺着主体运动的方向所作的延长线称为运动轴线;汇聚主体之间指引方向的延长线称为方向轴线。

在这条轴线180°内拍摄的镜头称为同轴镜头,超过轴线180°拍摄的镜头称为反轴镜头。当摄像机越过轴线拍摄时,运动方向和指引方向就会产生逆转。为了保持方向的一致,画面组接时相连的镜头必须选择位于方向性轴线的同一侧所拍摄的镜头,即拍摄位置的改变不能超越此轴线的180°才能保持一连串镜头之间方向关系不致混乱,这就是轴线规律,也称180°规律。

轴线规律是拍摄和编辑具有方向性画面时必须遵守的规则,它能为观众提供主体运动及其方向关系的准确印象。在拍摄时,必须根据主体活动的规律、拍摄场地的特点以及背景、光线等情况,确定一个主要表现面,也就是确定拍摄的总角度。总角度就是拍摄时的主要视觉,它主管着一连串镜头的大方向,要求这组镜头都必须保持同轴,使摄像机的位置始终保持在方向性轴线的同一侧,这样,即使拍摄距离和角度有所改变,画面的方向关系也能保持一致。

当画面中的主体处于活动状态时,其方向性轴线也是活动的,由此形成的动作方向也在改变,必要时在拍摄中可以突破轴线的限制,具体做法是:

①运用移动拍摄方式,边拍边越过轴线,让观众看到拍摄的总角度在改变。

②运用固定拍摄方式,表现主体运动的本身正在改变方向性轴线,让观众看到主体的运动方向在变化。

③在两个相反方向运动的镜头之间,加入中性镜头或特写镜头。中性镜头是

指在方向性轴线上拍摄的镜头，特写镜头的画面方向性不明显，它们一般不反映与其他事物的位置对应关系，可以减弱相反方向运动的冲突感，对轴线两侧的画面连接起过渡作用。

④利用方向转变时幅度较大的动作为剪辑点，以引导观众对动作的注意来消除方向变化造成的视觉跳动感。

第三节　广播电视和网络的融合

一、广播电视会嫁给"网络"吗

自从互联网进入普通居民的住宅之后，关于它的媒体形式以及它和其他媒体之间的竞争的讨论就没有停止过。长久以来，很多支持"网络一统天下"的观点认为互联网方便、快捷，表现手法多元，说它能够打败其他媒体形式的主要原因在于，它既有传统平面媒体的图文并茂，又有电视、广播媒体音频、视频的多媒体展示，它是包容的。而支持平面、广播、电视、网络以及移动媒体五分天下的观点则认为，媒体应当按照受众来划分，只要有受众，媒体就有存在的价值，网络可能在表现手法上更多样化一些，但它并没有覆盖到其他媒体的受众，这就像家庭影院的普及不会影响大片票房收入过亿一样，受众决定着一切。

应当说，网络媒体在和平面媒体的竞争中处于了领先的位置，这主要是由于网络的实时性以及互动性造成的，此外，网络信息的检索能力以及海量信息存储也是平面媒体所不具备的优势。然而与网络相比较，平面媒体也有着"流动性"的优势，在各大城市的公交线路上，我们随时随处可以看到在车厢中阅读报纸杂志的人，而这个时候，互联网在哪里呢？这种现象有点像广播媒体，私家车数量在我国的急遽膨胀导致了广播媒体的复兴，开车人的眼睛是要时时注视着路面的，而耳朵则相对空闲了许多，广播媒体利用其独特的感官特性吸引了大批的受众，也为自己寻找到了赢利的空间。实际上，网络媒体与电视媒体有很多类似的地方，这也导致了目前这两种媒体形式之间激烈的竞争。

网络媒体与电视媒体的竞争之一在于时间，电视有个屏幕，上网的电脑也有个屏幕，鱼与熊掌不能兼得，同一段时间没法做两件同样需要占据眼球的事情；网络媒体与电视媒体的竞争之二在于环境，上网或者看电视，都需要一个相对稳定的环境，需要坐得舒舒服服，甚至摆上零食和饮料才最好。网络媒体与电视媒体的竞争之三在于视频，应该说，视频的播放是网络向电视媒体正面的宣战，结果如何还不能确定，但竞争很激烈。

天盛欧洲足球频道（以下简称天盛）买断了英格兰足球超级联赛（以下简称英超联赛）在中国内地的转播权，从而导致了一场电视直播和网络直播之间看不见的战争。①

背景是这样的，英超联赛在中国内地的转播已经有超过10年的历史了，有着非常广泛的受众基础，天盛的这次买断正是建立在这一受众基础上，想通过向观众收费来实现收费电视的模式。谁都知道，推出一个新的产品很容易，但想让用户接受就很难了，特别是想让用户给钱，更是难上加难，从免费观看到付费观看，观众的抵触心理可想而知。

也就是在这个时候，网络第一次在这场“战斗”中出现了。

在网络上首先掀起的是言论的浪潮，观看英超联赛而又上网的球迷纷纷发表意见，述说天盛收费的不合理性，但说归说，转播权已经被买断了，要么不看，要看就得付费，或者去寻找其他的解决方案。

于是，网络再次在“战斗”中现身了。

网络直播成为了球迷们的最佳解决方案。在每场重要的比赛开始之前，如果登录网络上比较热门的论坛，都可以看到有关网络免费直播的消息，而且来源还不止一个，这样的状况是球迷乐见的，但恐怕是天盛最不愿意看到的。在经过了多人测试之后，证实了网络上的这些英超联赛直播都是可看的，只是信号有稳定与不稳定的差异。从表面上看，到这里似乎可以得出结论了——免费的网络战胜了收费的电视。可事实却不是这样，在随机调查中，数据表明一样有相当多的球迷是通过电视信号（也包含由电视信号而来的网络直播，如新浪直播与腾讯直播）来观看英超比赛的。

通过调查可以看到，观看网络直播的球迷觉得自己的观看是免费的，而且还可以和同时观看的球迷做异地实时的交流，最重要的是他们认为自己战胜了付费模式；而付费观看电视的球迷则认为自己获得了高质量的画面、听得懂的中文解说，

---

① 参见《从“天盛英超”看网络与电视的竞争》，http://www.aediwen.cn/view/0005.html。

还能参加一些电视节目抽奖活动。从根本上来看这件事情，英超联赛的球迷唯一的要求是观看自己喜爱球队的比赛，通过哪种方式可能并不是他们十分介意的事情，但随着时间的推移，总有一种模式会处于优势状态而另一种模式处于劣势状态。我们试想网络与广播媒体之间的竞争，尽管现在已经有很多的网站提供了调频收音机的功能，但广播媒体的绝大多数听众不是通过这种方式来收听的，因为一旦守在电脑前面，还有几个人会不看屏幕而只听声音呢？广播不属于网络，广播必然属于它适宜的环境，比如战争、灾难现场、山区、汽车等。也正是因为如此，网络的蔓延无法抢占广播的受众群体，但电视和网络的竞争则是面对面的，因为它们有太多的相似之处。从上面提到的英超联赛的转播延伸开来，可以看到网络与电视竞争的根源在哪里，也可以对两种媒体未来的发展做一个小小的比较。

首先，可以肯定的是，电脑＋网络的媒体形式的内容宽度一定大于电视媒体（而网络＋广播的宽度则较窄）。回归到英超联赛转播这件事上，在直播的时间段内，观看电视的球迷只能接触到视频的画面，而一些基本的互动要通过手机、电话，甚至是网络来协助完成。这样，电视媒体就形成了单项传播的特性，用户的选择过少。同样，由于电视屏幕的相对唯一性，在同一时间内，很多情况下球迷只能观看一场比赛的画面，了解一场比赛的结果，而网络则不同。对于网络直播的英超联赛而言，球迷有了更多的选择空间，性能优良的电脑和网络可以同时观看几个场次的直播，全屏切换的简单易得也完全不同于电视的“画中画”。此外，即使是性能一般的电脑，球迷在观看一场比赛的同时，也可以在一个屏幕上浏览其他关键比赛场次的文字直播，这样可以丰富球迷在线观看比赛时的内容服务，让球迷可以更好地享受比赛的过程。

其次，网络的点播特性强于电视的直播特性。收看电视节目，观众只能看到信号源传输来的信号，其选择是被动的，很可能利物浦队的球迷在直播时间只能看到曼联队比赛的电视画面；而网络却使这一问题得到了彻底的解决，网络的点播功能可以让球迷收看到自己支持的球队的画面，实际上这一点是网络直播与电视直播最本质的区别。对球迷而言，基本上不存在在同一个联赛中支持两支球队的可能，天盛在购买英超联赛转播信号的时候，忽视了利物浦队的球迷不会付费观看曼联队的比赛这一情况。电视信号的特性决定了一个频道在一个时间段内只能播放一套节目，如果天盛失败了，这恐怕是重要的原因之一。天盛只看到了英超联赛在中国的整体市场，而没有看到“没有哪一个联赛的球迷会为了一个联赛付费，真正会付费的是那些专属于某一球队的球迷”这一本质。

再次，网络视频的视觉效果不如电视。这是一个公认的客观存在，从目前的情况来看，电脑的屏幕确实不如家庭电视的屏幕大，而且由于压缩比例与传输速度的关系，网络直播的画面效果也不如电视画面。但这只是目前的现象，随着网络环境以及计算机硬件设备的发展，网络传输与电脑屏幕不会成为长久制约网络视频效果的因素。

最后，通过上述分析，似乎可以轻易得出网络视频直播将战胜电视直播的结论，幸好只是似乎。上面的三个观点忽略了一个重要的事实，那就是赢利模式。电视的主要赢利模式是广告，而观众观看电视广告已经成为了一种习惯，网民上网是为了“点播”内容，而屏蔽广告是他们面对网络广告时的首选。在这一问题上，电视是明显具有优势的。也正是因为这种优势，现在给网络与电视的竞争下个彻底的结论，还为时过早。

从电视与网络的竞争延伸到信息传播渠道的竞争，当所有的焦点都集中到了如何利用高科技的手段来传递信息的时候，是不是也要为这些提供服务的企业想一下呢？信息的传播是当今社会必不可少的，完成这些传播各个环节的企业也是不可少的，想要发展，首先要活着。

回到网络直播与天盛的英超联赛竞争，比赛的直播对网络而言是附加价值，或者说是现在被用俗了的一个词“增值服务”，可对于天盛而言，已经预先支付的买断费用是一个压力，它的受众数量直接决定了至少是这个项目的生与死。如果付费的用户数量不够，那么就不仅仅是一个企业的亏损问题，更可能是一种商业模式的失败。

有一些观点也许会跳出来呼吁网络直播的知识产权问题，但在今天，国家是行政的主体，一个国家的法律无法制约另一个国家的行为，即使中国国内“消灭”了所有的英超联赛转播节目源，那国外的呢？除非网络可以被国境限制住，否则，这种网络直播的现象很难被一个国家的知识产权法律法规所控制。

很多东西是很难从一个方面去了解的，一方面可以强调版权，另一方面又可以说是反垄断，就有很多的观众在为网络视频的免费直播叫好，认为它打破了天盛的“垄断”。尽管这种说法并不一定准确，但网络却对打破信息封锁起到了相当重要的作用。

在广告份额与用户消费不会无休止增长的空间内，媒体间的竞争一定会是非常激烈的，网络，作为新生事物，在时效性与承载量上打垮了平面媒体，而电视媒体却给了它正面的顽强阻击。在很长的时间内，多种媒体模式并存的现象还要继续，而新媒体，则应该在“新”上下功夫，并不一定要在传统媒体擅长的领域展开正面的竞争。

二、广播电视和网络的“基因”组合结果——数字电视

1. 都是网络惹的祸

2005年，中国报业近二十年来首次遭遇增长率低于GDP增长率的状况，人们将造成这种现象的绝大部分原因归结为网络媒体发展带来的冲击。2006年，鉴于几部美国电视剧（以下称美剧）的流行，特别是近三年来美剧P2P传播逐渐升温至异常火爆的情况，12月份的《三联生活周刊》在其《〈越狱〉的中国隐秘流行》特别报道中认为，美剧的这种传播方式是“这个时代媒体剧变的迹象”，互联网对电视媒体的冲击也浮出水面。①

人们在思考报纸行业遭遇寒冬的原因时，普遍认为在网络早期发展的过程中，报纸免费新闻的“草”养活了互联网的“羊”。同样的逻辑被《三联生活周刊》用在了电视与互联网的关系上，“电视还有前途吗？也许，它的前途就是嫁给互联网”。

然而，美剧隐秘流行现象的背后真的如《三联生活周刊》所说的那样吗？或许，结论为时尚早。

2. 什么是P2P传播

P2P是Peer-to-Peer的简写，Peer的意思是指“在地位、能力等方面的同等者、同事、伙伴等”，所以P2P不仅是一种网络传输技术，也是一种传播方式，即“点对点”的传播。P2P传播过程中，每个人既是信息的接收者，也是传播者；其电脑是传输终端，也是起点。与传统的主从式架构（即用户通过浏览器向特定的服务器或供应商发送链接请求进行交流和传输，用户之间是不能够直接相互传输数据流的）相比，P2P是一种“去中心化”（De-Centralize）架构，任何用户只要使用P2P软件，他就可以向任何同类用户传输数据，而且所有的P2P软件用户构成了一个庞大的数

---

① 参见李闯：《电视的前途就是要嫁给网络吗？——美剧在中国的P2P传播现象探析》，http://media.people.com.cn/GB/22114/45733/79614/5480154.html。

据资料库，其功能就类似于主从式架构中的服务器资料库。

尽管 P2P 传播技术并不是什么新技术，但是它的威力和对电视媒体的冲击在 2006 年美剧的流行中得到了前所未有的关注。P2P 传播技术的平等性、参与性、便捷性、选择性、互动性、“去权威性”，甚至还带有点自娱自乐性等优点，与其说是一场技术革命，还不如说是一场思想革命，它改变了人们对互联网媒体的观念。诚然，互联网对各种媒体造成的冲击是空前的，但是否可以从美剧的 P2P 传播现象中得出“电视的前途就是要嫁给互联网”的结论还是值得商榷的。

3. 从央视八套引进美剧《疯狂主妇》说起

因为《疯狂主妇》第一季的全球收视狂潮，2005 年 12 月，央视八套播放了 8 月份引进的该电视剧。出乎意料的是，该节目的收视率非常低。与此形成鲜明对比的是，网络上包括《疯狂主妇》在内的美剧 P2P 传播却异常流行。这也似乎验证了电视媒介的前途问题。

但是将两者做一个仔细的比较，我们会发现造成这种收视反差的原因不是或者主要不是两种媒介本身性质的问题，而是播放方式、传播内容、观众的收视习惯等问题。央视八套每天晚上 10 点开播，采用三集连播的形式，而且在翻译制作的过程中，删去了一些粗俗和带有性暗示的语言。正因为此，央视美剧在以下几个方面“出力不讨好”。

首先，它播放的时间太晚，三集连播之后，就接近凌晨 1 点了，无论对于“美剧迷”们还是对于普通的电视受众，这都是难以承受的。

其次，三集连播虽然满足了观众一次性过瘾式的接受心理，但是对于那些地道的“美剧迷”来讲，这恰恰是它的致命伤害。美国的播放方式是采用“季”的形式，每季集数并不确定，但基本上每周一集。这种方式留给了人们广泛的悬疑猜测和饭后谈资及观众的信息反馈和媒体评论，形成一种宣传和期待效应。中国“美剧迷”在接受美学方面呈现出与美国观众相似的群体特征。

再次，在传播内容方面，“美剧迷”更希望看到原汁原味的电视剧，而不是经过删改、剪辑、配音过的中国版。

最后，央视八套是在美国第一季播放完毕后才引进的，但很多“美剧迷”都是跟着美国的播放节奏观看的，他们在美剧播放完毕大概 10 小时左右就可以通过 P2P 下载，观看最新一集电视剧，所以当央视八套引进的时候，很多潜在的美剧电视受众已经欣赏完毕了。这也使它流失了一部分电视受众。

4. 因为美剧，所以流行

就像前面所论述的那样，在美国刚刚播过的电视剧，10 个小时左右之后就可以通过 P2P 下载，如果下载不带汉语字幕的版本，这个时间要大大缩短至一两个小时。那是不是意味着 P2P 传播的快速性对电视形成了冲击呢？显然，我们要从两个方面来看待这个问题。

一方面，就美国而言，因为网络 P2P 传播在电视台播放之后，在时间先后顺序上居后，所以不可能对电视收看造成太大影响。可能的影响是，那些错过电视台播出的人可以将 P2P 作为一种补偿手段，而不是在同时可以选择的情况下，舍弃前者，选择后者。也就是说，P2P 传播只对那些在电视台播出时间段有“要务”在身的人产生影响，他们把网络 P2P 传播作为一种“退路”。

另一方面，就中国而言，我们可以发现，之所以美剧能够在网络 P2P 传播中受到如此追捧，就在于它是“美剧”本身，而不是 P2P 传播其他方面的优势。这一是因为美剧在故事情节、悬疑惊悸、叙事和表演等方面的特色与表现迎合了“美剧迷”这个亚文化群体；二是因为美剧在中国内地的传播只能通过网络这种控制性较弱的渠道进行（如果没有央视或其他电视台引进的话），即它是通过一种“隐秘”的地下民间渠道进行的。既然存在这样一个对美剧有消费需求的群体，或者可以说是美剧通过日益发展的互联网在近几年内培育了一批日益壮大的消费群体，而中国电视媒体又难以满足他们的需求，如美剧的引进量小，翻译制作和播放方式等方面存在不足，美剧借助网络的 P2P 传播方式得以流行也就不难理解了。

5. 电视媒体的优势

我们丝毫不怀疑网络 P2P 传播的优势和给人带来的传播观念的变化，但是与它相比，电视媒体并未陷入穷途末路以至于嫁给网络才有前途。一个明显的事实是，在网络 P2P 传播的过程中，尽管美剧的下载量高达几百万，但是那些可以在中国内地电视媒体上公开播放的电视剧的下载量却很低。这一方面印证了我们前一部分关于“因为美剧，所以流行”的论述，另一方面也说明了中国电视媒体的前途问题，因为这些 P2P 传播中下载量很低的中国电视剧的收视率却很高。

显然，与 P2P 相比，电视媒体还有其自身的优势。关于大众媒体的特性和优势问题，我们这里不再一一赘述，仅结合美剧的 P2P 传播，择其要而简述之。

无论电视还是网络，作为一种信息传播的媒介，它们都承载了大量的各式各样的信息样式，电视剧仅是其中的一部分。电视剧是不要求时效性的。换言之，如果是新闻节目，则网络 P2P 传播将不再具有优势，几个小时的差别都可能是致命的伤害。正因为这个原因，网络 P2P 传播很难见到新闻节目的影子。

电脑的显示屏大小以及分辨率就目前来看还难以与电视特别是高清等离子或液晶电视相抗衡，这也就是为什么很多人利用 P2P 下载了美剧，却转而利用电视来欣赏。除了更好的视觉效果之外，电视媒体还特别适合家庭或几个人同时收看，而电脑屏幕则显得太小了些。

谁也不能否认网络媒体近几年的爆炸性增长，但是从普及率来看，网络媒体还有一段路要走。这段路所需时间的长短取决于经济发展、延伸网络的基础设施、费用等各种因素。

也许最为重要的一点是人们观看视频节目的收视习惯问题。不仅收视习惯的改变不是一朝一夕的事情，而且为什么要改变传统的电视剧收视习惯也还需要更充足的理由和更充分的论证。

6. P2P 的传播劣势

P2P 传播技术在赋予网络巨大优越性的同时，也具有一定的劣势。与电视媒体相比，特别是具体到美剧的传播问题上，其劣势主要表现在以下三个方面：

控制将会加强。如前所述，与电视的公开播出相比，美剧的 P2P 传播是一种“隐秘”的传播。网络媒体特别是 P2P 传播技术确实给新闻控制和信息的发布审查带来了前所未有的挑战，但是这绝对不意味着媒体控制的终结。随着美剧 P2P 传播的汹涌暗潮渐成气候，对它的关注和研究也会增多，那些利用 P2P 传播技术发布信息的网站将面临论证、审查、“把关”、控制、禁止或关闭。电视剧毕竟是一种包含意识形态的文化载体，对它的发布和传输不可能听之任之。

资金来源难题。目前，美剧（以及其他一些通过网络 P2P 传播技术发布的资源）的发布群体主要是基于共同的兴趣，他们的一系列劳动如翻译字幕、校对、发布、提供 24 小时的数据传输服务等都是免费的，但网站论坛和发布片源的服务器（提供最初的传输服务，其次各用户才能够实现“点对点”的传输）的运营是需要费用的。这些费用大多是靠捐赠或发布群体会员集资，偶尔也可以看到网络广告。由于美剧（及相关资源）P2P 传播的“隐秘性”和“民间性”，资金成为维持和发展的重大课题。

侵权的问题。尽管美剧的发布群体在其作品中以滚动字幕的形式一再作出

"本片版权归版权人所有"、"仅供学习交流"、"请在下载后的 24 小时内删除"、"如果喜欢本片请购买正版光碟"等诸如此类的声称，这仍然逃脱不了侵权的嫌疑。国外的此类发布组织已经成为版权律师的"眼中钉"。随着网络 P2P 传播越来越多地为外界关注，发布群体或组织在欣喜他们无私奉献式的劳动得到认可之余，也不免惴惴不安。

7. 结语：冲突、融合与分流

我们相信网络媒体带给世界的变化是巨大的，也丝毫不怀疑它对电视媒体和人们思想所形成的空前冲击，但这种变化和冲击是建立在整个媒体特性上的，而不是仅仅建立在网络媒体的 P2P 传播技术上，尽管它也产生了广泛而深刻的影响。因此我们不能单单参照网络 P2P 传播技术单个层面或个别部分上的狭隘视角断定电视媒体的前途。

就像报纸饱受网络媒体的冲击——即冲突，产生了电子报纸——即融合，但纸质报纸依然存在、发展（当代的大报可能衰退，微型的、专业的报纸将会发展）——即分流，电视的前途也是一样，而不是简单地利用 P2P 传播技术嫁给网络。事实上，从我们上述的分析可以看出 P2P 传播对电视媒体造成的影响并不大。

网络媒体的视频传播，特别是流媒体技术对声画并茂的电视媒体来说确实是一项挑战，但电视的未来发展方向——数字电视则代表了两者的"基因组合"。数字电视庞大的数据资料库可以让观众在他认为合适的时间任意选择节目，这有点类似于将电视台所有的节目都放在了"服务器"上。届时，通过网络 P2P 去下载中国内地电视台播放的电视剧将是一种舍近求远的做法。

2009 年国家出台了一系列促进数字电视发展的措施，数字电视发展有望加速。数字电视分为有线数字电视和地面数字电视，两种电视信号的传播渠道不同，前者是通过光缆传送给用户，该网络目前主要是在城市中使用，后者则是通过卫星覆盖来传播，可以覆盖广大农村，即有线数字电视无法延伸到的地域。按照计划，到 2015 年，我国将全部转换为数字电视。2009 年全国 100 个城市开播地面数字电视，同时国家广播电影电视总局专门调拨 25 亿元专项资金用于全国 35 个城市的地面数字电视建设。另外，财政部、国家税务总局下发了《关于免征部分省市有线数字电视收入营业税的通知》（财税[2009]38 号），自 2009 年 1 月 1 日起，对天津、吉林、黑龙江、江苏、浙江、湖南、广东、贵州、云南 9 省市有线电视运营机构收取的有线数字电视基本收视维护费，3 年内免征营业税。这一系列政策的出台，一方面表现出政府对推进数字电视发展的积极态度，另一方面，这些政策将大力促进数字电视的发展，同时还会带动消费者对收看电视设备的更新换代，促进相关产业发展。2009—2010年，全国数字电视整体转换陆续完成，有线数字电视用户数量达到最多；而随着各地区整体转换的完成，大家也将把目光放在数字电视商业化盈利模式上。从2002年到2010年，国内数字电视市场规模由400亿元扩张到5000亿元，2010年我国数字电视机顶盒市场规模达到2050万台，其中蕴藏的市场机会超过万亿元。而整个数字电视产业的规模预计将达到1.5万亿元，市场潜力不可估量。在未来的10年内，中国的有线数字电视必将得到长足发展，由此带动的产业链市场价值更是以千亿元来计算。

至于难以进入中国内地电视媒体传播渠道的国外电视剧（主要是美剧）等视频资源，网络媒体P2P传播可以通过吸引特定受众细分市场（如"美剧迷"）的方式来对媒体受众进行分流，从而实现各取所需。但这个特定的受众群体并不会庞大到威胁电视媒体前途的地步，毕竟中国电视媒体的主流受众都不是"美剧迷"，因此网络P2P传播应该是整个传媒生态环境的一个有机部分，而不是电视媒介前途的威胁者。

三、对几种媒体的展望

广播电视、报纸、书刊、互联网作为最主要的四类媒体，其形态也处于不断的演变甚至整合之中。这种演变和整合，正成为我们这个时代社会形态演变的主要原因之一。

1. 报纸：应该既有报纸的"皮"又有电子的"心"①

20世纪中期，电视的出现大大削弱了报纸作为大众媒介的重要性。20世纪末，数字化和网络化的进程，多媒体、手机以及各种网络新媒体的出现又进一步威胁着报纸的"生存"。虽然时至今日，报纸仍然在大众传媒领域扮演着重要的角色，但其所面临的挑战也是不言而喻的。如何因时而变将是报纸未来发展的关键所在。

---

① 参阅张明炯：《对几种重要媒介形态演变的展望》，《新闻实践》杂志电子版，http://zjdaily.zjol.com.cn/gb/node2/node802/node37145/node391506/node391514/userobject15ai5307769.html。

在未来的 50 年里，报纸与网络将走向融合，数字化和网络化是大势所趋。“电子报纸”将逐渐取代传统意义上的报纸，成为兼具两者优点的新型媒介。

首先，它应该具有报纸的“皮”。比如，飞利浦集团研制的分辨率高达每英寸 170 像素的电子报纸显示器模块设备，在这类电子报纸显示器上，使用与纸张类似的塑化薄片，其上附带有数以千计的带电油墨粒，人们通过移动油墨粒来调节页面上每一点的明暗度，使其如实反映出整个报纸的版面，从而形成页面图像，人们可以获得与报纸相同的油墨阅读质感。

其次，它应该有电子的“心”。所谓电子的心，就是指它应该像我们在网络上读取信息时那样，可以任意调节版式和分辨率，可以自我定制舒服的阅读方式，具有超大容量的信息存储等。日本一家公司开发出了厚度仅为 1 毫米的全彩色液晶显示器，它不仅可以像纸一样弯曲，同时可以通过集成存储装置读取近 100 页的静止图像和文字。

第三，它可以克服传统报纸无法及时反馈并进行互动的缺点。它具有网络的某些功能，使得人们在阅读的同时可以与作者、报社进行有效的互动。

2. 电视：一种能全方位实现实境传播的媒体

分析电视媒介在今后几十年的发展趋势，首先就应思考在今天媒体技术发展水平的基础上，我们还希望从电视媒体中获得什么信息？众所周知，电视与互联网的结合是电视媒体发展的必然方向，这种结合使人们可能获取的信息量大大增加，同时对信息内容选择的主动权大为增强。尽管如此，电视媒体所展现的还是一种象征现实（symbolic reality），信息内容经过人为的加工之后，其与客观现实之间还是存在较大的差距。而从人的根本愿望来看，他们希望通过电视媒体这样一种“大脑的延伸”去真实地表达客观世界，无障碍地获取跨越时空的信息。

我们认为，电视媒体应发展为一种能全方位实现实境传播的媒体。到那时，电视媒体能将受众带到电视网络所覆盖到的世界任何地方，以一种类似“直播”的方式向人们展现客观世界所发生的一切。同时，人们也能通过电视网络直接参与到整个传播的过程中，他们不仅能选择自己希望了解的信息，也能完成信息的互动。例如，一位中国观众希望了解“时尚之都”——巴黎的 Channel 专卖店的陈列状况，那么她可以通过电视网络在家中浏览整个专卖店，并可以在网上订购自己满意的商品，或询问相关信息等。

相信有相当部分的受众都期待电视媒体的这种变革，但在具体的发展过程中又面临很多问题。首先，构建这样一个电视网络所需投入的资金和硬件设备耗费巨大；其次，电视媒体所能展现的空间范围可能会受到诸多限制，即使是一些公共场所，基于商业机密等因素的考虑，其能展现的程度也很有限。因此，我们认为未来的10年内，在商业竞争压力的驱使下，会有一部分赢利机构去尝试这件事，但要实现全球范围的电视实境传播至少需要20年到30年。当然，这里有一个非常重要的问题需要回答：电视实境传播如何应对无数观众的不同传播需要？

3. 广播：让它成为一种生活习惯[①]

中国的广播事业起步不算晚，且由于电视对广播的冲击因经济环境的影响被滞后至20世纪80年代中后期，因此从20世纪40年代到80年代，广播曾是中国最重要的媒介形式，始终处于绝对优势地位，万人聚集一堂收听广播的景象绝非个别。广播的热度与重要性在这一时期是毋庸置疑，令后辈的DJ无限向往。

进入20世纪80年代后期，随着电视机的普及，电视以声色兼具之优势一跃成为最强势的媒体，无论知名度还是影响力都迅速提升。随之而来的是都市化报业的迅猛发展，走时尚路线的杂志又夺取了高端受众，网络的“横空出世”更是打破了传受之间千百年的单向运动，广播受到了前所未有的巨大挑战，开始了它长期失落的心路历程，一度呈现市场萎缩、人气走低的迹象。一项调研表明：中国最大的广播媒体——中央人民广播电台共八套节目，除第一套节目覆盖达到70%以上，其余7套节目覆盖狭窄、受众稀少。即便是第一套的黄金节目《新闻和报纸摘要》有效受众也不过4000万。八套节目，1000多人办广播换来的是年均1亿多元人民币的微量广告收入。“国家队”尚且如此，“地方队”的情形只能更加不堪。据粗略统计，中国现有300多家电台，广播节目更是多达1900多套，但“节目众多、听众量小、广告资源稀少、资金短缺”的问题在全国都具有普遍性。1900多套广播节目换来的是2190亿的微量广告收入，而同期电视为23103亿，报纸为18848亿。还有消息说，全国所有广播电台一年的广告总收入甚至比不上春节期间手机短信的收入。广播业的发展步履维艰。

但是，诞生于1920年的广播，当今电子传媒的最长者，真的丧失了生存空间

---

① 参阅李强：《音乐广播带动广播媒体的再次崛起》，http://book.sina.com.cn/longbook/ele/1107249432_djlundao/8.shtml。

吗？在整合传播日益成为主流声音的今天，担忧某种媒体会被取代的悲观论调早已丧失了市场，而更多的思考已经集中在"媒体种类日益增多的现实情况下，个体媒体如何调整与重新定位"这一问题上。

广播的诞生地、广播业最为发达的美国给我们以启示。

事实上，美国也遭遇过与中国类似的情景。自从20世纪60年代电视占据了媒介的中心地位后，美国的广播电台首次步入低谷，大批功成名就的明星随着广告预算转到电视网，广告销售也一度跌到30年前的水平。在这种情况下，广播及时调整了自身的发展战略，确定走专业化、特色化道路，特别创办适合不同趣味、不同层次的音乐爱好者的音乐类型电台，如老式摇滚音乐台、旅途音乐台、专辑摇滚台、美国黑人音乐台、西班牙音乐台等，数目众多的小台大量诞生。这些电台大都采用"音乐、新闻加谈话"的模式，该模式被广泛采用并被证明是成功的。另外，调频广播的出现给在低谷中徘徊的广播带来了"第二个春天"，收听效果优良的调频广播成为70年代美国广播电视业中发展最快的电台之一。电台大多由十几个人组成，以音乐或谈话节目为主，节目的制作成本很低，且所有的电台都有自己的目标受众，以此赢得稳定的广告收入。全美的11000多家电台，1/3是低成本的音乐类型台。这些低成本的电台不但有效地抗衡了电视的冲击，而且广告收入连年增长，年平均增长达到10％。

美国的成功经验给中国的广播人以启发：借音乐这一听觉艺术的魅力，施展广播自己的身手。1993年，北京音乐台开播，这是中国第一家专业的音乐广播电台。开播后的第二年，广告创收1200万；1997年，便突破了4500万，创造了广播业的一个奇迹。随后，各地纷纷创办音乐台，并都在较短时间内跃升为当地收听率名列前茅的广播媒体。以中央人民广播电台为例，2003年12月2日，原中央三套"文艺调频"全面改版为只针对青少年歌迷播出的纯流行音乐电台"音乐之声"。据新生代市场调查公司2002年12月至2003年7月的市场调查结果显示，"音乐之声"自开播以来，依据听众最常收听某一电台得出的收听率排名来看，音乐之声的有效收听率大幅度领先于北京人民广播电台的各系列台和中国国际广播电台等其他电台，位居第一，"音乐之声"已成为北京人第一爱听的广播频率。在广东，听众最常听的节目，首先是新闻时事，其次便是流行音乐；在江苏省广电总台广播机构的8套频率中，据AC尼尔森公司2004年4月的调查，江苏音乐台的收听率名列省级广播第二名。不少国际广告运营商在初次进入某地市场时，广播广告的首选便是音乐广播。

为何音乐广播会受到欢迎?

首先与音乐广播得天独厚的先天条件有关。一份 NBC 委托哥伦比亚大学所作的报告中说,广播已经越来越少被看做是一种单纯的娱乐方式,而是被当做某种其他行为的陪伴。也有人说,广播最富魅力的地方就是它的“软”,作为软性媒体,若能把握这一特点,在众多媒体中,广播就有了独特的光彩。音乐广播即是如此。无论哪种门类的音乐,都基本上具有无害性,它作用于人的情感和心绪,它只要求听觉而不是更多器官的加入,由此展开想象即可。现代社会快节奏的生活使人们很难处于一种专注的接收状态,人们要求短而精的信息,要求整体流畅的音乐娱乐,因此,无需劳神费力看文字、图像的广播,常常被当做“背景”、“伴音”而为移动人群,尤其是“信息缺乏恐惧症候群”所接受。

其次,音乐广播适应了当今中国人生活方式的变化。中国人的生活节奏和心理节奏普遍加快,30 年前人们围坐一堂固定收听广播的场景只留存在泛黄的相片里,广播正在由固定收听转向移动收听。随着城乡之间人群流动频率的加大,以及电视在乡村等边远地区普及率的进一步提高,广播的核心受众群实际上正在由乡村转向城市。人们对品质的要求在逐渐提升,由收听调幅广播转向收听调频广播甚至数字音频广播。在这一状况下,广播受众的收听习惯已从以往的“固定收听”转向“移动中的清晰收听”,广播越来越多地担当起“贴身媒介”的角色,以往“严肃新闻的播讲”与“长篇大论的宣读”已悄然改变,“轻松娱乐地获知消息,在音乐与聊天中放松”已成为人们收听广播最重要的诉求。颇负盛名的美国传播学经典教材《电子媒介节目设计与运营:战略与实践》在“音乐节目”一章中喊出一个诱人的口号“音乐广播是一种生活方式”,曾让中国的 DJ 觉得遥不可及,而现在,它几乎已是部分中国人的写照。

第三,音乐广播更能彰显现代广播与受众实时互动的优势。例如:来信、热线电话、手机短信、网络 BBS,或传统或现代,各种沟通手段多管齐下;畅谈观点、采访明星、点歌、聊天,全方位为听众提供音乐服务;举办歌迷见面会、音乐欣赏会、听众见面会,更撩起了广播的神秘面纱,缩短了传受之间的距离。

第四,音乐节目主持人,以不同于新闻类节目主持人的“软”性角度,提供音乐的伴随欣赏,传播音乐信息,引导受众的音乐审美趣味,甚至干预受众生活,成为一些青少年受众的“意见领袖”,拥有较为强势的话语权。总体而言,DJ(音乐节目主持人)们的影响力远远大过其他类型广播节目的主持人,甚至在同一场合获得的掌声多过电视节目主持人的情况也时有出现。

在中国广播人的共同努力下，广播业已走出低谷，以不可被取代的自身优势，获得越来越多的听众。一项最新调查表明，中国百姓中广播的接触率为64.4%，有7亿多人听广播，收音机的普及率达69%以上，都市人听广播的比例更高达72%。同时，广播媒体2002年广告额的增幅超过了20%，其中尤以北京最为突出，已超过40%。目前，尚未有以全国为样本的某一类型化电台的收听率和广告创收的统计数字，但是，音乐广播的贡献份额无疑是最大的。

可惜的是，新闻与传播学界的关注焦点，始终是电视、报纸、杂志和网络，以广播为对象的研究无论是数量还是质量，都呈现出缺位的尴尬局面。以北京广播学院学报《现代传播》2002年第6期为例，本期共刊载45篇论文，其中，论及电视的论文17篇，论及广播的只有4篇。难怪业内人士有这样的调侃之语："广播无学"、"广播的理论研究总是跟不上现实的发展"。

与此同时，广播从业人员因为工作强度大(不少人持续多年一天一档甚至两档直播节目)，竞争压力大(多数电台以收听率的排名考核主持人绩效)，有的电台还下达了广告指标，多数音乐节目主持人长期忽视对专业的学理性研究，这些对于理性地思考音乐广播非常不利。

我们希望有更多的同学以后去从事广播的创作，以及相关的研究工作。这片土地一定可以大有可为，或许还可以为我们的就业开拓出一片天地。

4. 媒介整合的另类方式

当前的一种趋势是媒介融合，比如许多新款手机结合了通讯和上网功能，交互电视出现并逐渐增加联网功能。但毕竟一种媒介能够整合的媒介功能是有限的，要发明出一种具备现今大多数媒介功能的新媒介是不现实的，经济成本和资源的耗费也是巨大的。相较之下，为各种媒介间的通讯创造出一种标准化协议，使媒介能够彼此交换数据，彼此连通，则是较为经济可行的办法。

这个想法的产生是由于看到有关"蓝牙"的报道。蓝牙是一种在1998年初发展起来的近距离无线通讯技术，它的设计原理是通过嵌入在移动设备上的微型近距离调频无线电收发器，可以在30英尺的范围内无线连接各种设备。蓝牙技术允许一个持有PDA的上班族利用手提电脑从自动售货机上购买一听可乐，从选择、订购到付款都可以通过无线方式完成；也可以从他的无线网络银行账户上划款。它可以允许一台手提电脑利用手机收发电子邮件，或者使电脑无线地把文件传送到传真机。

早期分析者们曾预言蓝牙将广泛流行，但迄今为止，蓝牙技术的推广并不顺利，消费者们对它所知甚少，这可能是因为制造商们还没有大量生产与蓝牙技术兼容的媒介设备。一如前面在介绍媒介形态演变规律时所举的例子，缺乏兼容的媒介设备，是蓝牙技术以及以后同类技术面临的最大障碍。

尽管有诸多障碍，但人们的需求终究要得到满足，而目前能够满足这种需求的正是蓝牙的同类技术，因此这类技术终会得到广泛应用，只是过程会比较漫长。套用“30 年法则”的有关思路，也许，在最近的 5 年内，这类技术将为人所知并得到重视；10 年内就会有很多人成为它的用户；15 年至 20 年内这类技术会成为流行技术。

我们从最开始的口语传播时代，发展到今天的新媒体传播时代，或许大家还没有意识到一个问题——媒体行业的发展给我们每一个媒体人提供了太多的机会，前提是我们必须去了解它，了解它的过去，从而去掌控它的未来……

第四章 广播节目形态

国家广电总局发布的《2008 年中国广播电视产业发展报告》将广播节目分为新闻资讯、专题服务、综艺益智、广告、广播剧、其他类型共六个类别。这个分类采用内容和制作形式的双重标准以对应电台的节目制作体系。以中国广播电视协会为代表的官方广播节目评奖则从关心鼓励基层创作人员的角度出发，以节目内容为主并兼顾到电台不同节目制作团队平等参与评奖的可能性，把广播节目分为：新闻、社教、文艺、广播剧和创新类共五个类别。在所有这些广播节目类别中，新闻类节目和文艺类节目基本涵盖了广播节目中重要的创作编排技巧，而且这两类节目也在电台播出时长中占有绝对的优势，所以本章侧重讲述新闻类节目和文艺类节目的若干主要类型。

第一节　现场报道

一、定义

“现场报道是随着电子技术的发展而出现的独特的广播报道形式，在国外被称为实地报道或实况报道。”[①]所谓现场报道，就是记者在现场边采访、边解说、边录音制作的广播新闻。现场报道有两种播出方式：直播，在现场直接播出，报道与播出同步；录播，现场录音回来后经剪辑播出。

二、现场报道的优势

现场报道有助于增强广播新闻的时效性、感染力和亲切感，下面借助《立足广

① 王宇：《现代广播新闻实务》，中国广播电视出版社 2009 年版，第 116 页。

播优势抢夺第一报道权第一解读权——“浙江交通之声”突发事件报道的实践体会》[①]一文说明这一问题。

浙江电台交通之声作为浙江首家交通专业广播电台，每天约有800多万人收听，已成为浙江有效覆盖面最广、品牌影响力最大、成长最快的广播媒体。交通之声秉承“动态广播，服务媒体”的办台理念，目标收听锁定移动人群，突出广播“公共服务”的特性，以动态报道和资讯服务见长，特别是面对突发事件的报道，严格制订与实施《突发应急报道预案手册》，充分发挥广播自身优势，抢夺突发事件第一报道权、第一解读权，牢牢把握正确的舆论导向。

1. 突发事件中的广播

优势一：决策快、前进快、追击快。

广播新闻的长处就是“快”。当突发事件发生时，哪家媒体接报第一线索最快，谁就有可能最先发出声音。交通之声经过多年培育，建立了以300多名出租车司机为主的车友队伍，他们每天在大街小巷穿梭，发现突发事件就会第一时间报告。

典型案例：《我看见了英雄》

2007年的《我看见了英雄》是速度取胜的代表作之一。交通之声金华站记者接到了听众电话，说当地通济桥上有个女子要跳江，好多群众围观。当日11点15分，交通之声就播出了记者陈瑶的第一则《军人孟祥斌奋勇跳江救人》的连线报道，可谓是第一家报道这位“感动中国”人物事迹的媒体。记者赶到现场后，当天连续播发了12篇现场报道，使得孟祥斌见义勇为的事迹很快传播到全省各地，社会反响极其强烈，继而形成了金华等地群众自发到桥上缅怀英雄的大规模行动。市民朴实的语言道出了心声：平时我们都在寻找英雄，其实英雄就在我们身边！根据听众的需求，交通之声随即又及时组织出租车司机接送参加孟祥斌追悼会的老百姓，共有百辆的士放弃营运，免费接送。这个“一座城对一个英雄的感念”的行动，进一步提升了文明之风对社会的影响力。

优势二：不受时空限制，异地连线播报、交互性强、伴随性强、运行成本低。

---

① 作者张家英、王一、鲍平（浙江FM93交通之声广播电台），来源：《新闻实践》2009年第10期。

典型案例:《拨开风雪听93》

2008年初,浙江省遭遇罕见的冰雪灾害,交通之声频道领导迅速作出“科学布控,持久作战”的指示,从2月1日6:00开始拉通全天24小时的节目,为冰雪灾害报道开路,40多名记者、编辑、导播、主持人轮番上阵,持续作战。从交警指挥中心、高速公路现场、交警巡逻车、路面值勤点、车站、机场、气象台、120急救中心等各个现场,发回权威的交通信息和服务报道。天气趋势明朗后,进一步推出“众志成城抗冰雪,齐心协力保家园”特别节目,继续拉通全天节目。

在这次特别报道中,记者与主持人共连线近200次,政府职能部门纷纷通过交通之声向公众发布《告市民(旅客)书》。记者坚持深入交通最前线,赶赴抢险现场采访,缓解被困司机与乘客的烦躁情绪。杭州交警支队的“路灵灵”也通宵作战加入直播,为出行的人们提供信息;气象主播也加大灾情的播报密度。当车站出现旅客严重滞留、高速交警连夜铲雪抢通道路时,交通之声又积极倡议社会各界关爱奋战在冰雪一线的交通人。

2. 突发事件的第一报道权

突发事件的第一报道权,体现在交通之声构建的信息交流平台,同时在关键时刻成为政府信息交流职能的重要载体。在突发性公共危机事件中,媒体功能发挥得好,公共危机公关沟通就顺利。

构建信息平台不只是一般的通报信息,而是信息链接、信息执行、信息最有效的反馈,由此而成为一种社会良性运行的舆论链条和社会各个环节的有效衔接链条。

典型案例:《杭州“8.4”交通事故报道》

“8.4”交通事故发生后3分钟,交通之声就接到“阳光车友”报告,5分钟内迅即组织报道:一面派记者赶赴事故现场和抢救医院,一面连线现场“阳光车友”,请他介绍亲眼目睹的事件经过,随即跟进交警的调查信息通报。

21:35,交通之声发出第一篇现场连线报道,一线的初步信息迅速反馈回来,坐镇指挥的执行总编立即布置:记者密切关注交通部门的调查结果,并判断警方如何对酒后驾驶等违法行为进行整治;迅速组织记者、主持人行动:“捍卫斑马线”!

次日10时,交通之声记者、主持人来到杭州8条爱心斑马线,举牌引导行人过马路,连续3天组织志愿者进行劝导,之后由杭州市文明办接着继续组织这项活动。同时,交通之声推出“榜样的力量”活动:介绍公交车、出租车司机行车礼让的心得。此外,还制作了大量的《请勿酒后驾驶》公益宣传带,派出记者随警出动,大密度曝光交通违法行为,连续一周推出《酒后百态——醉猫现形记》节目,警示驾驶员守法行车。

3. 突发事件的第一解读权

(1)深入解读事件真相,主动承担社会责任

典型案例:《“70码”的问责,我爱斑马线》

主持人:听众朋友,现场插播重要路况,根据热心听众万师傅的爆料,在杭州文二路南都德加门口东向西方向,刚刚发生了一起交通事故,一名行人被撞,倒在血泊之中,生死未卜。目前肇事车辆在路边停留,请经过这一路段的车辆注意减速避让,且不要驻足围观。本台记者已经赶往现场,稍后会发回详细报道。

这是交通之声报道突发事故通常采用的方式。在对这起事故的报道中,交通之声首先做到了不失语,迅速赶到现场,客观准确地把信息传递给受众;其次,随着事态的发展,也就是第一次新闻通报会后,记者采用原生态记录的手法,推出对70码车速的质疑报道,并运用专业知识引导听众关注事件本质(超速)。当这起飙车事件经网络媒体传播后,交通之声保持冷静,把握舆论导向的分寸,及时报道交警部门从“骑马(码)难下”转到“公开道歉”的动态过程,运用专家观点表明媒体立场,既发人深省,又铿锵有力:“不要让每一次政府公信力的重塑都带有倒逼的意味,因为那样要付出沉重的社会成本。”

“5.7”飙车事件发生后,某些媒体变得浮躁,传递了充满猜测的信息,使得一起交通事故变得复杂起来。作为交通专业广播,保持冷静显得尤为重要。由于我国汽车时代的提前到来,民众意识还未跟上汽车生活的步伐,这对矛盾并不是仅仅谴责肇事者、抨击管理部门就可以解决的。之前,温州一辆货车在斑马线上撞了学生,交通之声正在以此为新闻由头策划“文明出行 我爱斑马线”的媒体活动。当

“5.7”飙车事件发生后，交通之声更有责任和义务引导驾车者重新审视驾驶行为和习惯。交通之声领导马上决定，提前实施“文明出行 我爱斑马线”活动，广泛宣传公交车司机的正面典型，组织记者、主持人上路劝导，响应的市民达到 109 万人次。在随后的飙车案报道中，交通之声不跟风、不猎奇、不炒作，保持媒体独立的判断，这在杭州众多媒体中独树一帜，真正做到了为政府分忧，让百姓满意。

(2)解读也可以用实际行动体现

典型案例：《杭州出租车计价器集体失灵后》

2008 年 8 月 8 日 0 点，杭州 1000 多辆出租车计价器集体失灵，全城近七分之一的出租车没能正常营运！这个消息很刺激：时间特殊（奥运会开幕的日子），背景特殊（油价看涨，国内已经有出租车群体罢运事件发生）。此事非同寻常，事态控制不好将造成重大社会隐患。于是，交通之声一方面派出记者赶赴现场调查真相，一方面与相关职能部门沟通。当时，司机排队修车，前望不到头，后望不到尾，现场没有人维护秩序，大家情绪很焦虑。交通之声记者赶到现场后，立即让司机把收音机调到 FM93，承诺连续播出准确的信息，并请他们相信，有关部门一定会妥善处理好这件事的。

记者一路步行把现场排队、维修进度与有关部门采取的措施及时播报出去（其实很多措施是交通之声提的建议，如增加维修技术人员，登记排队车辆顺序，劝导司机回去休息，给现场司机发食品等）。报道中，还通过司机劝导司机，说明这个故障将很快得到排除。

在交通之声的引导协调下，杭州市政府很快到现场召开协调会，公开通报信息，承诺赔偿司机损失等。

在这一突发事件的发生、处理、平息和解决过程中，媒体的速度起到了重要作用，让我们真正体会到了“主动权决定话语权”的深刻内涵。对于突发性事件，了解事情真相非常关键，能否把真相告诉听众？在什么时间告诉听众？这也非常关键。我们的体会是：媒体要时刻记住“社会责任”，抢眼球、抢耳朵有时必须放在次要位置。

三、现场报道应注意的问题①

随着社会的发展，特别是交通业的发展，广播又焕发出了新的生机，呈现出“不鸣则已，一鸣惊人”的发展势头，各地交通广播雨后春笋般地蓬勃兴起就是最好证明。相对于电视、网络等媒体，广播的优势在于“动”和“快”，这也是在飞驰的车辆中、在漫步的道路上、在广阔的田间地头，广播“大有作为”的原因所在。

近几年来，现场连线报道越来越被人认同和看好。随着现场报道大量被使用，具有时空立体感受的“视听”效果被逐步挖掘出来。

现场报道应该说是对广播记者捕捉新闻能力、理解力、把握驾驭新闻事件能力、采访能力等多项素质的综合考核，那么，要做好现场报道，广播记者又需要从哪几方面入手呢？

（1）要有职业责任感和现场报道的能力

现场报道是一项“出口成章”的工作，同步播放的特点，缺少了一些类似报纸、杂志等媒体审阅的环节，因此，要求现场报道的记者具有较高的政治觉悟和强烈的社会责任感，对自己报道工作的言语行为负责到底。在日常报道中，并非所有的报道都能做成现场报道，现场报道在一定程度上受制于题材、环境和新闻事件本身，只有那些现场情节强的新闻才具备做现场报道的条件。记者要在繁杂的报道中瞪大眼睛，准确把握住这样的机会。

（2）现场报道要与受众多进行“互动”

现场报道体现出报道的客观性，但是事件的发生、发展以及产生的影响，并不是人人皆知的，采访一下受众，换个角度考虑同一问题，就能扩大记者报道的视野。如果是人物报道，通过对方所说的话可深入挖掘人物的内心世界。此外，通过与受众的交流、沟通，也能达到教育人的目的，使得广播更加贴近群众。

（3）现场报道要有背景交代，语言要口语化

现场报道是说新闻，必须朗朗上口，不能让书面语过于浓重，否则会给人不是说而是读的感觉。现场报道句式不能太长，要多用短句，多用通俗的口语化词汇，要用动词展示现场和进展，这样才能让受众跟着录音报道动起来。此外，要按照现

① 参考宫晖：《广播现场报道应注意的问题》，《青年记者》2010 年第 14 期。

场报道的要求和听众的听觉习惯，把事实充分报道清楚。有时为突出新闻的中心意义，加上几句背景交代，更多的时候是采用现场音响切换，引发受众听下去的欲望，对记者的录音报道产生一种别样的感受和领悟。

现场报道关系到广播的发展。不妨设想一下，一次次精彩的现场报道，加之广播本身在信息传播方面不可比拟的优势，如速度快、遍及广、手段灵活、不受时空制约等，那么，展示给受众的就不仅仅是一段段声音，还会呈现出一幅幅视听新闻画面，为广播插上"视听"的翅膀。广播目前的发展状况已经证明：中国广播的整体实力没有萎缩，融入了新媒体的一些元素后，它的核心竞争力在不断提升，广播事业的发展前景一片光明。

四、实战练习

1. 现场报道的导语①

现场报道的导语一般都比较简单、直接，它的主要功能是开门见山地交代新闻事件发生的时间、地点等重要信息。因为现场报道的解说要在现场完成，记者在录制解说词的同时还要关注事件的进展，构思下一步的报道或是采访，短时间内构思较复杂的导语并不切合实际；同时因为广播节目现行传播、不可回复的特性，记者也需要在第一时间把最重要的信息传达给受众，所以导语部分一般采取直接介绍的方式。

目前国内不少广播新闻采用栏目式编排方式，用主持人的串联来引入记者的现场报道或是录音报道，例如中央人民广播电台中国之声频率每天的《新闻和报纸摘要》就是这样的方式。这种情况下报道的导语部分实际上是在后期编辑时完成的，然后由主持人播读出来，而记者的现场报道则通常直接切入正题。例如：

主持人：昨天是元宵节，学生返校客流高峰开始，与农民工返城叠加，春运客流量仍保持较高水平。铁道部门将在学生客流比较集中的时间和方向组织开行学生专列。请听报道。

【火车站嘈杂背景声】

① 参考杜桦：《广播节目编导》一书部分内容，中国传媒大学出版社2009年版。

记　者：哈尔滨火车站今天迎来了学生返校流高峰，在哈尔滨火车站候车室里随处可以看到学生的面孔。

【采访录音】

学　生：我到南昌，先到北京……

（中央人民广播电台 2008 年 2 月 22 日）

这样的处理方法有助于减轻记者在现场的负担，可以使记者将更多的注意力集中于新闻事件本身，同时也有助于形成整个新闻栏目较统一的风格。但值得注意的是，现场报道的记者不应由此形成对后期编辑的依赖，仍应该尽量使现场报道完整。因为有些现场报道节目会出现在新闻资讯、深度报道、新闻评论等不同的栏目形式里，如果现场报道本身不够完整就不利于节目资源的反复利用。所以比较合理的做法是记者尽量在现场完成完整的报道，包括导语、中段的临场解说、音响、采访等内容。

导语的形式一般有以下几种：

(1)概括式

主持人：棉花期货今天在郑州商品交易所挂牌上市，这是中国期货市场经过 8 年整顿后经国务院批准的第一个上市新品种。请听记者从现场发回的报道……

主持人：奥运火炬昨天在河北唐山市传递，请听中央台、河北台、唐山台的报道。

(2)叙述式

主持人：今天下午两点，我省黑河市嫩江县嘎拉山林场点烧防火线时跑火，下午 5 点，山火已经蔓延到大兴安岭韩家园林区。请听黑龙江台驻黑河站记者刚刚发回的报道……

主持人：各位听众，现在是北京时间 7 月 13 号 22 点 06 分，莫斯科时间 18 点 06 分。决定 2008 年奥运会举办权的国际奥委会第 112 次全会进入了最后阶段，开始进行第二轮投票。中央台记者陈建奇正在莫斯科世贸中心会议现场。现在，就请他介绍第二轮的投票情况。

(3)描述式

主持人:前天夜间以来,黄海、渤海、东海出现1969年以来最强的温带风暴潮,海面11级狂风掀起几层楼高的巨浪,惊心动魄。昨天光是东海就有111人海上遇险获救,中央台值班编辑昨天电话连线各地记者,现场了解风浪情况。

记　者:一场秋雨一场凉。持续十来天的阴雨天气,让宁夏宁川市大庙社区卫生服务站的患者多了起来。

【采访录音】

居　民:社区医院离家住的地方又近,又方便,最重要的是还省钱……

(4)评论式

主持人:听众朋友,流失海外105年的大沽钟昨天终于回到了故乡——天津塘沽。如果它有生命的话,一定会感慨万千。因为它承载过屈辱的历史,也见证了新世纪的和平、友谊。请听本台记者李贺采写的报道:《离家百年,钟回故里》……

(5)提问式

主持人:新的时代,好工人该是什么样?青岛港一位叫许振超的工人给了人们生动的答案……

(6)引语式

主持人:陕西台记者孙华林报道,元旦前夕,国家扶贫开发工作重点县之一的蒲城县,耗资数百万元,历时两个多月,举办"迎元旦万人歌咏比赛",在当地引起强烈争议。昨天比赛结束后,记者在蒲城县文化局、交通局、地税局、城关镇等十多个部门、乡镇暗访时,发现很多干部群众对这场比赛十分反感,说是"穷扎势"、"瞎摆阔",一些局长、乡镇长甚至在骂娘……

2. 现场的层次[①]

现场报道要有层次。在做现场报道时，我们应准确、有层次地对这些现场进行描述，有“远景”、“全景”、“中近景”、“特写”，要让听众通过记者对现场不同景别的描述，来感受现场。如1999年澳门回归中国之声特别节目“珠海回归欢乐夜”的现场报道，就用不同的景别，报道了在澳门回归祖国那一刻，与澳门一水之隔的珠海欢庆澳门回归祖国时具有历史见证意义的热烈场面。

首先是给听众一个“近景”画面，向听众交代现场报道的时间、地点及报道人；其次，交代现场正发生什么事，要给听众一个“全景画面”，描述记者看到的大环境、最具特点的现场环境。在做澳门回归现场报道时，记者选择了距离澳门最近的湾仔镇广场，这里与澳门只有一河之隔，距离不到一百米，能清楚地看到澳门的标志性建筑。于是，在报道中记者做了这样的描述：“各位听众，我现在在珠海市湾仔镇广场，这里与澳门只有一水之隔，在我对面一百米左右就是澳门妈祖庙，抬头向远处我可以清楚地看到澳门的标志性建筑——中国银行和葡京酒店，此时的澳门灯火辉煌。”在介绍完自己看到的最具典型特点的环境后，“画面”回到了记者身边的“近景”——此时湾仔镇广场的热烈场面，用几个连续“近景”画面来介绍此时广场上的情景：舞台上一位歌唱演员激情地唱着歌曲《走进新时代》，台下有的人在欢呼，有的人跟着演员一起大唱，有的人在使劲鼓掌。在做描述的同时，背景是现场音乐声、欢呼声、笑声等，一幅生动的画面展现在听众的眼前。最后，记者走入人群中，对不同的人进行采访，有湾仔镇的老居民，有从珠海市内赶来的外地移民，还有湾仔镇的教师、领导等。通过采访给听众展现一个个人物特写，如在采访一位老妈妈时，通过问话进行描述：“阿姨，您好，我刚才看到您一直在笑，像孩子一样在跳，您是不是特别高兴?”老妈妈回答：“是啊，我特别激动，特别高兴，澳门终于回归祖国了……”

由此，一篇生动的、有层次的、步步深入的报道就展现在听众“眼前”，使现场报道的特点和优势全部体现了出来，调动了听众的想象力，使报道更加“好听”。

3. 现场报道的音响

现场报道的音响有别于录音报道的音响，由于新闻的采制是在现场一气呵成，

---

① 参考中国广播网《用“画面”的思维方式做广播现场报道》。

音响效果不会有录音报道那么讲究，音响不会那么“干净”，但这同时也正是现场报道区别于录音报道的一个特点。基于这一特点，我们在做现场报道时，就要对报道内容进行现场音响策划。如进行现场描述时应该在现场的什么位置，采访时应该在什么位置，让听众通过音响结合记者描述感觉到“画面”在变动，这样的现场报道能够让听众有更强烈的现场感受。

如沙尘暴肆虐，某台在我国西北、华北地区进行了几个地区的组合报道。几地的记者对当地的沙尘暴天气进行了现场报道，记者对天气、街道、人们在沙尘中的状态进行了描述，但听众听到的报道中，只有一位记者的报道让听众对沙尘暴有真实的现场感受，而其他几位记者的报道缺少了音响部分，记者在这种现场感应当很强的报道中忽视了“画面”中的音响，使报道失去了些许色彩。试想，如果我们的记者能够在室内先对报道进行一个简单的概述，给听众一个“远景”，然后走到户外，以自己对沙尘的感受给听众一个沙尘暴的“特写”画面，这时现场呼呼的风声，也许会使记者报道的声音受到影响，但从没见过沙尘暴的人会更直观地感受到沙尘天气的危害，感受到环境对人们生存的影响，使人们对环保问题有一个更深刻的认识。现场感越强，报道越生动，对听众的震撼力也会越强，同时，广播的特点也会表现得更为淋漓尽致。

第二节　录音报道

一、定义

录音报道是以新闻发生的现场音响和记者的叙述（或写成文字稿由播音员播读）为手段的一种广播形式。由于内容不同和宣传的需要，录音报道又可分为录音新闻、录音通讯、录音特写、录音记问等。它给人以强烈的现场感，听其言，闻其声，如临其境。录音报道受题材和条件的限制比较大，凡是缺少现场音响和捕捉不到典型场面的新闻，就不适宜于录音报道。

二、需要注意的问题

采制录音报道的要点在于文字解说，其作用是说明现场（交代时间、地点、人物），铺叙事件，提示主题。由于现场中的音响效果和人物谈话还不能使听众明确地了解报道中的时间、地点和人物，关于事件的过程及其意义也不是实况录音所能完全表现的，因此，在录音报道中必须穿插着解说。解说词要简洁、鲜明、生动，不要过长地追述。有些录音报道，开始出一点实况，结尾出一点实况，中间却大段地追述背景、过程。比较理想的方法是：在需要解说背景时，由采访的记者逐步引导被采访的对象用一问一答的方式说出来；或用介绍现场图标来说明；还可用实况作陪衬加以必要的解说。这样就化背景的东西为现场的东西了。文字解说和现场实况还起着互相补充的作用，凡现场实况的录音素材在报道中能说明问题的，就无须再加以解说。有的生怕群众听不懂，明明实况中的锣鼓声够响了，还要说一句“锣鼓震天响”。还有的文字解说，不大切合现场的情景和人物讲话的表情。这些都是应尽量避免的。另外，文字解说要和音响效果、人物讲话恰当地穿插起来，协调起来，起止不要太突然，要给人以波澜起伏的感觉。

音响是录音报道中的有机组成部分，能反映事物的牲征，说明典型的环境，生动、形象地帮助文字展开情节和表现主题。因此，要善于在复杂的现场中，选录最有特点、最有意义、最能提示人物精神面貌、最能深刻表现主题的音响素材。现场所没有的，绝对不能假造，更不能为了陪衬头面人物而录一些杂乱无章、枯燥无味、说明不了主题的音响。①

录音报道：因广播而美丽②

她曾获得14项全国性奖项和30多项省级奖项；她是中国广播电视播音与主持作品一等奖，全国金话筒铜奖、百优节目主持人，首届青海省广播电视“十佳播音员、主持人”，“全国健康金话筒”奖和全国第十届长江韬奋奖、长江系列奖的获得者。她就是青海人民广播电台经济频率新闻主持人王越。今天的《新闻焦点》请听青海台记者韩晓红采写的录音报

① http://wenwen.soso.com/z/q132221910.htm。

② http://news.sina.com.cn/o/2009—11—06/181816566907s.shtml。

道：因广播而美丽。

【出现场音】

收音机前的听众朋友您好，欢迎您收听来自青海广播经济频率的《王越直播室》节目，我是您的朋友王越。有一个人永远占据我们心底最柔弱的地方，我们愿意用自己的一生去爱她，有一种爱它让你肆意地索取、享用，却不要你任何的回报，这个人叫母亲，这种爱叫母爱……

（录音止）

听众朋友，你听到的这段亲切、大气的播音是青海人民广播电台经济频率新闻主持人王越在主持母亲节一档节目的录音。从小热爱表演、主持的王越，1995年从青海师范大学艺术系音乐专业毕业后，考入青海人民广播电台。十四年一路走来，王越的青春岁月因广播而熠熠生辉，因广播而美丽。

【出录音】

我觉得我真的是一个特别幸运和幸福的人，因为一个人的兴趣爱好、所学专业，还有所从事的职业做到完美结合，我觉得这就是一种非常理想的职业状态，我现在真的达到了这样一种理想状态。所谓热爱就是最好的老师，就是我特别热爱这个工作，从小，我在高中的毕业留言册上曾经郑重其事地写下过我的理想，而很多年之后我的理想实现了，我觉得我的选择是没有错的。

（录音止）

正是因为心中那份永恒、炽热的广播情怀，十四年来，从柔风细雨的清晨到落日朦胧的黄昏，从春光烂漫到冬意融融，王越勇挑重担，经常深入农村、牧区、厂矿、学校，上青南，走戈壁，尽职尽责，为听众传递着最前沿的新闻动态。

【出现场音】

熊宁、黄成生活在西安，熊宁是一个志愿者，不仅拥有美丽的容颜，更重要的是有一颗充满爱心的心灵……

（录音止）

心在一起了，自然就有了亲近感，广播作品就有了亲和力。王越的节目第一考虑的，就是贴近百姓的生活、尊重听众。她常说只要和听众在一起，每一点辛苦都会变成幸福的浪花，她也将真诚的情与爱融入听众之中。十四年来，她先后主持了《经广早新闻》、《乘着歌声的翅膀》、《七彩时空》、《财富黄金档》等十多个新闻、音乐、综艺、少儿、服务、访谈类等栏目，制作播出了大量的优秀节目。其中《和小树一起成长》获得中国广播电视新闻奖广播社教节目奖对象性节目三等奖、青海新闻奖一等奖，《四月八里漫花儿》荣获中国广播电视文艺奖三等奖、全国经济台优秀节目文艺类二等奖，《"花儿"就是这样红》获得中国广播文艺奖音乐节目三等奖，《关注野生动物 争做环保小卫士》获得中国广播电视新闻奖广播社教节目三等奖、青海新闻奖一等奖。

青海人民广播电台第一个以主持人命名的新闻访谈类节目《王越直播室》，更以独特的新闻视角和具有亲和力的主持风格赢得了社会广泛的好评，两度荣获全国经济电台"十佳栏目奖"，其中《生命的激情像一团火》荣获中国广播电视播音与主持作品一等奖。

【出录音】

2003 年 4 月开播的《王越直播室》，可以说给我提供了极大了历练和成长的空间，当时，这个节目创办之初，就定位为新闻访谈节目。从节目开播以来，已经有上千位嘉宾走进直播间，来面对听众。我觉得这个节目我不想把它做大，我只是觉得它贴近老百姓更好，从一些小事入手，能够让老百姓入心入理，增加节目的互动和亲切感。同时，这个节目当时我也有一些想法，就是采取广播的多种形式，比如说热线、短信，甚至在节目中加入一些片头片花，增加节目的互动性、可听性。

（录音止）

零下十几度的高原，滴水成冰，作为广播剧主角的她，拖着 9 个月的身孕在野外一站就是十几个小时，整个人都冻透了，吃饭时，冻红的手指连筷子都拿不起来。汶川特大地震发生后，王越在第一时间联络多家单位，举办了多场募捐直播，募捐金额达 140 多万元。在平均海拔 4500 多米、高寒缺氧的格尔木肯德可克铁矿区，她为了采制到井下的效果声，下到 300 米的矿井深处，与矿工们零距离接触……

【出录音】

我记得我采访过很多性格独特、心灵美好的高原人，这些人总是给我留下非常深刻而美好的印象。就像是 2007 年 12 月 7 号，我来到海拔 4500 米的格尔木肯德可克铁矿区，当时是在严冬，气温非常低，我们下到的是矿井深处 300 米的作业区，里边空气更加稀薄，而且感觉非常寒冷，应该说是刺骨的寒冷，耳边是钻机的轰鸣声，闻到的是刺鼻的柴油味。当时，我就在想，我们生活当中什么叫苦，什么叫累，什么叫脏，什么叫险，在那一刻我真正感受到了。但是，我采访那些矿工们的时候，通过他们那种纯真的眼神，我突然明白了什么叫做爱岗敬业，什么叫无私奉献。

（录音止）

作为一名执著追求的新闻主持人，因为热爱，广播工作已经成为王越生命的一部分。期间的眼泪与欢笑、历练与收获，在不知不觉中化为她的一笔财富，见证了她的成长，也培养出王越的一份沉静从容与勤奋坚韧。如今，站在中国新闻界最高的领奖台上，她依然是那样的平和、谦虚。

【出录音】

获得中国新闻工作者这样一个最高荣誉——长江韬奋奖，不仅仅是我个人的荣誉，而是对所有高原新闻工作者的一种褒奖，我只是其中的一个代表，比我优秀的人还有许多。但是，我相信，拿到这样的奖对我是一种巨大的精神鼓励，作为我个人来说也是无上的光荣。同时，这种巨大的动力也会推动我在新闻的这条道路上能够和所有热爱新闻战线的工作同仁们一起快乐前行。

（录音止）

第三节　现场直播

一、由来和定义

在我国广播的历史上，所有节目基本上都是录播的。20 世纪 80 年代中期以后，随着广播节目制播器材的不断更新和经济、社会的发展，直播形式逐渐兴起，特别是90年代中期以后，自制节目中，直播部分的长度很快超过录播部分。1986年12月5日清晨，以大板块、主持人和热线电话为主要特征的"珠江模式"诞生。[①] 在此之前，中国内地广播节目的形态仍以单向传播为主要特征。直播节目的广泛涌现，除了大大聚拢了"人气"之外，也给了电台极大的增值空间，如与移动公司共同经营短信业务，在参与式节目中播出赞助式广告。

90年代末期，广播直播获得较快发展。国家广电总局原副局长胡占凡在为集纳有湖北人民广播电台30场新闻现场直播文稿的《直播荆楚》一书作序时称，广播新闻直播"是广播优化自身本质功能而在近些年才兴盛起来的重型武器"。

当前，无论是中央级广播媒体还是地方广播电台，新闻节目、服务节目、热线节目、谈话节目等，基本上都通过直播方式传播，自制节目中只有专题节目、纪录节目、知识性节目、广告节目等还主要通过录播播出，但时间长度较前者短。另外一种值得注意的现象是，有一些大型的广播节目主要形式是直播，但也会在直播的过程中穿插录制的短节目或片段、广告等，使直播节目变得不再纯粹，成为实际的混合播出。

综观国内各广播电台组织的新闻现场直播，多取材于受到关注度较高、有较广泛社会意义的重要题材。对这样的题材进行大时段、大容量、多方位、多媒介的现场的、集中的报道，其新闻价值、社会影响力显然是其他许多广播手段所不可比拟的。如1997年6月30日到7月1日，中央人民广播电台组织的《百年长梦今宵圆》对香港回归进行了大时段新闻直播。这是中央电台也是中国广播史上罕见的规模大、时间长、横跨多区域、技术传输复杂、多兵种运作的宏大作品。它以香港回归期间香港、北京两地为中心，辅之以专家评述、要人采访、主持人背景介绍、历史音响回放，融新闻、历史、文学、音乐于一体，并且实现北京同内地6省市以及海外报道密切配合，把广播特长发挥得淋漓尽致。它的另一层意义便是，新闻现场直播往往能显示、代表一家广播电台在采、编、播、录、制和播出等各方面的实力。

那么，什么是广播现场直播？根据《广播电视实用辞典》的解释，广播现场直播是指"从现场直接播送实况的电声广播"。我国最早的远距离现场直播是中央人民广播电台1949年10月1日对开国大典的实况转播。

---

① 董旸：《广播节目策划与制作》，中国传媒大学出版社2007年版，第289页。

二、灾难中的广播直播

1. 广播的及时性和现场感

广播媒体最大的优势是对突发事件迅速、及时的报道。由于其制作成本低廉和广播直播只要所在位置能往外打电话就能同步进行“零时差”的现场实况播出的特点，广播媒体信息传播非常及时且可以移动收听，使其在面对突发事件时可以立即成为传递、交流和沟通各种信息的平台，从而在突发事件中有效地发挥协调、动员和组织的特殊作用。广播在播报如战争、自然灾害等突发事件时还具有现场感强的独特优势。比如，利用直播间与新闻记者连线，使得广播新闻的时效性和现场感大大增加。①

比如，2008 年 5 月 12 日 14 时 28 分，震惊世界的汶川大地震发生了。在非常时刻，成都人民广播电台进行了如下报道：

- 14 时 55 分 55 秒，在余震不断的情况下，成都人民广播电台果断中断正常节目，在交通频道推出抗震救灾特别报道——《我们在一起——抗震救灾大型特别节目》。这是成都上空对地震灾情的第一声播报。
- 16 时 32 分 03 秒，电台四个频道打破常规，并机播出。在重要关头，成都市政府“第一号通告”最先到达广播电台。成都人民广播电台最早向社会昭示成都市委、市政府抗震救灾的决心和信心。
- 14 日，成都人民广播电台在全国率先开设《灾后心理慰藉》专题节目，中央电视台作专题采访；16 日，开通 24 小时“心理慰藉”热线。
- 从 5 月 12 日 14 时 55 分开始，到 5 月 22 日凌晨 6 时转入常态为止，成都人民广播电台《我们在一起——抗震救灾大型特别节目》不间断播出时间达 232 个小时。

“5. 12”汶川大地震发生后，成都人民广播电台不仅成为成都地区最早播出准确地震消息的媒体，而且为市委、市政府正确决策和指挥抗震救灾建立起“空中调度平台”。当时，在成都乃至成都以外的地区，出现了万人收听广播的景象。在通

---

① 参阅《广播在突发事件的特殊作用》，http://www. lwkoo. cn/Freepaper/Wenxue/Xinwen/201009/38004. html。

讯中断、情形万分危急的时刻，广播以其独特的媒介特点，对安抚人心、稳定社会发挥了积极的作用，被人民群众誉为“民间指挥部”。

成都电台的一位频道总监曾自谦道：“我们是弱势媒体”，但在大地震发生后最紧急、最关键的情况下，“弱势媒体”却成为“强势媒体”。

2. 收听广播的廉价性和方便性

广播受到青睐的又一个重要原因是收听广播的廉价性，同时，广播接收机携带的方便性也是它更广泛地让受众接受的重要因素之一。与报纸、电视、网络等媒体相比，广播媒体的成本最低，同时受众接收成本也最低。目前，广播媒体由于其便于移动收听而重新进入大多数人的生活，根据美兰德信息公司“2002 年部分广播电台听众调查”，广播是最容易携带的媒体。而我国由于汽车普及率和人们户外休闲活动的增加，移动收听广播的比例呈明显上升趋势。调查显示，2002 年广播移动收听的比例已经达到 15.5%，比 2001 年高出 0.6 个百分点，中国广播的核心听众正从农村转向城市，从固定收听转向移动收听，每年以 20%的速度递增。不论是早晨锻炼身体、坐车上班、旅游还是在地里劳作，都可以移动收听广播。在一些突发事件来临时，广播会起着重要的宣传与鼓动作用。比如，突然发生洪水灾害时，受灾现场电视肯定是无法打开，报纸也很难及时送到灾民手中，但广播此时却可以发挥特殊作用。

3. 广播的情感抚慰功能和互动优势

广播在突发事件中具有情感抚慰功能，这种功能体现在多个方面：首先，通过广播的即时报道使人们减少恐慌，产生了心理安全感。心理学研究表明，处于紧张状态的人对声音异常敏感，极度渴望有吸引力的声音。汶川特大地震发生后，成都交通台仅用了半个小时就恢复播出，中间虽然两度中断，但“我们和你在一起”发挥着无可替代的情感慰藉作用。此外广播通过热线电话或者短信互动方式便可参与，听众可以与主持人和其他参与者直接对话，实现双向或多向交流，随时获得反馈信息，让人产生集体感，坚定了人们的信念。

河南省公安厅把交管指挥中心放到了电台，全天实时播报信息，现场协调和发布指令，共同应对各种复杂的问题。广东省公安厅也同当地电台联合开办专题节目，同样效果很好。广播在突发事件中的特殊作用也受到了学者的关注，中国传媒大学广播战略研究中心主任、博士生导师曹璐教授呼吁政府要重视广播在突发事件中不可替代的特殊作用，国家有关部门应当在制定突发事件的应急制度或措施中明确广播的地位与作用，认为各级政府在平时就要重视广播，增加投入，研发针对不同人群使用的收音机，以保证广播在突发性事件来临时发挥更大的作用。

第四节 广播特写

广播特写可以被看做是广播中的纪录片。它是以各种声音元素为素材，以再现真实的声音场景，刻画典型的声音形象为主要方式，兼具广播新闻和艺术特性的一种节目体裁，也是一种被广泛运用于新闻、艺术、教育、服务类广播节目中的创作方式。广播特写是广播新闻节目中时效性最弱的一种，它基本摆脱了新闻报道的时效性限制，但仍以记录真实的人和事为主，兼具记录的真实性和表现手法的艺术性，是广播新闻节目与广播文艺节目之间的一种边缘性类型，也是最能发挥广播媒体特点、最能体现广播节目编导综合能力的一种节目类型。

广播特写是由 BBC 提出、20 世纪 20 年代为世界各国广播电台开始广泛采用的一种配音、配乐广播报道形式，当时主要以文学性、传记性内容为主，后来出现大量的虚构内容，使广播特写这一形式一度非常接近广播剧。但是到了 20 世纪 80 年代以后，随着国际广播界交流的逐步深入，非真实性的广播特写被逐渐废弃，获得国际奖项的很多广播特写节目也以真实性内容为主，用声音讲述一个非虚构的故事成为广播特写的主流。总体来看，广播特写基本包含了电视节目中纪录片和专题片（或将两者总称为非虚构性节目）的题材范围。

广播特写在电台更多被看做是一种综合使用语言、音乐、音响的创作方式，而不是一种固定的节目形式。所以在新闻、文艺、教育、服务类的很多节目中我们都能看到特写的名字，如录音特写、音响特写。而有的节目虽然没有使用特写的名字，例如有些特写报道、文学专题、配乐广播或是音乐专题节目，但在创作中体现了特写的风格。大家可以比对电视节目中纪录片与纪实片风格的关系去理解广播特写作为节目形式和作为创作风格的关系。[1]

---

① 杜桦：《广播节目编导》，中国传媒大学出版社 2009 年版，第 66—67 页。

一、文艺性较强的广播特写[①]

广播特写是广播记者在新闻现场亲眼所见、亲耳所闻，更具真实性，因而也更具说服力。广播特写具有持久的感染力，它把文学手法融进新闻采写之中，既保证了新闻的准确性，又以细腻的笔触和生动的描绘增强了感染力。让我们来看一看2005年6月19日上海人民广播电台播出的王曼华撰写的广播特写《周小燕与〈长城谣〉》：[②]

我国著名声乐教育家周小燕教授的17位曾经获得国际声乐大奖、现活跃在国内外歌剧舞台的拔尖学生，今天（18日）晚上在上海大剧院隆重举行了一台"周小燕优秀学生音乐会"，音乐会上周小燕和她的学生再次选择了抗战歌曲《长城谣》。周小燕的一生与《长城谣》这首著名的抗战歌曲紧紧联系在一起，从她几度演唱这首歌曲的经历，我们可以看到她那一颗滚烫的爱国之心。

1937年，抗日烽火燃遍祖国大地，武汉街头，简易舞台上，一位年轻姑娘深切地唱着："万里长城万里长，长城外面是故乡……"歌声悲愤苍凉，如泣如诉。

【实况：周小燕40年代唱片《长城谣》……】

这位姑娘就是周小燕，那年她20岁不到，正从她求学的上海音乐专科学校回家过暑假。抗日战争爆发了，武汉成为全国抗战的中心，周小燕全身心地投入到抗日救亡运动之中。她和妹妹们帮助母亲为抗敌将士缝制棉衣，去医院护理伤病员，参加武汉合唱团，用她那独特的歌喉，在街头、在学校、在医院演唱抗日歌曲，《长城谣》、《歌八百壮士》、《最后的胜利是我们的》等抗日名曲，都是由她首唱的。

1995年，抗战胜利50周年，长城上，身穿黑底红花旗袍的周小燕，以78岁的高龄，再次放歌《长城谣》。

---

① http://www.rgd.com.cn/rgd/xxyd/nfgbyj/gbyw/71783.shtml。

② 中国新闻奖评奖委员会办公室编：《中国新闻奖作品选（2005年度·第十六届）》，新华出版社2006年版，第329页。

【实况:周小燕唱《长城谣》……】

"万里长城万里长,长城外面是故乡。没齿难忘仇和恨,大家拼命保故乡。四万万同胞心一样,新的长城万里长。"歌声中,周小燕想起了自己的弟弟为了抗日,献出了年仅18岁的生命。无数的先烈为了保卫国家,前赴后继英勇奋战,她的眼眶润湿了。其实,那一天,她的丈夫、著名电影导演张峻祥已经病在床上起不来,为了这次演出,周小燕不顾自己年老体弱,一早从上海出发赶到北京,演出完当夜又赶回上海。今天,抗日战争胜利已经60周年,周小燕回忆起当时在长城上的感受时,仍不能平静。

【实况】周小燕:

那次在长城上,情绪是很激动的,因为我想到我首唱的时候,是中国最困难的时候,心情是什么呢,就是怕做亡国奴,怕失去自己的祖国。再在长城上唱的时候,我们中国是什么情况,世界瞩目的中国,一个强盛的中国。这一天,烈士们没有看到,我的弟弟没有看到,我的父母也没有看到,我看到了。所以,那时我很激动的。

6月18号,88岁的周小燕,再次登上上海大剧院的舞台,这是一场她的一些名扬海内外的学生,为庆贺她从教65周年而举办的音乐会。周小燕又选择了《长城谣》。

【实况】周小燕:

我首唱时只有19岁,现在我是向90进军了。要听当年的音色没有了,但是当年的爱国激情还是有的。

(周小燕领唱、合唱《长城谣》……)

伴着激动的泪水,周小燕诚挚地说:"抗战胜利60年了应该再唱一唱《长城谣》,这回不是唱声音,而是要唱精神"。舞台上的周小燕精神矍铄,激情飞扬,她用一个又一个音符和音阶,在"母亲、祖国"这条旋律线上放声歌唱。

广播特写《周小燕与〈长城谣〉》充分发挥了广播声音的特色,在不到4分钟的报道中,记者选择了周小燕在40年代、90年代和2005年三个不同历史时期演唱《长城谣》的实况录音和周小燕感人肺腑的讲话以及大剧院现场热血沸腾的场景实况,为听众传神地再现了我国著名声乐教育家、女高音歌唱家周小燕的拳拳爱国之心。真实感人的音响为突出主题、升华主题和打动听众起到了不可替代的作用。

报道在音响的处理上细腻、柔和，是广播报道中大力开掘声音源、充分挖掘和运用新闻现场声音的成功报道。

二、新闻性较强的广播特写

2006年3月5日，中央人民广播电台播出了李涛、赵雪花采写的一篇引人注目的广播特写《求知于实践，问计于群众》，获得了中国新闻奖广播消息一等奖，原文如下：①

3月4日下午，胡锦涛总书记来到全国政协礼堂，和民盟、民进的全国政协委员亲切见面，共商国是。经济学家厉以宁委员第一个发言，他对建设社会主义新农村非常关注。

【音响】厉以宁：在建设新农村过程中，一定要明确农民是新农村建设的主体。农民中蕴藏着巨大的潜力，政府要善于把农民中的这种潜力调动起来，使它们发挥出来。

胡锦涛听得很认真，不时做记录。他在讲话中对此做了回应。

【音响】胡锦涛：我注意到，刚才厉以宁老师就谈到我们新农村建设，强调的就是新农村建设的主体是农民，我们政府呢，应该是做引导者，做服务者，在这方面更多地发挥作用。

胡锦涛进一步提出，全面建设小康社会，也只有依靠更广大人民的共同努力才能实现。

【音响】胡锦涛：作为一个领导者，你有没有能耐，这就要看你能不能调动广大人民群众的积极性、主动性、创造性，也就是说你能不能为人民群众服务得好，把大家的积极性调动起来，把我们的国家建设好。

胡锦涛强调，要牢固地树立人民群众是真正的英雄的观点。

【音响】胡锦涛：这句话现在好像是不是讲得少了？我觉得我们确实还要树立这个观点，要深刻认识脱离人民群众我们将一事无成。要尊重群众的首创精神，要大力发展人民民主，要求知于实践，问计于群众。

---

① 中国新闻奖评奖委员会办公室编：《中国新闻奖作品选（2006年度·第十七届）》，新华出版社2007年版，第81页。

胡锦涛要求坚持把实现好、维护好、发展好最广大人民群众的根本利益作为做决策、办事情、做工作的根本出发点和落脚点。

【音响】胡锦涛：凡是符合人民群众利益的事情，就千方百计地去加以促成，凡是违背人民群众利益的事情，就旗帜鲜明地加以反对，尤其要着力解决人民群众最关心、最直接、最现实的利益问题，使人民群众不断得到实实在在的利益，使全体人民共享改革发展的成果，朝着共同富裕的方向稳步前进。

这是2006年全国政协会议开幕后胡锦涛总书记看望政协委员时的一场活动，也是记者采写的一篇独家消息。记者通过精心选取、剪辑的现场同期声，突出了总书记和政协委员平等对话、共商国是的民主氛围。而总书记的讲话又紧扣“求知于实践，问计于群众”这个主题，渐次表现出来，层次感很强，使主题具有深度和感染力。这是记者的用心之作。记者善于在会议新闻中抓住一个大家关心的主题，通过精心录制、剪辑音响和精当的记者叙述表现出来。而采用广播特写这一形式，使通篇消息更加生动、感人。

广播特写《求知于实践，问计于群众》的作者在精选事实、凸显细节上很显功力。他很善于判断和取舍，能抓住有代表性、最能说明问题的事实展开报道：首先是场景描写的精妙。“胡锦涛听得很认真，不时做记录。他在讲话中对此(指厉以宁的发言)做了回应。”在整个广播特写中，记者有五处简短的串词，只有这一段是描写现场的。看似忠实地记录场景，却经过了作者的精心选择，没有渲染，更没有评论，白描式的串词起到承上启下的作用，又在不经意间既反映出总书记以人为本、严谨认真的一贯思想和作风，又为总书记下面的讲话起到了很好的过渡和铺垫作用。其次是精致的“抓拍”。这就是紧接上一段串词之后，总书记讲话的开篇：“刚才厉以宁老师就谈到我们新农村建设……”一句“老师”，把总书记平易近人、亲切和蔼的形象鲜活地展现了出来。在短短两分钟的特写中，记者在此不吝笔墨，使领导活动的消息成为一条厚重又鲜活的报道，可见其匠心所在。

广播特写《求知于实践，问计于群众》不仅倾倒了广大听众，也征服了广播业内的众多专家，从第十七届中国新闻奖参评的31篇广播消息中脱颖而出，被评为广播消息一等奖。这充分说明，这一稿件能够获得中国新闻奖最高奖，既是新闻内容的独特魅力，也是广播特写的独特魅力，二者相辅相成，缺一不可。

但是，广播特写既不是广播消息也不是广播专稿。它用精心录制、剪辑的音响和记者叙述作报道，比以概括见长的消息更形象生动，给听者留下的印象更鲜明深刻；它截取的是现实生活中富有特征的片断，比有头有尾、有因有果、有低潮高潮的广播专稿更凝练、精悍，无论事情多么繁杂，范围多么广泛，其经过又是多么曲折漫长，广播特写总是写事情的关键、情节的高潮处。

中央人民广播电台 2005 年 5 月 22 日播出的郎峰蔚采写的广播特写《中国珠峰测量队成功登上"世界之巅"珠穆朗玛峰》，正是写事情的关键、情节的高潮处的佳作，原文如下：①

中国珠峰测量队今天(2005 年 5 月 22 号)上午 11 点成功登上"世界之巅"珠穆朗玛峰，对珠峰高度进行了 1975 年以来的首次精确测量。请听中央台特派记者郎峰蔚从登顶现场发回的录音片断。

【现场声，喘息声】

记者：中央人民广播电台，中央人民广播电台！我是记者郎峰蔚。现在是北京时间 11 点 08 分，队员们成功登顶了！

【同期声】

指挥部：加布，听到没有？请回答。

登顶队员：听到了，我们成功了！(喘气声)

指挥部：好！祝贺你们！到达顶峰几个人了？

登顶队员：10 个人。

指挥部：10 个人！

(开香槟声、欢呼声)

记者：队员们终于到达峰顶，指挥部里一片欢腾。

指挥部：现在赶快帮助测绘队把仪器架设起来。

记者：现在是上午 11 点 50 分，测量指挥岳建利一声令下：

【出录音】

岳建利：登顶队员注意，峰顶测量开始，请检查所有指示灯……

(渐弱混入)

记者：刹那间，峰顶觇标的透镜将彩虹一样的光芒，发射到海拔 5200

① 中国新闻奖评奖委员会办公室编：《中国新闻奖作品选(2005 年度·第十六届)》，新华出版社 2006 年版，第 324 页。

米到 6300 米的 6 个交汇测量点的仪器上。

【出录音】

测量队员甲：气压？

乙：5400。

甲：温度？

乙：102.2。

（渐弱混入）

记者：现在是中午 12 点 15 分，珠峰复测总指挥张燕平欣喜地接过我的话筒：

【出录音】

张燕平：现在觇标已经屹立在珠穆朗玛峰的峰顶，正在不间断地进行 48 小时的数据记录。珠穆朗玛峰登顶测量取得初步成功。下一阶段，我们将全力以赴地进行数据整理分析和计算。多种测量手段的配合使用，将有可能使测量精度在 1975 年的基础上进一步提高。8 月份，中国将向全世界宣布珠穆朗玛峰的新高程！

广播特写《中国珠峰测量队成功登上“世界之巅”珠穆朗玛峰》，利用当今最前沿的 64K 宽带海事卫星音频广播技术，在普通音频传输设备完全不能到达的珠峰地区同步传回第一时间的广播特写，是中外媒体中唯一一篇来自测量一线现场的广播录音报道，是宣布测量成功后发出的第一篇新闻，也是中国广播史上海拔最高、条件最为艰苦的一篇现场新闻。广播特写以时间为主线，结构清晰简洁，具有高度的时效性、同步行进感；新闻内容全部来自第一新闻现场，后方编辑只做简单剪辑，没有任何修饰；音响生动真切，逐一表现了记者和各方人士的紧张、疲倦、激动、关切、兴奋等各种情绪，听众通过电波能够听到 10 级大风的呼啸，听到队员沉重的喘息，听到测量指挥的每一个细节，如身临其境，真实可信，可感可叹。绚烂之极归于平淡，除去所有修饰、还原真实生活的新闻带来的是更多的震撼和表现力，这是记者采访工作的一次回归，也是广播新闻的一次重大突破。

广播特写与广播消息、广播专稿等新闻形式一样，是一种独立的报道形式。“特写”一词，是借用于电影、电视艺术领域中的，指的是对于富有特征的题材，采用特别的手法，以收到特殊的效果。电影、电视特写镜头的出现，使电影、电视更加激动人心，是电影、电视艺术史上的一个重要发展。广播新闻记者从电影、电视特写镜头拍摄及其效果中受到启示，他们要用自己的话筒和录音机为听众送去一个个充满魅力的“镜头”，以同别人争夺听众的时间和注意力。而要做到这一点，广播记者必须深入新闻发生的现场，截取新闻事实中最富有本质特征的片断，运用形象、生动的录音手法“放大”片断以“再现”现实。

广播特写由于采访的要求、取材的角度和表现的手法等都有不少“特别”之处，所以它对听众和社会的影响也别具魅力。广播特写有着别的广播新闻体裁所不能替代的影响力，不仅对一般听众是这样，就是对文学修养深厚的业内专家也是这样。广播特写《求知于实践，问计于群众》播出后，受到听众和业内专家的肯定，认为广播特写有感染力，能够真切地感受到参政议政、民主协商的风气。特别是与会的一些政协委员也予以表扬，认为记者选材好、有创新。广播特写《中国珠峰测量队成功登上“世界之巅”珠穆朗玛峰》充分放大了国家电台特有的新闻、技术优势，丰富了重大事件新闻的报道样式，实现了广播现场新闻的重大突破。节目受到了听众的热烈欢迎，听众参与的感言短信近5000条。新浪、百度的新闻搜索中，当日上午最新登顶动态新闻几乎全部来自中国之声。

第五节　文学广播

文学广播主要是指对小说、诗歌、戏剧文学、散文等传统文学体裁做有声化处理的广播节目类型，例如各种文学作品的朗读、播讲、表演、鉴赏和评介，也包括一些由作品衍生出来的以相关文学知识、文学家、文学运动、文学思潮、文学现象等文学实践为主题的广播节目。常见的文学广播节目编排形式有文学专题节目和综合性文学节目。

在频率专业化的大背景下，国内的很多所谓专业频率都在争夺传统节目形式，尤其是传统文学广播的节目资源，以此支撑频率的播出时间。无论是交通、音乐，还是经济、体育频率都采取变通的方式吸收小说、诗歌、戏剧文学、散文等传统文学体裁的精华，而以更低的成本传播出去。

由于文学节目的制作需要大量的人力、物力和时间的投入，制作周期长而成本较高，在当前这样一个广播发展仍然处于粗放式放量发展的阶段，传统文学节目显然无法满足当前电台的需要而逐渐呈现萎缩的态势，例如制作精良的录播型广播小说和广播散文、诗歌节目少了，取而代之的是直播间里主持人的播讲。同时在节目时间的安排上，传统的文学广播节目也被逐渐排挤到边缘地带，不少电台都把广播诗歌或是广播剧安排到了午夜之后。

电台片面追求节目运作的经济效益，期望以最小的投入获得最多的广告投放，所以主持人、直播和大时段组合成为降低节目成本的三大利器。而传统的讲究播音质量、演播效果的录制型节目则因成本过高而被恶性的市场竞争所迅速淘汰。这其中深受影响的就是文学广播和广播剧节目，其中有些节目类型甚至变成了只有参与评奖时才集中制作、专门面向专家和评委的节目，而普通听众则几乎难以听到。①

一、小说连播②

中国人有听故事的传统，传统曲艺当中的北方评书和南方评话有着悠久的传播历史、丰富的篇目和广泛的受众群。文学作品中中长篇小说的广播形式——小说连播（包括评书连播）也延续了评书、评话的口头讲故事的传统，深受听众的喜爱。

早在新中国成立前夕的 1947 年，广播就与小说牵手，诞生了中国广播界的经典节目——《长篇连播》，它是广播与小说艺术结合最早、合作最久的节目形态。《长篇连播》使文学作品像插上了飞翔的翅膀一样，传遍大江南北，走进千家万户，为更多的人民大众所收听和欣赏，在文学与听众之间建立起了永不中断的“空中桥梁”。

小说连播作为电台的一种节目形式，它的出现最早可以追溯到 1947 年东北解放区一些电台的传统长书节目，而有文字记载的则是 1949 年 4 月 25 日天津人民广播电台开播的《吕梁英雄传》。在新中国发展史上，小说连播有过两次繁荣。第一次是解放初到“文革前”，也是中国当代文学的“十七年”阶段。这个阶段涌现出《吕梁英雄传》、《新儿女英雄传》、《青春之歌》、《铁道游击队》、《林海雪原》等一批有广泛影响的作品。第二次是 20 世纪 80 年代初，这是中国长篇文学作品创作的一个繁荣时期，这个阶段的代表性小说连播作品有《许茂和他的儿女们》、《李自成（第二卷）》、《黄河东流去》，中央人民广播电台《长篇连播》编辑制作的《平凡的世界》、

---

① 杜桦：《广播节目编导》，中国传媒大学出版社 2009 年版，第 92—93 页。

② http://www.taihainet.com/lifeid/culture/whdht/201101/637777.html。

《白鹿原》、《穆斯林的葬礼》、《寻找回来的世界》、《我的父亲邓小平》、《上海的早晨》、《野葫芦引》等一大批优秀广播剧给亿万听众带去了美上加美的审美感受,其中的部分作品甚至成为激励人们前行的动力。

人民文学出版社也将宣传《白鹿原》的最大功臣归于广播,因为广播使作品当月的销售量达5万册。

《白鹿原》在中央人民广播电台首播时,陈忠实回乡下老家,半道上遇见一位熟识的乡民,拉住手便说他正在听《白鹿原》的连播,并大声感叹他的收听兴趣。"我把乡民的这种评说,看做是非文学的评说,是一部小说受众的最基本的反应,是作为作者的我最感踏实的一种心理报偿。"陈忠实说。广播电台连播长篇小说,恰是进入社会各个角落读者最便捷的途径,比文本阅读还要方便。广播剧的播出,无疑是对刚刚出版的《白鹿原》一书最有力度的宣传。该书出版14年来,中央人民广播电台先后3次连播,收听的读者无以计数。近十年来,这部书每年都在重印,累计已超过130余万册,这与小说的广播有着直接的关系。

"三分诗七分读",声音艺术的魅力使优秀的文学作品更加打动、感染听众,但随着时代的发展,广播也面临着"边缘化"的现实处境。如何能抓住日渐流失的听众,仅靠声音艺术的魅力恐怕还是不够的。传播是被动的,听众是主动的,如果把一部冗长乏味的作品硬"塞"给听众,人家完全可以拒绝接受。

二、小说广播、广播小说和广播剧

小说广播和广播小说是长期的广播节目创作实践中出现的两种既有密切联系,又有所区别的广播节目形式。因为广播媒体长期担负着向听众推介文学作品的职责,而文学作品的种类繁多,创作风格各异,仅就小说作品来说就有着非常大的差异,所以在文学广播节目制作中就出现了种种创作手法上的差别,由此产生了小说广播和广播小说的区别。

小说广播一般由播音员或是演员播出,通常以叙述为主,辅以少量的表演。小说广播的叙述者和表演者——也就是旁白或独白播音者与人物形象的表演者——通常是一个人,只是在叙述和表演时控制声音略有不同以示区别,而由这一个播音者略微转变音色来表现小说作品中多个人物形象。有时为了区别小说作品中的男女人物形象的不同,才会采用男女两个播音者对播的形式,例如中央人民广播电台录制的《风流才女——石评梅传》，为了区分男女主人公的声音形象，采用了男女对播的形式。所以小说广播中的表演并不是真正意义上进入角色的表演，而始终是一种游离于角色之外的“代言体”式的表演。小说广播一般不主动对文学作品的时空转换做广播化的处理。

小说广播从篇幅上分，一般可分为：短篇小说广播和中长篇小说广播，其中中长篇小说广播又包含传统说书类节目（例如《评书联播》节目）和长篇小说连续广播节目（例如《小说连续广播》节目）两大类型。

广播小说通常由多个播音者来播出，一个人对应一个不同的声音形象，以叙述为主，辅以少量表演，而且这种表演只是一种“代言体”式的表演。广播小说会使用音乐或是文字等元素对于时空的转换做简单而概括的交代，这种处理在小说广播中几乎是不存在的。

从制作的精良程度或是广播化的程度上来看，广播小说是介于小说广播和广播剧之间的一种节目类型。通俗讲，小说广播就是小说通过广播这种媒体形式去传播，小说广播的最低级形式就是作品朗诵。

而广播小说则是对小说做一些广播化的加工，它是叙述和表演并重的一种节目形式，但是广播小说中的表演部分比重较广播剧还是小很多。

	小说广播	广播小说	广播剧
来源	小说	小说	小说或戏剧
声音形象处理	一人代表多人，偶尔也有男女对播或是多个声音形象出现	多个演员“代言”多个人物形象，偶尔会一人“代言”多人	多个演员表演多个人物形象
讲述与表演的关系	多为讲述者讲述，有时辅以少量由讲述者进行的“代言体”式的表演	讲述者讲述，辅以少量表演的成分	讲述者与表演者有明显区分
场景处理手段	语言	语言、音乐、少量音响或非常戏剧化的音响效果	语言、音乐、音响
制作成本	低	中	高

以同一段小说为例，我们将之做成小说广播、广播小说和广播剧时会有不同的表现侧重。

下面是从美国作家海明威的短篇小说集里选出的一篇小说，原文如下：

大家都喝醉了。整个炮兵连都带着醉意一路摸黑行进。我们正开到香巴尼去。中尉老是把马骑到田野里，还对它说，“我醉了，说真格的，我的老朋友。哦，我烂醉了。”我们通宵都一路摸黑行进，副官老是骑着马走在我的行军灶边，嘴里说，“你得把火灭了。这危险。会给人看到的。”我们离前线有五十公里路，可是副官却担心我行军灶里的火。在那条路上行军真有趣。那时我正当着炊事班长。

如果是小说广播，一般会设置一个播讲者，用一种朗诵或是播讲的语气，有时也会用三种不同的语气来分别表现叙述部分、中尉的话和副官的话。除了对个别听不明确、容易产生歧义的地方做少许改动外，一般对原作字句和结构等不做调整。如下：

大家都喝醉了。整个炮兵连都带着醉意一路摸黑行进。我们正开到香巴尼去。中尉老是把马骑到田野里，还对马（这里“它”改为“马”，因为听众听不明白这个“它”究竟是指代谁，改为“马”就清楚了）说，“我醉了，说真格的，我的老朋友。哦，我烂醉了。”我们通宵都一路摸黑行进，副官老是骑着马走在我的行军灶边，嘴里说，“你得把火灭了。这危险。会给人看到的。”我们离前线有五十公里路，可是副官却担心我行军灶里的火。在那条路上行军真有趣。那时我正当着炊事班长。

如果是广播小说，可能会设置三个演员分别饰演“我”、中尉和副官三个人，同时对几个人物形象的声音做风格化的处理。有时会加少量的音乐和音响，可以不要环境音响的处理，也就是说可以不必用音响等手段塑造一个栩栩如生、富于真实感的声音场景。如下：

旁白：大家都喝醉了。整个炮兵连都带着醉意一路摸黑行进。我们正开到香巴尼去。中尉老是把马骑到田野里，还对马说——

中尉：（醉醺醺地）“我醉了，说真格的，我的老朋友。哦，我烂醉了。”

旁白：我们通宵都一路摸黑行进，副官老是骑着马走在我的行军灶边，嘴里说——

副官：（紧张地）“你得把火灭了。这危险。会给人看到的。”

旁白：我们离前线有五十公里路，可是副官却担心我行军灶里的火。在那条路上行军真有趣。那时我正当着炊事班长。

如果是广播剧，应当设置三个演员分别饰演“我”、中尉和副官三个人物形象；必须使用语言、音乐、音响等声音素材相互配合来进行声音场景的描绘；必须给听众一个身临其境的感觉，而不是听别人朗诵或是表演文学作品；可以对原作品的叙述顺序、叙事视角等做较为灵活的调整。如下：

音响：士兵和马匹在黑夜中行进。有人打着酒嗝。

旁白：在那条路上行军真有趣。那时我正当着炊事班长（考虑到广播线性传播声音信息的特点，在广播剧中宜将这些地点、时间方面的信息放在段首点明，给听众一个明确的环境感。但是小说广播和广播小说中为了保持作者原来的文字风貌，则不宜做这样的调整）。大家都喝醉了。整个炮兵连都带着醉意一路摸黑行进。我们正开到香巴尼去。中尉老是把马骑到田野里（这里删掉了“还对着它说”几个字，而改成通过中尉自己的话直接表现出来）。

音响：马蹄陷在烂泥里的声音。

中尉：（醉醺醺地）“我的马儿，我的宝贝（加入这两句以加强对象感），我醉了，说真格的，我的老朋友。哦，我烂醉了。”

旁白：我们通宵都一路摸黑行进，副官老是骑着马走在我的行军灶边，他似乎有点紧张（去掉“嘴里说”，因为这可以听到，加入“他似乎有点紧张”，对副官说话时的神态加以描画）——

副官：（紧张地）“你得把火灭了。这危险。会给人看到的。”

旁白：我们离前线有五十公里路，可是副官却担心我行军灶里的火。

一般来说，我们应该根据所选文学作品的特点来判断它适合改编制作为哪一种类型的广播节目，如果叙述部分较多、对话较少、声音场景较少、比较抽象、情节复杂或是时空转换太频繁的作品，那么适合制作为小说广播或是广播小说的形式播出，可以较好地保留原作的文学魅力。相反叙述部分较少、有足够的对话、人物对话富于动作感、场景的音响丰富、情节相对集中、时空转换适度、人物形象数量适度的作品则可以考虑制作为广播剧。①

三、广播散文与广播诗歌

广播散文与广播诗歌的创作一般从保留原作文学艺术魅力的角度考虑，所做的广播化处理都比较少，重点的工作集中在这样几个环节：一是对原作文字稿的选择、删减和听觉化处理；二是演播播讲的环节；三是音乐音响的配合。如下：

广播散文节目实例简析

英子的乡愁 海峡之声广播电台，现在是文学节目时间。请听文学专题《英子的乡愁》。 【歌曲《送别》】 长亭外，古道边， 芳草碧连天。 晚风拂柳笛声残， 夕阳山外山…… （压混） 十八年前，曾经有一部叫《城南旧事》的电影，讲述了半个多世纪以前，一个台湾小女孩林英子在北京的故事。她跟随着爸爸妈妈漂洋过海来到北京，住在城南的一条小胡同里…… 【音乐渐隐，混入电影《城南旧事》片段】 电影《城南旧事》于1983年荣获马尼拉国际影展最佳影片奖，这是中国电影首次在国际上获奖。一夜之间，“长亭外，古道边，芳草碧连天”这支插曲变得家喻户晓，耳熟能详。然而，这部电影给人们带来的心灵冲击并没有随着光阴的流转而消逝，许多年过去了，人们总也忘不了小英子那双清澈、明亮、对世间万象充满疑问的大眼睛，很多人也因此知道了小说《城南旧事》的作者——台湾著名女作家林海音。 【乐起，压混】 林海音1918年出生于日本大阪，五岁那年随父母返回故乡台湾，随后举家迁往北京。在那里，她度过了童年、少年和青年时代。二十五年间，她经历了背井离乡的辛酸、少年丧父的痛楚、求职谋生的艰难，所有这一切都被岁月的风沙磨蚀了，唯有那些童年的琐事，点点滴滴印刻在她的心头，就像一壶陈年的老酒，愈久愈醇，愈久愈香…… 【驼铃声起，音乐，压混】 【朗诵作品《冬阳·童年·骆驼队》】 骆驼队来了，停在我家的门前。	由大家熟悉的电影开始，介绍《城南旧事》的作者，衬以电影主题歌，自然流畅。

① 杜桦：《广播节目编导》，中国传媒大学出版社2009年版，第95—100页。

（续表）

它们排成一长串，沉默地站着，等候着人们的安排。天气又干又冷，拉骆驼的摘下了它的毡帽，秃瓢儿上冒着热气，是一股白色的烟，融入干冷的大气中。 爸爸已经和他们讲好价钱了。人在卸煤，骆驼在吃草。 我站在骆驼的面前，看它们吃草料咀嚼的样子，那样丑的脸，那样长的牙，那样安静的态度。它们咀嚼的时候，上牙和下牙交错地磨来磨去，大鼻孔里冒着热气，白沫子沾满在胡须上。我看得呆了，自己的牙齿也动了起来。 骆驼队伍过来时，你会知道，打头儿的那一匹，长脖子底下总系着一个铃铛，走起来，“当、当、当”地响。 “为什么要系一个铃铛？”我不懂的事就要问一问。 爸爸告诉我，骆驼很怕狼，因为狼会咬它们，所以人类给它带上铃铛，狼听见铃铛的声音，知道那是有人类在保护着，就不敢侵犯了。 我幼稚的心灵中却充满了和大人不同的看法，我对爸爸说： “不是的，爸！它们软软的脚掌走在软软的沙漠上，没有一点点声音，你不是说，它们走上三天三夜都不喝一口水，只是不声不响地咀嚼着从胃里反刍出来的食物吗？一定是拉骆驼的人，耐不住长途的寂寞，所以才给骆驼带上了铃铛！” 爸爸想了想，笑笑：“也许，你的想法更美些。” 冬天快过完了，春天就要来了，太阳特别地暖和，暖得让人想把棉袄脱下来。可不是吗？骆驼也脱掉它的绒袍子啦！它的毛皮一大块一大块地从身上掉下来，垂在肚皮底下。我真想拿剪刀替它们剪一剪，因为太不整齐了。 夏天来了，再不见骆驼的影子，我又问妈： “夏天它们到哪儿去？” “谁？” “骆驼呀！” 妈妈回答不上来了，她说：“总是问，总是问，你这孩子！” 夏天过去，秋天过去，冬天又来了。骆驼队来了，但是童年却一去不返。冬阳底下学骆驼咀嚼的傻事，我也不会再做了。 可是，我是多么想念童年住在北京城南的那些景色和人物啊！我对自己说：把它们写下来吧，让实际的童年过去，心灵的童年永存下来。 就这样，我写了一本《城南旧事》。 我默默地想，默默地写。看见冬阳下的骆驼队走过来，听见缓慢悦耳的铃声，童年重临于我的心头。 【乐扬，渐隐，驼铃声渐远】	把对节目主人公——林海音的介绍融入她的文学作品中，形成解说与作品朗诵的自然交织，避免了有些文学专题节目学术论文般的单调感，增强了节目的可听性。
林海音的少年时代，她的故乡台湾已沦为日本的殖民地，而她的祖国正在遭受着日本侵略军铁蹄的践踏。1929年，林海音的叔叔林炳文因在大连参与抗日活动，被日本人秘密杀害，从此，家仇国恨便深深地埋在她幼小的心田。十三岁那年，林海音的父亲病故，全家人失去了生活来源，其祖父自台湾来信，要她们早作“归乡之计”。身为长女的林海音在给祖父的回信中写道： 我们现在是失去了故乡，但是回到故乡，我们便失去了祖国。想来想去，还是宁可失去故乡，让可爱的故乡埋在我的心底，却不要做一个无国籍的孩子。 就这样，林海音坚持留在了北京，靠着变卖家产和亲友的接济，与母亲和弟妹们艰难度日。十六岁那年，她考入北平新闻专科学校，半工半读，毕业后成为《世界日报》的一名记者，小小年纪便挑起了生活的重担。终日为生计奔波使她几乎忘却了思乡的痛苦，可是每到夜深人静之时，故乡那摇曳多姿的槟榔树、祖	家、国主题是节目的关键，后面还会一再提起，用来贯穿和统领全篇。 解说语言的文学色彩浓厚、比较注意表现中国语言传统中的音韵美，使得解说与作品朗诵部分相得益彰。

（续表）

父那慈祥的笑脸，总是在梦中与她不期而遇。芳草年年绿，何日是归期？已经长大成人的小英子盼啊，盼啊，她望穿秋水，终于盼来了可以回到故乡的那一天。 【乐起，压混】 这是林海英一九四五年写给在台湾的堂兄林汀烈先生的一封信： 阿烈哥哥： 给您写这封信是怀着怎样的心情，真是形容不出来！哥哥，您还认得出妹妹的笔迹吗？自从故乡大地震的那一次，您写信告诉我们说，家人已无家可归，暂住在搭的帐篷里，算起来已经十年不通信了。这十年中，您会以为我忘记故乡了吗？实在是失乡的痛苦与日俱增，岁岁月月都像是在期待着什么，又像是无依无靠无奈何。但是真正可期待的日子终于来临。八月十五的中午，所有的日本人都跪下来，听他们的“天皇”广播出来的降书。我在工作了四年的藏书楼上，脸贴着玻璃窗向外看，心中却起伏着不知怎样形容的心情，只觉得万波倾荡，把我的思潮带到远远的天边，又回到近近的眼前！喜怒哀乐，融成一片！哥哥，您虽和我们隔着千山万水，这种滋味却该是同样的吧？ 让我来告诉哥哥一个最好的消息，就是我们预备还乡了。从一无所知的童年时代，到儿女环膝地做了母亲，这些失乡的岁月，是怎样挨过来的？雷马克说：“没有根而生存，是需要勇气的！”我们受了多少委屈，都单单是为了热爱故乡，热爱祖国。这一切都不要说了吧，这一切都譬如是昨天死去的吧，让我们从今抬起头来，生活在一个有家、有国、有根、有底的日子里！ 哥哥您知道吗？最小的妹妹已经亭亭玉立了，我们五个之中，三个已为人妻母，两个浴在爱河里。妈妈仍不见老，人家说年龄在妈妈身上是不留痕迹的！而我们也听说哥哥有了四千金，大家见面都要装得老练些啊！ 妹妹和弟弟有无限的惆怅，当他们决定回到陌生的故乡，却又怕不知道故乡如何接待这一群流浪者，够温暖吗？足以浸沁孤儿般的干涸吗？ 哥哥，千言万语，不知从何说起，您就准备着欢迎我们吧！对了，您还要告诉认识英子的那位阿婆英子还乡的消息，我要她领着我去到我童年玩耍的每一个地方，我要温习儿时的梦。好在这一切都不忙的，我会在故乡长久、长久、长久地待下去，有的是时间去补偿我二十多年间的乡恋。哥哥，为我吻一下故乡的泥土吧！再会，再会的日子是这样的近了！ 【音乐渐隐，出作品《北平漫笔》片段】 离开北平的那年，曾赶上最后一次看红叶，冰鞋来不及检出，我便离开她了。飞机到了上空，曾在方方的古城上绕了个圈，协和医院的绿琉璃瓦给了我难忘的最后一瞥，我的心颤抖着，是一种离开多年抚育的乳娘的滋味。 【海浪、海鸥声】 英子，你跨越千山万水地回来了，回到了你朝思暮想的台湾。你的故乡和亲人都好吗？宝岛上温暖的阳光、和煦的春风，是否可以抚平你多年漂泊的创痛？慰藉你思乡的愁绪？ 你满怀喜悦地开始了新的生活。你说从今以后，可以生活在一个有国、有家、有根、有底的日子里。然而天有不测风云，当你蓦然回首，却发现你身后那条窄窄的海峡，仿佛突然间变成了悬崖百丈冰，阻断了你的归路。北京，这个有如乳娘般抚育你成长的第二故乡，已经是可望而不可即。从此，另一种乡愁开始在你的心中滋长。	从林海音众多作品中选择最能表露心迹的家信，既是对林海音活动的介绍，也是对作品的展示，而且与解说配合形成互文效果。 “有家、有国、有根、有底”的期盼既是作者生活的追求，也是作者无限乡愁的根源。 再次提起“家、国”。解说剖析“家、国”主题与乡愁之间的关系，准确而犀利。

（续表）

【乐起，压混——作品《苦恋北平》】 不能忘怀的北平！那里我住得太久了，像树生了根一样。快乐与悲哀，欢笑和哭泣，那个古城曾倾泻我所有的感情，春来秋往，我是如何熟悉那里的季节啊！ 春光明媚，一骑小驴，把我们带到西山。从香山双清别墅的后面绕出去，往上爬，大家在打赌，能不能爬上“鬼见愁”那个山头。 春天的下午，有时风沙也很大，风是从哪儿吹来的呢？从蒙古那边吹来的吗？从居庸关外那边吹来的吗？春风发狂，把细砂送进了你的眼睛、鼻子和嘴里。有时一夜狂风肆虐，把牡丹糟蹋得不成样子。几阵狂风就扫尽了春意，寻春莫迟，春天在北平是这样的短促呀！ 蝉叫，是难忘的夏季的声音。家家院子里都有树，蝉叫声不断，都是在闷热的下午。北平夏季也时有“说时迟那时快”的暴雨。西北天空忽然乌云密布，一阵骤雨洗净了世间的污浊，有时不到一小时，太阳又出来了，土的气息被太阳蒸发出来。这时胡同里又传来了小孩子叫卖“五香豌豆”的声音。原来雨过天晴，小住家儿的妇人就煮了五香豌豆，放在浅筐里，叫男孩子沿街叫卖，小男孩卷起裤角光着脚，在还没消失的雨水里走着喊着，一会儿豌豆就卖完了。 西来顺门前，如果摆出那两面大镜子的招牌——用红漆一面写着“涮”，一面写着“烤”，便告诉人，秋来了。从那时起，口外的羊，一天不知要运来多少只，才供得上北平人的馋嘴咧！ 北平的秋天，说是秋风肃索，未免太凄凉。如果走到熙熙攘攘的西单牌楼，远远地就闻见炒栗子香。向南移步要出宣武门的话，一路上都是烤肉香。羊肉的膻，栗子的香，在我的回忆中，是最足以代表北平季节变换的气味了！ 我很记得，北平的初冬，落雪的夜晚，我们踏雪归来的情景。肩上扛着冰鞋，脚下的毛窝踏着厚厚、松松、轻轻的积雪，发出噗嗤噗嗤的声音。脸上迎着飘来的雪花，并不寒冷，却很舒服。快到家的胡同里，可以遇见卖萝卜的，他提着灯，背着木筐子，在雪的静的胡同里喊着：“萝卜啊！赛梨啊！”我们停下来，买一个回去。听见切萝卜的清脆声，就知道我们赶上的是一个绿皮红瓤、脆甜赛梨的“心儿里美”了！ 这一切，在这里何处去寻呢？像今夜细雨滴答，更增我苦念北平！当年我在北平的时候，常常幻想自小远离的台湾是什么样子，回到台湾，却又时时怀念北平的一切，不知现在变了多少了？总希望有一天飞机把大陆和台湾两个地方连接起来，像台北到台中那样，朝发而午至，可以常来常往，那时就不会有心悬两地的苦恼了。人生应当如此，我相信早晚会做到的……	此时出作品《苦恋北平》是一种乡愁的宣泄，也是情感的升华。
【音乐渐隐，海浪声】 【飞机起飞的声音】 1990年，林海音应中国现代文学馆的邀请，到祖国大陆做学术访问交流。她风尘仆仆地从台湾转道香港，登上了中国国际航空公司飞往北京的班机。 上了中国民航，在几位北京大姑娘的空中服务下，我找到了座位。刚坐下，马上空中小姐的“京味儿”就出来了，只听见站我不远的小姐冲着前面喊：“行李箱子别摞着放！”她喊了两声没人理，乘客还是各自往头上的柜子塞东西。此机是波音747，全机满是台湾、香港的乘客，我也不知道有谁听得懂她这“别摞着放”的意思。 一声乡音入耳，年近七旬的林海音忍不住老泪纵横。四十二年了！四十二年不见的乳母啊，你可曾记得你的小英子，那个在城南的胡同里背着书包、跳着方格儿的小英子？今天，她就要回来了！	可听性很强的乡音细节，开启老人的回乡之旅，作为林海音1990年北京之行的开端非常恰当。

（续表）

香山的红叶依旧，故宫的琉璃瓦依旧，简朴温馨的四合院依旧，弯弯曲曲的小胡同依旧，而当年的小英子如今已是两鬓繁霜，这一切又怎能不叫老作家感慨万千！ 更让林海音激动的是，她遇见了电影《城南旧事》中小英子的扮演者沈洁，这个长着一双明亮的大眼睛、曾经令无数影迷为之心动的小姑娘，如今已长成一位亭亭玉立的少女。在林海音眼中，沈洁就像是她的从前，她童年的一个梦；而在沈洁看来，小英子不仅仅是孩提时代扮演的一个电影角色，这段经历是一盏永不熄灭的灯，将照亮她的整个人生。 【出沈洁录音】 “每一次我自己看《城南旧事》这部电影，我就会学到很多东西，比如说林英子那种观察的眼光，那种一个孩子与大人不同的看人的方法，那种善良，包括一种非常好奇、非常认真的生活的态度，对我影响蛮大的。我觉得我如果没有机会演英子，我的生活也许会是另一种情形。因为我演了英子，所以我认识了住在台北的林英子奶奶。” 【录音止】	用抒情性排比，优美而不冗长。
两代英子执手相看，禁不住泪湿衣衫。尽管林海音在台湾生活了四十多年，但一口纯正的北京话丝毫未改，这使她一回到北京，便如鱼得水。短短的六天时间里，林海音马不停蹄地走访了她小学、中学时代的母校，拜望了许多文坛前辈和亲朋故交，还忙里偷闲逛了一回天桥，连看戏带吃北京小吃，过足了一回老北京人的生活。临别前她依依不舍地写下了这段文字：	简单概括行程。
明日赋归矣！在北京过了六天“京味儿”的日子，也许兴犹未尽，但是所获颇多，也过足了说京味儿的话，听京味儿的戏，吃京味儿小吃的瘾。这要感谢北京中国现代文学馆给我赴京的这次机会，和大家“京味儿”相处，不管外头多冷，心里可真暖和呀！两岸的文化交流，应当不仅止于此，以后会永远永远地下去，直到有一天，不分彼此地合二为一，我是这样地期待着。	老人的愿望，“不分彼此地合二为一”仍是点题之笔。
台湾海峡的坚冰正在一天天融化，英子的期待终有一天会变成现实。至少，两岸的作家们已经携起手来了。2000 年 10 月 25 日，海峡两岸林海英作品学术研讨会暨《城南旧事》发表四十周年纪念大会在北京举行，与会代表充分肯定了林海音女士几十年来为弘扬民族文化、推动两岸文学交流所作出的贡献，并一致认为：一个作家创作出一部好的作品，不仅会丰富我们的文坛，更会丰富我们的心灵，而林海音女士就是这样一位优秀的作家。 因健康方面的原因，八十二岁高龄的林海音未能出席此次研讨活动，但她向大会捐赠了大量个人作品及台湾文学出版物。墨香流韵，字字生情，众人掩卷之余，都为这位文坛名宿笔下那浓浓的乡情感叹不已。中国现代文学馆馆长舒乙先生还给大家讲述了一段十年前林海音女士初回北京时在南来顺喝豆汁儿的情景： 【出舒乙录音】 喝豆汁儿，老北京人喝豆汁儿啊！连喝九大碗！一边喝一边批判：豆汁儿不能喝温的，要喝滚烫的，去换来！然后又挑咸菜丝的错：豆汁儿不能就咸菜丝儿，要就咸菜末儿！搞得那个经理呀，跑堂呀，招待的特别紧张：不是说来的是一位台湾客人吗，怎么典型的北京姑奶奶来了…… 【录音止。乐起，压混】	这两段稍显繁复，流于文学美。

（续表）

“慈母手中线，游子身上衣。临行密密缝，意恐迟迟归。谁言寸草心，报得三春晖。”有谁不爱自己的家乡？有谁不爱自己的母亲？乡愁是一支中华民族唱了几千年的歌谣，而只有当乡愁与祖国之爱、民族之恋紧紧联系在一起时，这支歌谣才能唱得更加隽永、绵长。 林海音的心中就有这样的一支乡愁之歌。她的经历，她的文学创作，注定了这支歌将伴随着她，直到生命的终点。	点题稍欠含蓄。
【乐扬起】 长亭外，古道边， 芳草碧连天。 晚风拂柳笛声残， 夕阳山外山…… 【音乐渐隐】 听众朋友，您刚才收听的是文学专题节目《英子的乡愁》。这次节目播送完了，谢谢收听，再会。	首尾呼应，这支歌可以看做是林海音作品的浓缩，引领听众重回作品情绪，渐行渐远，余音不断。

（本节目获中国广播文艺奖一等奖）

第六节　音乐广播

一、音乐广播的起源[①]

正如深度报道的发明权要归功于被广播挤压的报纸一样，类型化电台的出现也应归功于与电视抗争中的广播。在美国，当电视占据了媒介的中心地位而使广播走入低谷时，广播及时调整了自身的发展战略，不再以节目的综合性与电视抗衡，而是以节目的类型化、电台的专业化来突出自己的特色。1993 年，中国第一家专业的音乐广播电台——北京音乐台开播。开播后的第二年广告创收 1200 万元，1997 年收入突破 4500 万元，创造了广播业发展史上的一个奇迹。随后，各地纷纷创办音乐台，并都在较短时间内跃升为当地收听率名列前茅的广播媒体。据新生代市场调查公司的市场调查结果显示，中央人民广播电台的“音乐之声”在北京地

① 陈红：《媒介竞争环境下音乐广播的发展趋势》，人民网－传媒频道，http://media.people.com.cn/GB/22114/52789/168070/9988555.html。

区的收听率为31.13%,位居行业第一。音乐广播一起步,就获得了良好的市场效益。

二、音乐广播的发展空间

在美国,电台一半以上是音乐台,这说明了一个问题:听众需求是无形之手。

分众化、类型化是发挥电台自身优势的方法,针对特定听众的兴趣、爱好和需要,编辑特定的节目组合是电台应对其他媒体竞争的手段。美国广播界认为,电台在新闻报道和综艺节目上很难与电视抗衡,而在音乐节目上做足文章,往往能扬长避短,争取广大受众。由此在美国的14000家电台中音乐台最多,超过了一半。在音乐台中又分出古典音乐台、乡村音乐台、流行金曲台、黑人音乐台、爵士音乐台、途中音乐台、动感摇滚音乐台、怀旧金曲台等。其次是新闻、谈话类电台,这类电台除了新闻和谈话节目外,也都以音乐为主。目前,美国除了少数全国公共广播电台还注重提供高质量的新闻报道外,其他大部分的商业电台新闻节目都很少,工作人员也减到最低限度,基本上成了以播放磁带或光盘等低成本娱乐节目为主的非新闻媒体。

听众需求决定电台的生存和前途,市场这一无形之手起到了决定性的作用。美国广播几十年的发展演变,实际上就是不断适应听众市场需求的过程。这一点启示我们,中国广播改革的方向,也必须以广大听众的需求为根本。根据国情,眼下还不需要那么多音乐台,几亿农民最需要农村台,告诉他们党和政府的政策和致富信息;普通百姓需要卫生知识、求医问药,需要卫生台;千家万户想让子女受到良好教育,需要教育台;随着社区地位的提高和作用的扩大以及老年人口的增加,也许社区台、老年台也会应运而生。这和广播的分众化趋势是吻合的,它昭示的是传播业内在的规律,值得我们好好加以研究。①

第七节　娱乐广播

娱乐之于媒体已然成为一种趋势,娱乐节目抓住了人们的眼睛,也抓住了人们

---

① 凌晨:《美国广播业发展的启示与思考》,《新闻战线》2008年第1期。

的耳朵。电视上,《超级女声》、《花儿朵朵》、《中国达人秀》、《天天向上》、《快乐大本营》、《非诚勿扰》、《康熙来了》、《女人我最大》等娱乐节目影响力之大令人刮目相看;广播里,短信竞猜不断,主持人幽默连连;网络上,“芙蓉姐姐”让人“伤不起”,新闻也变成了娱乐,而娱乐和信息正在加速融合。

娱乐是什么?目前有诸多认识,有人将娱乐称为一种由媒介创造的商品,将其功利化;有人称娱乐与信息是对立的,娱乐气氛越重,信息含量越少。事实上,这两种看法都有失偏颇。我们对于娱乐的态度应该首先秉持媒介职业道德,可以将其定义为“通过一定的节目形态让受者感到心情愉悦并有所启发的活动”。①

一、界定与特征②

娱乐节目专指那类运用幽默的语言、游戏的方式和演艺的手段使人发笑的节目。

广播娱乐节目主要具有可笑性、通俗性、趣味性、时尚性和艺术性。

1. 可笑性

以笑为主要心理特征,这是广播娱乐节目的基本特征。广播娱乐节目要诱发人笑,它并不要求承担沉重、严肃的宣传与教育任务,但在娱怀取乐中若能使人得到有益的启迪,则是应该倡导的,至少要求使人笑得无害。

2. 通俗性

广播娱乐节目属通俗文化、大众文化,面向社会最广大的民众。它所表达的多为人们熟悉的日常生活内容,采用人们喜闻乐“听”的形式,而风趣、诙谐的语言也更适合百姓的审美乐趣,但通俗并不等于粗俗、庸俗、低俗,这涉及文明的导向。

3. 趣味性

趣味,就是“使人愉快、使人感到有意思、有吸引力的特征”。这也是广播娱乐节目的一个特征。然而,审美趣味“在性质上有健康与消极、高尚与鄙下之分。不

---

① 董旸:《广播节目策划与制作》,中国传媒大学出版社,第170页。

② 胡妙德:《解读广播娱乐节目》,连云港传媒网,http://www.lygmedia.com/2007－08/15/cms36554article.shtml。

健康的审美趣味往往使人无视美、歪曲美，甚至以丑为美”。[1] 我们的广播娱乐节目应该追求健康、高尚的审美趣味。

4. 时尚性

时尚即当时的风尚，也叫入时。它是某些时兴的事物、观念、语言、行为方式等在社会和群体成员中流行的过程（诸如彩铃、网络歌曲、“无厘头”搞笑等），是众人相互影响、彼此效仿的社会相符行为现象，是在社会允许范围内的一种社会性现象，是具有一定规模的一时性集合现象。它具有使众人“感到有意思、有吸引力”的一种时髦的文化特征，也具有“快餐文化”来得快、去得快的一时性。当人们的需求在旧的习惯与常规下得不到满足时，那么，为人们所需的另一种新范式就可能打破固有的常规结构而形成新的习惯与常规，以适应人们的某些合理要求，满足人们不断发展变化的需要。对社会时尚，我们既不盲目排斥，也不盲目追逐，更不能一味地为猎奇而盲目追求轰动效应（诸如传播道听途说的八卦“星”闻）。

5. 艺术性

幽默是一种笑的艺术。“幽默所要求的则是善于在有限与微小之中见出崇高、在滑稽与不完美中见出重大意义”。[2] 诸如卓别林幽默的“含泪的笑”，这是很高的艺术境界，并非一般节目所能企及，但应该成为我们的一个美学追求。

评估娱乐节目，首先看它是否具有很强的娱乐元素。诸如赏析性的文艺节目、知识性的文化生活节目、涉及严肃话题的评论节目，虽然也能给人以愉悦，但并不可笑，显然不属于广播娱乐节目，可以放在相应类别的节目中去评估。再如恐怖小说，它是广播小说类节目的一个变种，拓展了广播小说栏目的题材范围，为广播文艺增添了通俗文学的花色品种，它以恐怖的情节、惊险的故事与扣人的悬念见长，趣味性、可听性强，有一定的吸引力，适合不少听众的收听兴趣和消遣需求，但它可怖而不可乐，严格地说，也不属于广播娱乐节目。

再者，看它的导向有没有问题，健不健康？目前，我国的一些广播娱乐节目还不同程度地存在着内容低俗、媚俗和表现失范等问题。

在符合上述条件的前提下，再看它可不可笑？有些节目尽管讲的也是些笑话或幽默故事，但缺乏可笑性；此外，在语言表现上拘谨死板，主持人不善于“甩包

---

① 王向峰主编：《文艺美学辞典》，辽宁大学出版社 1988 年版，第 175 页。
② A. A. 别利亚耶夫等主编：《美学辞典》，东方出版社 1993 年版，第 553 页。

袱”，甚至念稿的痕迹很重；还有些节目，听的人并不感到怎么好笑，主持人自己却笑得不可开交，使笑的效果大打折扣。节目如果做得一点都不可乐，那么，至少不是成功的娱乐节目。

更高的境界，则是看它的艺术品位。笑后如能给人一些有益的回味，则是上品。

二、广播娱乐节目的要素与类别

广播娱乐节目的娱乐要素主要有三：

其一，幽默元素，包括幽默语言、诙谐音乐和滑稽音响。其中，以幽默语言为主，诙谐音乐和滑稽音响可以营造欢快、轻松的娱乐氛围（需要指出的是，有时，笑声音响配得太多太滥，其效果反而适得其反）。

其二，演艺手段，包括说唱、演唱、演戏以及影视喜剧录音剪辑等。演艺手段的介入，可以为广播娱乐节目增添娱乐成分和喜剧色彩。

其三，游戏方式，包括竞赛、竞猜、竞答等。人们在快节奏、高压力的现代社会生活中，需要获得精神上的放松和调节；同时，随着知识的快速更新，人们还表现出对知识的渴求。在益智游戏中，没有严格意义的那种竞赛的巨大压力和涉及名利得失的负面效果。在轻松的氛围里，参与者在自娱自乐的满足中获得快乐，旁听者也可以从中获得某些知识，并感受到参与者在娱乐中自然流露的那种童趣与本色。于是，以益智竞答和互动游戏为主的热线直播节目，就成为这些年来在广播中十分活跃的一种节目样式。

广播娱乐节目根据这些要素在广播节目中的单独或综合运用，构成目前较为流行的五种广播娱乐节目形式：

1. 益智游戏类

这类节目使人在饶有兴味的游戏中，获得一些有意思的知识，通过游戏活动体验到欢笑的愉快情感。与电视相比，广播娱乐节目的手段比较单一，不像电视可以运用许多视觉的表现手段。这类节目，基本上是选择题的一问一答，答对了给个奖。即使是选择题，这个题也不好出，出深了，听众不敢领教；出浅了，又有哄小孩儿玩的嫌疑。搞不好，不是形式单一、内容乏味，就是哗众取宠、格调不高。

为此，这类节目在整体结构布局上，应着意于栏目形态的多样和风格定位的变化，并力求知识的多元性和娱乐的趣味性。在题目内容上，尽量贴近人们的现实生活；在题目编写上，善于选取有意思的角度；在栏目创意上，注重从艺术宝库中吸取营养；在游戏规则上，建立富于挑战的激励机制。

2. 喜剧闹剧类

目前，原创广播情景喜剧较多，例如浙江电台城市之声的《阿亮的烦恼生活》，它从开播至今已录制了500多集，每一集故事既相对独立，又相互联系，构成一个完整的系列，通过一个个日常生活的小故事，讲述生活的种种烦恼，让人在笑声中感悟平凡的生活道理。

此外，根据最新影视剧或发挥、或发展、或改编的广播娱乐节目也开始出现。这些节目想象力丰富，发挥了广播的声音特色，运用“无厘头”搞笑和夸张的表现手法，具有特殊的闹剧效果。

3. 笑话逗乐类

这类节目的内容多为从笑话集中搜集而来，把一个个笑话或幽默故事加以串联而成。其中，也有突破常规的，如泰州经济广播的《狂人日记》，在众多零碎的小段子中，精选出一系列相同类型的，把它们揉碎重编，使之成为一个连续完整的故事系列，主持人以第一人称的身份反串其中，加以幽默演绎，并用彩铃对节目加以串联，体现了主持人的创意和精巧的编辑构思。

还有的娱乐节目不光是主持人自己说笑话，还带动听众参与制造“短信笑话”，娱己娱人，以收创造快乐、分享快乐之效。

4. 演艺展示类

演艺，是娱乐节目的一个重要手段。主持人多才多艺的表演，既增添了节目的娱乐特色，也丰富了广播娱乐节目的表现形式。山东台的《欢乐八方》中，主持人自己创作、自己录制广播相声，用以展现事态百象，既有歌颂又有讽刺，既有赞扬又有鞭挞。沈阳台的《戏说3.15》中，两位主持人(一位师从评书表演艺术家单田芳，另一位师从相声表演艺术家王志涛)融曲艺表演于广播娱乐节目中，以曲艺的方式戏说当今社会上的一些假冒伪劣商品。天津台的《幽默皮黄》中，两位主持人采用“说相声”的叙事方式将七出京剧传统剧目中的幽默场面自然地串联在一起，听来别有特色、妙趣横生。这些主持人具有扎实的曲艺基本功，为节目增色不少。

天津台的《金“舌”狂舞——绕绕绕》，播放天津文艺台主持人自娱自乐举行绕口令大赛的现场实况。通过主持人说绕口令或成功或失败或搞笑的现场表演，既展示了主持人的语言技能，又达到了与听众同乐的效果，娱乐气氛相当热烈，主持人生活化的本色流露使听众感到新奇有趣。

除了主持人在节目中展示才艺外，还可以调动听众参与表演节目。在有的娱乐节目中，主持人设定了某个情景，由主持人和通过热线电话要求参与的听众分别扮演其中的角色（如《白蛇传》中的许仙和法海），临场加以即兴发挥，展示戏剧表演才能。

5. 新闻趣说类

主要有两类：一类是娱乐“星”闻，报道明星的演出动态和拍摄见闻。这类新闻要注意把握度，若是热衷于炒作明星的私生活，说谁跟谁相好又离了，谁又跟谁在哪儿私会……这就难免有自我降格之嫌。

另一类是社会新闻。例如曝光违反国家《商标法》的不良电视广告——“苏丹红服装城不一般的红，来自苏丹的红。”“用我的一生点亮你的全身——本拉灯灯饰，不一般的灯，本拉灯！”“每逢佳节倍思亲，非典牌高级糕点，非常好吃，非常糕点！”

新闻娱乐化，这是需要专门探讨的新课题：新闻究竟如何娱乐化？把娱乐功能拓展到新闻广播的什么范围？在新闻广播中如何把握开玩笑的“度”？真真假假地用蒙太奇手法还原新闻、演绎事件、延伸情节，乃至人为地制造现场的音响，这违不违背新闻真实性原则？如何在新闻娱乐化中保持应有的信息量？这些问题都值得研究。

以上仅是目前较为流行的几种娱乐节目的形态，而不是全部。广播娱乐节目尚处于发展阶段，肯定还会有新的形式不断涌现出来。

第五章 电视节目形态

第一节　电视新闻节目

第二节　电视综艺娱乐节目

第三节　新型电视栏目鉴赏

节目形态是内容和形式的集合体。这种集合在大众看来，未必需有严格的标准限定。比如《超级女声》，是以听觉方面的歌唱选秀为主，但里面还夹杂着视觉方面的形体服饰秀，而节目运作方面则表现出鲜明的活动性，所以，看客说它是“选秀”，广告主说是“活动营销”。早期的电视节目就比较纯粹，基本上是生产者、制作者的姿态，如专题片、纪录片。但随着节目介入日常生活的深入，电视节目在形式、内容、功能上面的元素杂糅在一起，形成了“混搭”形态。《康熙来了》是谈话＋综艺＋娱乐，《我爱记歌词》是唱歌＋选秀＋综艺＋娱乐，《天天向上》是访谈＋礼仪＋文化＋娱乐＋脱口秀，《非诚勿扰》是婚恋＋交友＋娱乐＋真人秀派对＋论坛＋脱口秀。不管生产者怎样做怎样想，受众接受才是关键。理论分析时我们把一个节目按形式、内容、功能进行拆分，而现实中受众是照单全收的，他们评价节目的好坏，往往只是在一个元素指标上，这种评价来自于现实经验，也来自于对以往所接触到的节目的参照。比如 2006 年前后的选秀节目、2010 年的相亲交友节目，众多观者和评论对它们究竟是什么样的节目发表的看法，可谓见仁见智，无所谓绝对正确和错误。

本章在阐述电视节目形态时，重点讲述新闻和综艺娱乐类节目，其余诸如谈话类节目、真人秀节目、游戏类节目、电视栏目剧、电视活动类节目、电视社教类节目、电视专题类节目等均简述或省略。

第一节　电视新闻节目

所谓电视新闻，就是运用现代电子技术，通过电视屏幕，形象地向观众传递新闻信息的一种手段，既传播声音又传播图像。具体地讲，它是经过电视摄像、记者采访、镜头设计、拍摄、剪辑、解说词、配音这几个程序来完成的。它可以系统地、形象地报道事物发展的过程。电视新闻是电视各种新闻性内容和新闻报道形式的总称，是一般电视台节目的骨干和主体。[①]

一、主要类别

按照《中国应用电视学》的划分，电视新闻节目被分为三个类别：消息类新闻、专题类新闻、言论类新闻。

1. 消息类新闻节目

指的是迅速、广泛、简要地报道国内外新发生的事态的新闻报道的节目形式。消息类新闻节目是电视新闻实现国内外要闻总汇的主要渠道，是观众了解国内外大事的主要窗口。

消息类新闻节目不仅能够迅速、简要、客观、广泛地传播，它还充分体现了电视新闻的时效性、真实性等特点。

2. 专题类新闻节目

指的是对新闻事实作详尽的有深度的报道所形成的节目形式。

其特点是节目时间长，内容丰富、深刻，信息量大。选题往往是社会上人们关注的、议论纷纷的热点、难点、焦点问题。要求记者能在事实的基础上，对事实、对问题做出分析，以独特的见解引起观众深层的思考。

3. 言论类新闻节目

主要是通过对新闻事实的分析发表议论，阐述道理，鲜明地提出电视台或评论者对当前具有普遍意义的事实的看法，它是电视新闻的旗帜、灵魂。

它在形式上通常表现为谈话类新闻节目。

专题类、言论类电视新闻节目是电视作为舆论中心在节目中的具体体现，同时也对电视记者提出了更高、更全面的要求。从电视新闻的发展趋势看，专题类、言论类新闻节目是开掘电视新闻节目思想深度的主渠道，具有广阔的发展前景。

近年来，各大电视台还兴起一种电视新闻节目，被业内称为电视新闻杂志类节目，其编排方式借鉴报纸、杂志的专题或者专栏设计的特点，把电视新闻消息类节目、专题类节目或者言论类节目整合到一个大的新闻板块中，打包播出。一般认

---

① 百度百科，http://baike.baidu.com/view/425170.htm。

为，中央电视台《东方时空》的开播标志着电视新闻杂志类节目的出现。

二、基本特点

电视新闻具有报道性、纪录性、即兴性，以及定期性，即把作品在时间上分割为连续性的片断，还有“室内性”等特点。

第一，传播迅速。电视的传播速度同样惊人，虽然它没有广播制作简便，但它的迅速如今已不容忽视。

第二，形象生动。电视以图像、声音、文字等符号直接作用于观众的感知器官，在多数情况下，易为人们接受。

第三，立体作用的方式。图、声、字是电视传播的三大元素。图像与文字作用于眼睛，语言、音乐、音响则作用于耳朵。

第四，传播内容丰富。电视具有最宽宏的度量，它兼容天下事，凡涉及人类应该了解而尚未知晓之事，一概纳之无误。

第五，空间无远弗界。电视同样可以使真实的视听符码翻山渡河，到达每一个空间。

第六，线性流程。电视传播拥有与时间同一的流逝特征，它也是顺时序的“一次过”，缺乏贮藏性和复显性，它“过时不候”，无法返回。

三、电视新闻的优势

1. 现场转播的“共时空效应”

这个特点最大限度地展示了电视新闻节目的独特魅力。2011 年 3 月 19 日，备受世界关注的利比亚战争打响，中央电视台在对其的直播报道中，采用了主持人、特约嘉宾、前线记者交叉播报和分析讨论，演播室直播结合来自前方现场报道的图像，随时介绍事态发展的最新进展，随时连线中外记者报道各国各地的最新反应和动态，第一时间同步现场直播有关国家政要的活动、讲话。同时进行中文的同声传译，分析利比亚战区，采用战时地图分析讲解，屏幕经常出现双视窗、多视窗、飞字幕的方式，多渠道、多符号地传递现场的最新动态。

2. 视听兼备的多元信息符号

电视的多元信息符号不仅是信息和影像的整合，还有文字、报纸、图示、图表、电视拥有的多种信息符号，它不是不同媒体符号的简单相加，而是围绕着主体信息的多种要素的多逻辑、多线索的集成。

3. 时效性强

和广播一样，电视是一种同步传输，此特点需要依托同步或几乎同步的传送设备作为保障。观众希望得到第一时间的新闻资讯，电视台也在不断提升自己的硬件设施来最大限度地满足观众的这种需求。

4. 家庭收视

家庭收视也是电视的一个重要特点。从社会学的角度来讲，它往往以家庭为单位，家庭是人们心目中最有安全感的环境。所以家庭式的传播对传播内容、传播效果以及电视节目与观众之间的互动，都有着强大的促进作用。

5. 电视媒介传播的明星效应

电视走进了千家万户，其个性鲜明的媒介特点使得电视记者、嘉宾逐渐深入人心。电视这种看得见的媒介，相当程度上体现了人际传播的优势，使人和媒介之间的距离拉近了，增加了认同感，所以我们要培养个性化、明星式的主持人，特别是记者式的主持人和著名的嘉宾，这对打造节目的品牌，提升收视率都有着至关重要的意义。这些公众人物的社会地位得到大众的普遍认同，对于媒介的传播无疑起到了推波助澜的作用。

记者型电视节目主持人的出现是一种新兴的传媒现象。要对这种传媒现象进行分析，必须对记者型电视节目主持人进行界定。记者型电视节目主持人由“记者”与“电视节目主持人”两个关键词组成，故要从“记者”和“电视节目主持人”两个角度来深入了解记者型电视节目主持人。记者型电视节目主持人在西方的发展由来已久，理论完善，值得我们借鉴。我国电视节目主持人在经历过漫长时期的摸索之后，呼唤记者型电视节目主持人的培养，电视节目主持人理论也要与时俱进，适应新时代的要求。

电视栏目培养著名嘉宾是未来电视媒体的发展需要，在这一点上电视新闻节目完全可以借鉴电视娱乐节目。比如：江苏卫视的《非诚勿扰》栏目就十分重视培育“著名嘉宾”，很多嘉宾在参与节目以后都在网上蹿红，或者广受关注。马诺，一名来自北京的平面模特，因其在江苏卫视《非诚勿扰》中大胆、犀利的言论而迅速在网络上蹿红，一位爱好骑自行车且无业的男嘉宾问马诺：你喜欢和我一起骑自行车逛街么？马诺毫不犹豫地回答：我还是坐在宝马里边哭吧，因此被网友们称作“拜金女”。

6. 显著的广告效应

无论在中国还是在外国，电视的广告收入往往是处于前列的。尽管这几年电视广告的增长比例比前几年有所回落，但是从整体的广告收入来讲，规模仍是可观的。这些都为电视提供了资本，以保证节目的高品质播出。

2010 年央视虎年广告招标会，媒体爆出猛料：保底收入 150 亿。央视广告招标会一直被认为是“中国经济的晴雨表”，在 2010 年央视广告招标会上，采用了“招标竞购”、“签约认购”与“承包预售”三种方式联合“销售”广告产品。在《新闻联播》等黄金资源未公布最低售价的情况下，央视财经频道的《经济新闻联播》以 3.57 亿的起拍价领跑。在全球金融危机的影响下，央视广告招标会并没有“遇冷”，吸引到了数以千计的厂商到场。2010 年 1—8 月，中央电视台的广告客户总量就已达到 4900 多家，远远超过去年同期。针对广告主的踊跃，央视在招标工作上也采取了创新措施——首次推出了“预售月”的概念，针对三类不同产品，采取不同的销售方式：包括 11 月 18 日举行的黄金资源招标竞购、量身打造的广告主签约认购和频道栏目承包预售。从搜狐娱乐获得的信息来看，仅频道栏目广告承包预售一项，就有 57 亿入账。黄金资源广告招标额按 2009 年 92.5627 亿的水平，央视 2010 年广告收入保底在 150 亿以上。这并非妄谈，来自央视方面的数据显示，2007 年央视广告总收入为 110 亿元人民币，2008 年广告收入为 161 亿元人民币。

四、电视新闻节目的缺陷

电视新闻节目也存在着一些缺陷，这些是由电视媒介自身的局限性所决定的。

1. 转瞬即逝，不易保存

这是电视一产生就注定的遗憾。电视是视听兼备的多元符号，多元符号在电视节目的播放中间转瞬即逝，很难保留，所以和报纸、网络相比，保留新闻资料要困难和复杂。

2. 线性传播，选择性差

电视新闻节目的安排是按照时间顺序进行的，它由媒介主动传播，受众只能被动接受，同时在整个传播过程缺少反馈环节。所以电视媒体应该特别注意做好新闻的预告、重复以及观众调查。

3. 社会负面影响更为直接

电视是当今社会的第一媒介，它的社会影响超过了其他任何媒介。麦克卢汉著名的传播理论“媒介即信息”充分说明了这一点。由于电视具有直观化、形象化和直接传播的特点，它对社会的负面影响也比其他媒介来得更为直接和深远。

五、电视新闻节目策划要素①

电视新闻节目的策划要从整个采、编、播的制作流程来看，大致包括：选题策划、嘉宾策划、节目形式策划、编排与播出策划等。

1. 选题策划

成熟的电视栏目都有比较成熟的选题标准，选题被采纳与否既是一个选题把关的过程也是一个选题策划的过程。

(1)电视新闻选题标准

通行的电视新闻选题标准主要包括：新鲜性、时效性、典型性、独家性、可操作性。

①新鲜性

其强调电视新闻选题策划要重点关注社会生活中的新事物、新现象、新问题。“新”是新闻的核心价值之一，它所强调的是新信息、新观念。发现和捕捉新闻的能力，不仅是一个记者的基本素质，也是一家媒体核心竞争力的重要体现。

为了确保新闻信息的新颖和吸引力，中国第一档民生类新闻栏目，江苏省广播电视总台城市频道《南京零距离》招募了 50 多人的拥有特定型号家庭摄像机的通讯员队伍，成立专门的俱乐部，制定规程，这些百姓记者有的拍摄到很多现场独家

① 胡智锋：《电视节目策划学》，复旦大学出版社 2009 年版。

新闻，在社会上引起较大反响。

②时效性

媒体实力具体体现在重大新闻报道的时效上，缺乏时效性的新闻媒体不仅会失去市场，而且会失去媒体的权威和信誉。时效性是电视新闻选题策划的一个基本要求。

③典型性

典型性是针对新闻的内涵而言的。如何在大量信息中提炼出有价值的新闻，是衡量电视媒体新闻采集和加工能力的一个重要指标。典型性也可以理解为开掘性，它强调的是，电视媒体在确定一个新闻选题时，要充分认识到这个新闻是否具有丰富的社会内涵，是否体现着事物的某种本质特征，是否包含有价值的、能够进一步开掘的信息。典型性是选题策划的一个基本原则，是一家电视媒体影响力的重要体现。

④独家性

独家性是对一家电视媒体新闻策划的更高要求。新闻事件的独家报道，即电视新闻不仅要追求新鲜、时效和典型，还要独家，用第一手的采访、第一手的报道，吸引受众的注意力。同时，对新闻事件的解释也要求是独家的、与众不同的。独家性和权威性息息相关，它同时也是一种话语权利。话语权是一种命名的权利，它包括第一时间说话（报道）和第一时间解释（评论）的权利。媒体竞争的核心是命名权利的争夺。一家电视机构一旦掌握了这种权利，将有效地建立媒体公信力和媒体权威。

⑤可操作性

可操作性是电视新闻选题策划的一个重要标准。可操作性包括内外两个含义：内部的要求是指选题策划要从自身的实力出发，有多大力量做多大的事情，结合自身的人、财、物条件，去选择可行的选题。外部的要求非常复杂，包括政治环境、社会环境、自然环境等各个方面的具体要求。在选题策划初期，就要充分考虑上述各种环境的限制，否则即使节目完成制作，也有被“枪毙”的危险。

（2）选题具体操作原则

① “命题作文”类选题

常规做法：提前做好准备。拍摄方法：一般的模式化、指令性会议新闻的报道形式很难创新，从事报道的新手以顺利完成任务为稳妥之策，如果有创新往往也是费力不讨好。

②主动类选题

主动类的新闻选题要注意以下三原则：

政府重视：解决的是新闻报道的出发点和归宿点问题，即报道内容要坚持正确的舆论导向。

群众关心：解决的是报道的广泛性和接近性问题，应聚焦在广大人民群众关心的热点问题上，代表他们的利益。

普遍存在：解决的是新闻报道的典型性问题，这就要求选择题材时要注重社会效果，最大限度地发挥舆论监督的作用。

帮助甄别选题的具体思路一般有如下几种：

有深度报道空间的选题：题材确立后，就要试图去挖掘新闻后面深层次的内容。新闻编导要善于挖掘新闻背后深层次的内容。

富有传奇故事色彩的选题：选题最容易掌握的标准是，编导感兴趣的观众才会有兴趣，能感动自己才能使观众感动，只有选择了富有故事色彩的选题，作品才会与众不同。

切小口，说大事：这是如何选取报道角度的问题。现代竞争给电视新闻栏目带来的任务是，看谁能把同样的新闻用更值得信赖的方式、更能使观众接受的方法、更有价值的报道角度和深度传播出去。现在对国内电视新闻节目的批评集中在两点：一是缺“现场”，二是缺“主持”。

2. 报道形式的策划

(1)集中式

集中式以报道在时间和空间的集中为特点。一般是围绕某一事件或主题，把内容互相有联系的稿件集中在一个栏目中播出，或者综合各方面消息组合成一个单篇报道播出。集中式报道的策划有两个关键点：一是好的报道角度；二是一定的规模。

(2)连续式

连续式一般围绕某一时间或主题，通过“多次性”的连续传播，使受众得到比较完整深刻的印象。与集中式报道“一次、大量”的特点不同，连续式报道是随着信息的逐步积累而形成强势的。

追踪报道：主要围绕一个热点新闻事件，在一定时间段里做连续的密集报道，其追踪的时间段视新闻事件的发展而定。追踪的内容主要有两方面：一是事件发展的进程，二是事件引发的反响。前者是新闻事件最初发生时策划报道的重点，后者则主要出现在事件发展接近尾声或告一段落的时候。

系列报道：围绕某一时期、某一阶段的热点问题、宣传重点，组织多篇相关报道相继播出。组成系列的各个部分在报道的具体对象上可以是不同的，但是在主题上必须相互关联，通过对主题多侧面的反映形成传播强势。系列报道中各个部分的安排没有固定的次序。

(3)特别报道

一些特别重大或者新闻性强、过程比较集中的事件，有时会采取特别报道的形式。这种“特别”主要表现在：特别的事件、特别的形态和特别的组织。

(4)日常的单篇报道

有深度、有想象的单篇报道一般都是在精心策划后实现的。

(5)新闻专题类节目

如中央电视台的经典节目《焦点访谈》。

(6)新闻现场直播节目

这类节目的策划重点不再是报道什么，而是如何报道。

新闻现场直播节目分为：可以预见的重大新闻事件的直播报道，策划主要在于如何提前设计制作相关背景资料，如何设置预案，应对事件发生过程中的突发情况；不可预见的突发新闻事件的直播，策划重点在于前方记者是否能够及时拍摄到现场，及时发现和抓取独家信息等。

3. 采访策划

(1)换位意识

要考虑到被采访对象在镜头前的感受，设身处地地从被采访对象的角度思考问题。设计采访话题时，记者要善于运用逆向思维。

(2)无知意识

出镜记者在采访过程中要保持一种“无知”的心态和求知的好奇心。

(3)怀疑意识

指在调查采访中，采访记者始终保持一种警惕，用足够的怀疑来做出冷静的判断，尽可能采访到方方面面的事实和证据。

(4)现场意识

指现场记者的采访要和时间同步进行,尤其要善于抓住每一个反映事物本质的瞬间。

4. 嘉宾策划

新闻节目中的嘉宾包括两类人:一类是以专家、名流为代表的社会精英人士;另一类是以新闻事件当事人为代表的社会各阶层人士,尤其是中下层人士。嘉宾可以发挥的功能包括:对新闻现场第一时间获取的新闻事实进行解读和分析,深化新闻节目的内涵;增加节目的信息量,嘉宾精彩的分析也能够成为新闻信息的一个有机组成部分;能帮助控制节目进程,在前方新闻信号不能及时传送的时候,嘉宾的谈论能够有效地延时。对于有些邀请新闻当事人到演播室访谈的节目来说,嘉宾本身就是新闻。

嘉宾策划的原则主要有:

(1)知情原则

不管是以嘉宾为中心的新闻节目,还是以嘉宾作为重要组成部分的新闻节目,嘉宾的第一要求是知情。知情人要么是新闻的当事人,要么是对新闻解读和评价有充分知情的专家学者,嘉宾的一个共同特征是比一般观众掌握更多的关于新闻本身或者新闻背后的信息。当请不到主要当事人时,可以请见证者、目击者或者当事人的亲属、朋友等了解情况的其他人。知情原则是嘉宾策划的一个根本原则。

(2)对应原则

对应原则是指针对不同的节目内容,要邀请不同的嘉宾来参与节目。嘉宾不熟悉所谈对象,就会影响嘉宾访谈效果。

(3)权威原则

权威原则是指邀请的嘉宾是某个专业领域的权威。权威嘉宾能够提升节目的影响力和公信力。但要注意扬长避短,激发嘉宾热情,协调嘉宾言论与节目的关系。在嘉宾策划上,还要注意嘉宾是否健谈、嘉宾的形象是否符合上镜要求,邀请多位嘉宾时注意协调彼此的关系。

好的嘉宾策划,能够有效地激发嘉宾参与节目,深化节目内涵。

5. 策划方案的实施

实施方案的过程中要注意策划的动态性。随着时间的推移和事态的发展,策划者要根据实际情况不断调整报道的规模、程度和表现形式，一成不变墨守原来的方案很可能导致被动。

6. 电视新闻栏目编排技巧

(1)重点突出

重点报道是栏目的灵魂，它决定了栏目最根本的价值取向，也是栏目总体水平的集中体现。重点报道也是栏目的亮点，它所形成的传播强势，能给受众留下深刻印象。

重点形成的主要方法有：

精心选择和安排有分量的头条；

组织好重点报道；

以集合的方式组织有分量的稿群。

①同题集中

指将同一事件的相关报道组合在一起，使人们形成对事件的整体印象。

连续编排：把报道同一事件连续发展过程的几篇稿件集中在一起播发，使受众对其来龙去脉有一个清晰的了解。大体上可以按照时间顺序，但是要把事件的最新进展放到前面或简单加以交代，之后再以回顾的方式出现。

关联集中：把对同一事件不同侧面的报道集中在一起，使受众对事件的面貌有一个全方位、细致的了解。这种编排一般把中心事件放到最前面，然后依据与中心事件的关联程度依次安排稿件。例如：

稿件 1——纽约：风笛悠扬悼亡魂；

稿件 2——又逢“9. 11”他们这样说；

稿件 3——又逢“9. 11”他们这样做；

稿件 4——五角大楼：修复完成后追思；

稿件 5——布什在五角大楼发表讲话；

稿件 6——世界各国举行活动纪念“9. 11”事件一周年。

参照编排：把有关同一事件的不同来源、不同说法的报道集中在一起，互相参照，可以使受众全面地了解事件，做出自己的分析和判断，这也是媒体公正报道的表现，同时也为后续报道留下了余地。

这种编排主要集中在具有很大争议的事件上。

② 同类集中

就是把内容上有关联或者相似的稿件集中起来，突出报道，引起受众的注意。

集合编排：几篇稿件在某方面存在同一性，可以将其集合在一起，突出它们的同一性。采用这种方式时，往往可以通过导语或者统一的标题凸显各稿件的同一性。

相关编排：把具有内在关联的不同报道组合在一起，使内容的意义得以有效的揭示。

集合编排中不同事件的同一性是显性的，相关编排中不同事件的关联性是隐性的，需要深入事件内部进行挖掘、比对和归纳，往往表现为因果、呼应等内在关系。

对比编排：即把几篇内容有矛盾的稿件组织在一起，通过对比把事物的矛盾突出出来。由于对比鲜明，这种方式往往比稿件分散编发具有更大的说服力和感染力。

(2)稿件的配合

是指根据已有的主要稿件的需要，配发新材料，作为解释、补充，以增加主要稿件的可听性、可视性、说服力和感染力。

稿件 1——第十世班禅转世灵童掣签仪式在藏传佛教得到普遍欢迎和赞同；

稿件 2——新闻人物：十世班禅转世真身坚赞诺布；

稿件 3——述评：历史上惊人相似的一幕——达赖利用班禅转世灵童大做文章，意在分裂祖国；

稿件 4——资料：让历史说话，让历史作证；

稿件 5——沈国放说："班禅转世灵童的认定，有助于西藏的稳定。"

配资料：新闻往往只报道事件本身的变化，而很少涉及其他方面，配资料的目的就是通过对新闻报道的延伸、扩展，在纵向的历史发展和横向的相关联系方面提供更丰富的信息，以帮助人们更好地理解新闻事件本身。这些资料包括：新闻背景、相关人物、地理介绍、相关知识、名词概念解释等。

配评论：提供关于事件的意见性信息。有两种方式：一是编前话，类似文前按语，是对稿件的说明、评价；二是编后话，主要是对前面报道的总结、评议。配评论应注意：一是紧扣报道内容，抓住新闻由头借题议论，评论的分析说理要以报道中的事实作为根据；二是不能仅仅停留在就事论事上，要站得高，看得远；三是论点集中，简洁明了；四是与人为善，分寸适度。

第二节　电视综艺娱乐节目

一、发展历程

2005 年 8 月 26 日，这是一个普通的夜晚。在这个晚上，一个叫做《超级女声》的节目落下了帷幕，一个普通的成都女孩以三百五十二万八千三百零八票的高票数，成为这场平民选秀的冠军。见证这一时刻的，是电视机前近四亿的观众。

不久之后，这个叫做李宇春的女孩登上了《时代》周刊亚洲版的封面，成为“亚洲英雄”。

在中国电视诞生 47 年后，娱乐节目走向了癫狂（1958 年北京电视台的开播标志着中国电视的诞生）。

1. 20 世纪 90 年代

1990 年 3 月 14 日，一档叫做《文艺天地》的栏目在中央电视台一套开播。后来，它改名叫做《综艺大观》。《综艺大观》是一个标本式的电视文艺晚会栏目，延续了春晚的主要风格，可以看做是日常版、微缩版春节联欢晚会。

《综艺大观》同春节联欢晚会一样，开播后得到了观众的认可，收视率在全国综艺节目中长期稳居第一，平均收视率 18%，平均每期收视人数达 2 亿。紧接着，《东西南北中》、《曲苑杂坛》等衍生栏目相继出现，并且均取得了较好的收视效果。

春节联欢晚会与《综艺大观》等晚会节目的成功，得益于文艺演出与电视媒体的结合。在文化事业发展尚显欠缺的 20 世纪 80、90 年代，普通民众进剧场观看文艺演出的机会很少，而人们对于文化产品的需求则相对较高，广大电视观众处于一种文化饥渴的状态。电视的大众传播特性，将最优秀的文艺演出集中在荧屏中，利用最少的演出资源，覆盖了最广泛的观众群体，让观众足不出户就可以欣赏到精彩的文艺演出。

《综艺大观》等栏目的发展造成了三个直接结果。第一，观众的欣赏水平不断提高；第二，节目创作被过度开发，创作优秀节目越来越难；第三，创作队伍、演出队伍越来越急功近利。而正是这三个结果成为《综艺大观》迅速走向没落的重要原因。

与《综艺大观》同时，中央电视台还有另外一档节目，叫做《正大综艺》。《正大综艺》从来没有占据过中央一套的黄金时间，收视效果与社会反响也一直不温不火。但谁也没有想到，这个节目中居然包括日后娱乐节目大红大紫的重要元素。

当中国电视走到第 40 个年头，1998 年，《综艺大观》开始呈现疲态，春节联欢晚会开始承受一浪高过一浪的批评之声。中央电视台一号演播大厅 1000 平米演播室的启用，并没有给春晚带来更多的新鲜元素。

这个时候，人们开始注意到一个词：电视湘军。电视湘军的崛起，是因为一个电视台，叫湖南经视；是因为一部电视剧，叫《还珠格格》；也是因为一档综艺栏目，叫《快乐大本营》。

电视湘军，一向被誉为中国电视改革的风向标。电视湘军的兴起，以 1996 年湖南经济电视台创办为标志：湖南经视自创办以来，依靠全新的现代传媒管理机制，持续的创新能力，收视率一直傲居湖南市场霸主之位，并引发了电视湘军现象。

1993 年，面对汹涌澎湃的改革浪潮，湖南省广播电视厅新一届领导班子提出了"大广播、大电视、大宣传、大产业"的构想，整体推进广播电视宣传由分散型向整体型转变，广播电视经济由计划型向产业型转变。这一年魏文彬成为湖南广播电视厅党组书记、厅长。魏文彬，男，汉族，中共党员，1950 年 1 月生于湖南桃源，湖南师范大学中文系毕业。1985 年任湖南电视台副台长，1991 年任湖南省广播电视厅副厅长兼湖南电视台台长，1993 年起，任湖南广播电视厅党组书记、厅长，1998 年任中共湖南省委宣传部副部长，湖南省广播电视厅党组书记，湖南省广播电视局党组书记、局长，湖南广播影视集团董事长。2008 年 1 月，当选为第十届湖南省政协副主席——任职政协副主席两个月后，卸任湖南省广播电视局党组书记和局长职务。1994 年秋，魏文彬厅长带着考察组从上海归来，一种神圣的使命感与时不我待的紧迫感，使厅党组毅然做出了一个重大决定，以全新的机制创办湖南经济电视台，激活相对平静的湖南电视，引发竞争，促推改革。1995 年 12 月 18 日，湖南经济电视台横空出世，1996 年 1 月 1 日正式开播。这是一个着眼长远的战略布局，湖南广电新一轮的改革由此开启。这是一种颠覆传统的机制创新：时任湖南电视台对外部副主任的欧阳常林，从近100名竞争者中脱颖而出，挑起了湖南广电试水过河的重任。全员招聘，滚动淘汰；干部使用，能上能下；薪酬分配，绩效考核；节目制作，成本核算……欧阳常林，以省广播电视厅党组赋予他的最大化权限，带领一群青年人，租用简陋的办公楼，贷款2800万，白手起家，开始了艰苦创业。

湖南经济电视台拍摄的《还珠格格》第一部于1997年7月18日在北京开拍，同年12月23日封镜。《还珠格格》第二部于1998年9月15日在北京开机，根据需要，主创人员将第二部分成A、B两组同时拍摄，1999年2月9日杀青。这两部戏的拍摄地点主要在北京电影制片厂、恭王府、承德避暑山庄、北京大观园、老北京民俗园、内蒙坝上等地。在1999年第17届中国电视金鹰奖颁奖典礼上，由湖南经济电视台拍摄的《还珠格格》以33万张选票，荣获最佳长篇电视连续剧奖，女主演赵薇以44万张选票摘取最佳女主角桂冠。

《快乐大本营》诞生于1997年7月11日，并于1998年10月荣获第16届中国电视金鹰奖。《快乐大本营》栏目以清新、自然、真实、健康及具有一定知识含量为内容定位，形式上以娱乐性为主，包容文艺、游艺、新闻、访谈、猎奇、绝技等，融知识性、趣味性于其中，强调贴近生活、贴近群众。栏目创办初期，以娱乐休闲为主导，设有“精彩二选一”、“快乐传真”、“心有灵犀”、“火线冲击”等游戏环节，特别注重参与性，既有场内嘉宾和观众的现场参与，又有场外电视观众的热线参与，奠定了日后湖南卫视“快乐中国”口号的基础。

从2004年开始，栏目确立了以阶段性活动为亮点，以普通观众为主角的节目改版方向，淡化“大综艺”的明星套路，逐步尝试“海选”、“真人秀”、“现场PK”等“泛娱乐化”的新概念。

2007年，《快乐大本营》全新创意的主题性综艺节目，突出了“全民娱乐”的新概念，为普通观众或草根团体、组合打造了一个展现个性的“全民娱乐”平台和分享快乐的机会，同时也极力为电视机前的观众推介时尚、新奇的文艺表演形式，传递“快乐至上”的娱乐精神，突出了以观众为主体的“娱乐天下”的节目宗旨。

2008年以来，《快乐大本营》节目形式转为主要邀请偶像明星来参与游戏、访谈、互动等。这一改动再次使节目的收视率节节提高。

《快乐大本营》这一栏目几乎颠覆了人们对于电视综艺节目的认识，综艺原来不一定非得是晚会，演员原来不一定非得唱歌、演戏，主持人原来不一定非得稳重端庄，游戏原来不一定非得在私下进行。

《快乐大本营》的成功，迅速引起了全国各地方电视台的克隆、复制。《欢乐总动员》等跟风的综艺节目如雨后春笋般涌现。这时，人们回过头来看央视的《正大综艺》，发现这种明星参与游戏的形式在《正大综艺》中早已出现。但遗憾的是，这些游戏只是点缀，并没有被充分重视。

在游戏中变回普通人的明星，以及观众在节目中的深度参与，成为《快乐大本营》的两大制胜法宝。当观众厌倦了晚会，并且晚会质量不断下降的时候，《快乐大本营》让观众再一次提起了对于电视综艺节目的兴趣。

与此同时，《综艺大观》逐渐失去了往日的光彩，收视率开始下滑，社会影响力也大不如前。1999 年，在停播数月后，《综艺大观》进行了一次大的改版，重新出现在了央视一套的周末黄金时间。

同样是在 1999 年，同样是中央电视台，12 月 16 号，改版后的中央电视台经济频道推出了引自欧洲的益智类综艺节目《幸运 52》。不久之后，同为益智类综艺节目的《开心辞典》开播。从此，中央电视台经济频道开启了中国娱乐综艺节目的一个新时代。

此时，很多人发现，《幸运 52》、《开心辞典》这种答题的形式，同样是《正大综艺》中的主要元素。但《正大综艺》在答题的过程中少了两样东西：平民参与和物质奖励。而这两点，恰恰是《幸运 52》、《开心辞典》广受欢迎的关键所在。

也是在 1999 年，由北京光线电视策划研究中心制作出品的《中国娱乐报道》开始在全国多家地方电视台播出。娱乐新闻正式走进了人们的视野。

2. 2000 年以后

《中国娱乐报道》由北京电视台与北京光线电视策划研究中心联合出品。该节目凭借其奔波于各地的二十多组一线记者及十多人的国际新闻编辑队伍，构筑了一个庞大的文化娱乐新闻网络，日常联系的内地及港台娱乐界名人达数千人，是当今中国传媒领域唯一能全面跟踪掌握和权威发布国内外文化娱乐界动态信息的机构。节目于 1999 年 7 月实现首播，迅速占据全国 30 多家电视台的黄金时段，成为许多频道的主打栏目和象征性品牌，收视率急剧攀升，并促使更多的电视台竞相加入到播出行列。2000 年 4 月起，《中国娱乐报道》正式实现在 BTV－2 每日播出。

《中国娱乐报道》是具有分水岭意义的一档栏目。它的开播直接导致从电视，到报纸，再到网站，各个媒体都开辟了专门的娱乐版面(时段)。“娱乐新闻”这个名词进入了人们的日常生活。随后，“娱乐记者”、“娱记”、“娱乐节目”等一系列相关名词纷纷出现。

同时，这也是民营电视节目制作机构第一次在荧屏上掀起如此大的波澜，民营公司开始得到从学界、业界到观众的注意。

2000 年，曾经的北京光线电视策划研究中心更名为北京光线传媒有限公司，而因其民营属性，曾经的《中国娱乐报道》也被要求更名为《娱乐现场》。

光线传媒之后，欢乐传媒等民营电视制作机构也开始进入人们的视线，而它们大多也都同光线传媒一样，以娱乐节目为主要经营对象。这在一定程度上是民营公司的一种无奈选择。这些公司的民营属性注定其无法接触到新闻的制作、播出，体育资源的高垄断性也使其只能望洋兴叹。因此，它们只能在娱乐节目这一环境相对宽松的领域施展拳脚。即使发展到今天，民营传媒机构的经营范围也只是限于娱乐、影视、生活等领域，无法进行进一步的扩展。

时光走进了 21 世纪，中国电视又站到了一条新的起跑线上。网络，逐渐成为渗透进国人生活的第四媒体；手机，也逐渐显现出成为下一媒体形式的端倪。有别于传统媒体，人们把网络与手机称作“新媒体”。

新媒体给了电视巨大的冲击。在这里，人们可以浏览来自全球的新闻，人们可以自由地表达观点，人们可以轻松地发布自己掌握的信息，人们可以建设一个属于自己的展示舞台。于是，年轻人迅速拥入了新媒体的怀抱。

作为传统媒体，电视开始经受前所未有的考验。与新媒体融合，成为许多专家、学者、电视工作者的共识。但是该怎样融合？这成为摆在电视人面前的一个新课题。

2003 年湖南电视台娱乐频道推出了一个叫做《超级男声》的节目。这只是一个歌唱比赛，从形式来看，它跟中央电视台举办多届的“青年歌手电视大奖赛”并无本质区别。但是，在这个节目中，决定选手去留的不是专业评委，而是观众通过短信投票产生的票数。

《超级男声》借鉴自成功的美国综艺节目《美国偶像》，是在普通人中选拔演唱明星的比赛。它在电视力所能及的范围内，最大程度地吸收了新媒体的经验，放低门槛，让每一个普通人都可以参与，而每一个普通人又可以自由地表达对于歌手的看法，进而决定每一位选手的去留。

这一新颖的节目形式得到了湖南省内观众的青睐。接着，2004 年，与《超级男声》形式一致的《超级女声》出现在了湖南卫视的荧屏上，引起了许多观众的注意。

2005 年，第二届《超级女声》登场，其火爆程度让许多电视人瞠目结舌。

同《快乐大本营》、《幸运 52》、《开心辞典》一样，当《超级女声》成功之后，抄袭、复制的节目大量出现。2006 年，在全国播出的大大小小的选秀节目达一百余个，选秀节目迅速进入一个短兵相接的胶着状态。各个节目纷纷拿出各种招式进行炒作，最终，2007 年 8 月 10 日晚上，在重庆卫视的荧屏上，我们看到了出格的一幕。

这个叫做《第一次心动》的选秀节目很快成为观众声讨的对象。在电视荧屏的另一端，混乱的场面也引起了广电总局的注意。8 月 15 号，广电总局下发通报，称《第一次心动》“格调低下”，责令停播。

8 月 15 日，国家广电总局向各省、自治区、直辖市广播影视局，新疆生产建设兵团广播电视局，中央三台，中国教育电视台下发通报，批评重庆电视台举办播出的《第一次心动》选拔活动严重违规行为。

通报指出，重庆电视台举办播出的群众参与的选拔类电视活动《第一次心动》严重偏离比赛宗旨，热衷制造噱头炒作活动，在评委选择、比赛环节、评委表现、歌曲内容、策划管理和播出监管等方面都出现了重大失误，损害了电视媒体形象，产生了不良社会影响，广大观众反响强烈。重庆市广播电视局和重庆电视台相关负责人和编播人员责任意识不强，导向意识薄弱，专业水平缺失，内容把关疏漏，导致了上述问题的发生，现予以全国通报批评。

通报认为，《第一次心动》比赛环节设计丑陋粗糙，评委言行举止失态，节目设计缺乏艺术水准、内容格调低下，演唱曲目庸俗媚俗。重庆电视台对现场转播极不负责，对现场混乱不堪的局面未作任何有效处理，任其随意表现，放弃了播出机构的责任。重庆市广播电视局对此情况未向总局报告，失于管理。

为严肃宣传纪律，国家广电总局决定：

(1)立即停播《第一次心动》选拔活动；(2)重庆市广播电视局和重庆电视台要对照总局关于综艺娱乐节目管理意见和群众参与的选拔类广播电视活动的若干管理规定，认真查找问题，切实吸取教训，做出深刻检查；(3)对节目策划、审查把关、行政管理及相关人员作出严肃处理。

2007 年 9 月 21 日，广电总局再次下发通知，规定从当年 10 月 1 日起，省级卫视黄金时段禁止播出选秀节目，并且不能直播、不能由观众投票。电视选秀节目急速走向没落。

2008 年，被中国人称作奥运年。奥运会的到来让一切娱乐综艺节目黯淡无光。中国的综艺娱乐节目在喧嚣之后归于了平静。

尽管如此，每当周末打开电视，我们看到的依然是各电视台大同小异的娱乐节目。它们依然是各电视台自办栏目的支柱，是除电视剧外吸引广告的主要节目样式。娱乐节目是各家电视台最值钱的品牌，是最受观众欢迎的节目样式。优秀的娱乐节目制作人、主持人成为各电视台争抢的香饽饽。

二、电视综艺娱乐节目的界定

中国电视综艺节目的节目理念、节目样式、节目操作模式等，从20世纪90年代以来都有了较大的改变，但在改变中最突出的就是娱乐化倾向。综艺节目中娱乐的成分越来越多，实现娱乐的手段也越来越复杂。

部分电视工作者把“电视综艺节目”用“电视娱乐节目”的称谓取代，但是目前在业界和学界内存在很大的争议，我们既不能对“娱乐化”的普遍存在现实视而不见，又不能否认“综艺节目”在中国电视发展史中的作用，并且我们还感觉到这种“综艺”的影子其实在一定程度上还在影响着广大受众的生活。所以本节把传统的“电视综艺节目”与流行的“电视娱乐节目”这两个称谓并称为“电视综艺娱乐节目”。

1. 电视的两大核心功能：资讯与娱乐

这里要搞清楚资讯和新闻的区别。新闻是一种资讯，资讯是一种信息。资讯和新闻的区别在于：资讯包括了新闻、供求、动态、技术、政策、评论、观点和学术的范畴，时效范围远宽于新闻。例如今天的新闻明天不再是新闻，但今天的资讯明天可能依然还有价值。

另外，还要注意理解娱乐的定义，“娱乐”被认为是“快乐有趣的活动”。目前存在着两种对于“娱乐”的误解：第一，娱乐被认为是媒介提供的一个商品，根据这一观点，有些媒体的内容是娱乐，有些则不是。电视剧、电影、情景喜剧、体育等是娱乐，而新闻、纪录片和教育片则不属娱乐。这种观点源于行为科学上的简单认识：娱乐节目使人娱乐，而非娱乐节目则不可能使人娱乐。现代心理学则认为，媒介受众也起着一定的作用，受众可以有目的、有计划地决定他们在何种节目、何种内容中得到乐趣。第二个误解是将娱乐和信息对立。这种观点认为，节目的信息量越大，娱乐性就越差，换言之，观众得到的乐趣越多，他们学到的知识就越少。显然，这种观点也是站不住脚的，观赏奥林匹克比赛是一种娱乐，但观众也能从中学到他国的风土人情、竞赛知识和人类的生理、心理极限。

2. 收视前三名的节目类型：电视剧、新闻、综艺节目

新闻和专题提供的是资讯，电视剧、电影、综艺节目提供的是娱乐。

电视剧、电影受欢迎的主要原因在于，它们以虚构叙事为基础，靠故事与情节取胜，符合中国人的审美习惯与心理需求。

而娱乐节目受欢迎的主要原因在于，它在功能上能使观众得到心理的放松与精神的愉悦。

观众有各种各样的心理需求，所以电视娱乐节目的种类样式众多。

在电视节目类型中，电视娱乐节目是电视节目体系中最多元化的节目形态之一。

《广播电视辞典》对综艺（娱乐）节目的界定为：集音乐、歌舞、小品、戏曲、杂技等多种文艺形式于一体，在一定的时间长度内按照特定的主题或线索，采用主持人现场串联、字幕串联、现场采访等方式，运用视听语言，将现场演出用电视化手段与传播的时效性、新闻的纪实性、文学艺术的表现性融为一体，具有娱乐、趣味、知识、宣传、审美相结合的特点。

《电视艺术学》对综艺节目的界定为：充分调动电子的技术手段，对各种文艺样式进行二度创作，既保留原有的文艺形态的艺术价值，又充分发挥电子创作的特殊艺术功能，给观众提供文艺娱乐和审美享受的电视节目形态。

从传统的表演到游戏娱乐，从益智博彩到“真人秀”，电视综艺的观念日益走向多元化、娱乐化和综合化。

前面两种界定偏重于对传统电视综艺节目的概括，而很难涵盖新世纪以来娱乐性较强的综艺节目。

面对电视综艺娱乐栏目/节目观念、样式、形态多元化的现状，需要对其做出明确的界定。

电视综艺娱乐节目是以娱乐大众为目的，运用各种电视化手段，对各种文艺样式以及相关可提供娱乐的内容进行二度加工与创作，并以晚会、栏目或活动的方式予以屏幕表现的节目形态。

定义中所包括的内涵主要有：

节目宗旨：电视综艺娱乐节目的宗旨是提供娱乐，这是由此类节目的内容性质

所决定的。

节目对象:电视综艺娱乐节目的传播对象是有针对性的大众,必须选择有针对性的娱乐内容。

节目手段:所有的电视化手段,这些手段使节目内容更适宜电视表现。

节目内容:一是各种文艺样式的二度创作;二是能够提供娱乐的非文艺性内容。

节目样式:晚会、栏目或活动。

明确电视综艺娱乐节目的概念与内涵,是展开有效策划的前提与基础,有效的策划是对概念的丰富与充实。

三、电视综艺娱乐节目的分类

1. 按播出样式划分

(1)电视综艺娱乐栏目

栏目是电视综艺娱乐节目存在的主要样式。栏目有着固定的播出时间、固定的时段时长以及相对固定的主持人、节目模式、节目流程等,例如《开心辞典》、《幸运 52》、《曲苑杂坛》等。

①特别节目

指的是电视综艺娱乐栏目为特定的节日、假日和主题专门制作并在特定时间播出的节目。

如《梦想剧场》的"五一七天乐"、"十一七天乐",《欢乐中国行》的"五一特别节目"等。

②系列节目

指电视综艺娱乐栏目围绕同一主题或者同一节目模式制作并在特定时间连续播出的节目。

例如由《新视听》栏目打造的情景音乐系列剧《心灵俱乐部》,《艺术人生》推出的年度系列节目《温暖 200×》等。

③电视活动

近年来许多电视大型活动盛行于屏幕,其中有不少是由电视综艺娱乐栏目发起的,其中有选秀、集体竞赛、大型歌赛、大型歌会等。

例如《梦想中国》、《青春中国》、《超级女声》、《CCTV 全国青年歌手大奖赛》等。

在活动频次上，电视活动有的是以赛季为一个周期，有的是跨年度举办，有的是一次性的，各种各样。

(2)电视综艺晚会

电视综艺晚会是电视综艺娱乐节目的另一种主要播出样式。最具代表性的电视综艺晚会是央视自 1983 年起每年一度的电视春节联欢晚会(“春晚”)，还有“五一”、“十一”、中秋晚会等节庆晚会，以及各种各样的主题晚会。

2. 按节目要素划分

(1)娱乐资讯类

节目内容：以报道近期或当日发生在明星演艺圈、大众娱乐圈的新闻资讯为主。一般情况下使用一个或多个主持人完成串场，以外景主持和外拍画面作为节目的主要内容。

呈现方式：演播室的主持人播报＋现场报道。

节目特点：这类节目具有新闻节目的性质，同时播报方式、节目风格具有轻松、自如、活泼的特点。

代表节目：《综艺快报》、《影视同期声》、《天天娱乐圈》、《娱乐无极限》、《娱乐任我行》、《娱乐乐翻天》等。

(2)娱乐谈话类

节目内容：节目一般由一个或两个固定的主持人，每期邀请一位或多位明星嘉宾进行演播室访谈，或者邀请一般的普通观众参与到节目中来，谈话内容涉及人生、情感、婚恋、友情、感受、体会等。

节目特点：是谈话节目(Talk Show)的一个分支。

代表节目：《艺术人生》、《康熙来了》、《超级访问》、《天下女人》、《女狼俱乐部》、《玫瑰之约》、《非常接触》。一些追求幽默、轻松风格的夜间谈话节目，也可列入娱乐节目，如《东方夜谭》、《今晚》等。

(3)综艺表演类

节目内容：各种文艺样式的大会演、大综合，“综艺”一词也由此而得。20 世纪 90 年代后期出现以单一文艺形式为节目内容的栏目，“综艺”走向“分艺”。

节目基本模式：主持人串场＋明星表演。

代表节目：《综艺大观》、《同一首歌》、《音画时尚》、《曲苑杂坛》、《梦想剧场》等，新型综艺表演类栏目《欢乐中国行》、《新视听》、《龙兄虎弟》等。

(4)游戏娱乐类

节目表现手段:才艺表演、杂耍、滑稽表演(包括戏拟)等。

节目基本模式:明星+游戏。

存留至今的代表节目:《快乐大本营》、《欢乐总动员》、《开心 100》、《非常周末》《超级大赢家》、《我猜我猜我猜猜猜》。

(5)益智竞技类

节目基本模式:知识+财富。后又融入了游戏、真人秀和谈话等节目元素,使节目在益智的基础上增添了竞技的色彩,这也是将此类节目并称为益智竞技类的主要原因。

节目特点:因其具有博彩性质,特点一是竞争性,二是刺激性,三是真实性,这些特点在港台此类节目中表现得更为直接和突出。

代表节目:《幸运 52》、《开心辞典》、《三星智力快车》、《天才冲冲冲》、《小气大财神》等。

(6)"真人秀"娱乐节目

"真人秀",泛指由制作者规定规则、由普通人参与并全程录制播出的电视竞赛或游戏节目。作为一种电视节目,它一般都是动态的、具有目的性的、线性的叙事模式,是对自愿参与者在规定情境中,为了预先给定的目的,按照特定的规则所进行的竞争行为的记录和加工。

"真人秀"娱乐的关键在于节目可以摆脱明星,使普通人成为节目的真正主角,所以一经出现,一方面获得了观众的追捧,另一方面还迅速融入到其他节目类型之中。2000 年 6 月,在广东电视台播出第一个真人秀节目——《生存大挑战》后,中央电视台以及上海、湖南、四川、贵州、浙江等省级电视台纷纷开办真人秀节目,而且真人秀节目种类繁多,例如:野外生存(贵州台的《峡谷生存营》)、室内(湖南经视的《完美假期》)、表演选秀(湖南卫视的《超级女声》、中央电视台的《梦想中国》、东方卫视的《我型我秀》)、职场、整容、装修、教育、娱乐、公益、婚恋、法制、旅游,不一而足。

代表节目:前期如"野外生存挑战类"的《完美假期》,后期以"海选"、"全民娱乐"、"民间造星"为主要特征的"室内真人秀",如《梦想中国》、《星光大道》、《挑战主持人》、《快乐男声》、《好男儿》。

(7)泛娱乐类节目

娱乐从节目的一种功能逐渐变为节目的一种本体,娱乐化成为许多节目类型的共同选择。主要表现在为那些不宜、不便、不利于电视表现的内容提供了一个电视化表现的途径,另外,多种娱乐元素之间的沟通与融合也正成为当前综艺娱乐节目的一种发展趋势。这类节目由于内容涉及广泛,所以称之为“泛娱乐类节目”。

它具体包括:

生活娱乐类节目:《冰冰好料理》、《全国电视烹饪擂台赛》、《八方食圣》、《周日八点党》等。

旅游游戏类节目:《正大综艺》、《天地英雄》、《快乐大篷车》等。

体育娱乐类节目:《全明星猜想》、《城市之间》、《金牌之路》等。

剧情类娱乐节目:《心灵俱乐部》、《大话欢乐游》、《忽悠姐妹花》等。

少儿娱乐节目:《人小鬼大》、《第二起跑线》、《七巧板》等。

从前面所讲内容可以看出,电视综艺娱乐节目不单节目播出样式多种多样,而且节目内容的构成要素丰富多彩,由此形成了复杂多元的电视综艺娱乐节目格局。这一格局虽然为此类节目的理论总结增添了不少麻烦,但也为相关的策划实践提供了丰富的手段与元素。

四、电视综艺娱乐节目的设计

中国电视综艺娱乐节目从单一的晚会走向多元并存的格局才用了不到十五年的时间,而游戏、益智、真人秀等名词从诞生到世人皆知,至今也超不过八九年的时间。

目前,电视综艺娱乐节目从理念到实践都处在不断的翻新更迭之中,而这种翻新更迭与国际电视娱乐新潮流紧紧联系在一起。

电视综艺娱乐节目策划既要有宽广的国际化视野,即接轨世界电视娱乐的前沿潮流,同时又要有切实可行的本土化视角,即根据中国本土国情,把国外电视娱乐理念与国内观众可以接受的节目样式进行本土化的“嫁接”,打造出既引领潮流,又受观众喜爱的新栏目,或者用新理念、新模式改造原有栏目,在改版中实现栏目品质的提升。

1. 模式(版式)

模式本义:是一种成熟的、经过考验和验证的、有稳定的内在规定性与外在指向性的标准样板,具有特定的规则和套路。

内在规定性:指模式由一系列的理念、程序、结构和规则等构成,是模式生发审美空间和艺术创造的内在张力。

外在指向性:它是由时代精神、价值取向、生活变迁等构成的,而这些也是模式实现与时代同行、社会同步的外在动力。

模式的内在规定性与外在指向性共同规约着模式的生命力。

一个成功的电视综艺娱乐节目必有一个成熟的节目模式,而一种节目类型最终走向失败往往也是因为模式。所以一个成功的节目模式,即遵循着既定模式的内在规定性,又随时调整模式的内在因素,以适应外在的新变化。

中国电视综艺娱乐节目几乎没有原创型的节目模式,凡在屏幕上有影响的节目几乎都能在欧美、港台、日韩的屏幕上找到其影子。可以说,近十年来中国综艺娱乐节目的迅速发展与"外来模式的本土化改造"紧密相关。

在策划创办一个全新的电视综艺娱乐栏目时,外来模式是值得参考与借鉴的。

(1)欧美模式

中国电视向欧美学习的娱乐节目模式主要是"真人秀"类。

目前,美国有线电视和无线电视网络播出的真人秀节目已经超过100种,在欧洲各国也是难以计算。

早期的真人秀节目卖点多是残酷的人际关系。在《老大哥》和《阁楼故事》里,人们消费同居一室的男女感情与关系;在《生存者》、《让我离开这里》中,人们消费的是对生存能力的挑战以及残酷竞争中的钩心斗角。如今,真人秀舞台不再是生存挑战、残酷竞争的独角戏,陆续出现了工作真人秀、生活服务真人秀等诸多种类。比如,《学徒》为参与者提供提升职业发展的机会;近来,世界上美容整形成风,记录丑小鸭变白天鹅过程的电视节目《天鹅》也热闹地登上了真实电视的舞台,成为炙手可热的电视节目;生活服务真人秀《穿着禁忌》以服装时尚为主题,寓教于乐,用真人秀的方式告诉女性穿衣的学问。

欧美比较有名的真人秀节目主要有:

①《老大哥》(BIG BROTHER)

"老大哥"这一节目的名字出自乔治·奥威尔的著名小说《1984》中的一句话:

“老大哥在看着你呢”。节目由 Endemol 公司制作，于 1999 年 9 月在荷兰电视台首次亮相，随后有 19 个国家出现了《老大哥》的克隆版。节目的形式是：10 名参赛选手被关在同一幢房子里，共同生活 10 周左右的时间。房子的每个角落都安装了摄像头，记录下选手的一举一动。在此期间，选手们不能与外界联系，房子里没有电视、电话、收音机、因特网和其他任何的通讯设施，甚至连写字的东西也没有。唯一可以交流的外界对象是心理医生。

节目由四个基本元素构成：最原始的生活条件、竞争淘汰制、每周布置的任务和一个秘密的谈话室。谈话室供选手们表达各自的想法、情绪，并说出他们希望淘汰的对象。在简陋的生活条件下，选手们还要完成各种各样的家务活，以及临时安排的任务，这些任务通过一个看不见的“老大哥”传达给选手们，目的是考验选手们的团队精神和凝聚力。选手每周可以获得一笔津贴，用来购买食品和生活必需品，津贴多少和任务完成的情况相关。每一周，每名选手要私底下选出两名希望淘汰的室友，得票数最多的 3 个人的名字将公布在电视上，观众可以拨打热线电话或发短信，投票选出他们最想淘汰的选手。计票结束后，被淘汰出局的选手要接受电视采访。最后一个留在屋子里的人将成为节目的优胜者，并获得一笔丰厚的奖金。因为巨额奖金，很多选手在节目中不惜暴露自己的隐私，还刮起了一股色情之风。在不同的国家播出时，节目的规则也有所调整。但无论如何，节目播出后，收视率都非常高，而且引起了观众的广泛关注。

②澳版《老大哥》

我们再以澳大利亚版的《老大哥》为个案来阐释《老大哥》节目的基本游戏规则：12 名背景不同、性格各异、原来素不相识的选手被挑选出来，其中 6 名青年男性、6 名青年女性，他们共同生活在一个特制的有着花园、游泳池、豪华家具的大房子里，大家共享起居室和卫生间等。节目设置了 25 台摄像机，32 个麦克风和 40 公里长的电缆，一天 24 小时记录他们的一举一动，制作成每天半个小时或一个小时的节目，向电视观众展示屋内发生的大事小事。同时观众可以登录到该节目的网站，追踪屋里的实时状况。

设在淋浴间和洗手间的摄像机所偷拍的内容，以及夜间在 12 名选手的共同卧室里拍摄到的内容，这些最为隐私的部分，只要有趣，也会被放在电视节目里广为传播。

在共同生活的 85 天里，选手们每周六要选出两个最不受欢迎的人。而每天守候在电视机前的狂热者们则用声讯电话，在这两人中选出一个他们最不喜欢的、最没人缘的选手出局。每周末的提名几乎都对选手们产生了重要的心理影响，无论是被选中的，还是没有被选中的，无论是爆发激烈的争论，还是默默无语和风平浪静，大多数情况下，被选中的人会顿时觉得面临巨大压力，认为自己不受欢迎，仿佛脑门上贴上了“讨厌鬼”的字样！节目中被提名的女性往往会更加焦虑，流露出忧郁的眼神甚至会哭泣，而这些细节无疑都被无处不在的摄像机抓住，以特写镜头的方式无比细腻地呈现在观众面前。

经过短期的自我调整，被提名的人会在疲惫之中恢复平静，但是他们的处境和心态变得非常微妙，即使恼羞成怒的，也必须压制情绪，毕竟还要争取可以幸存的那个名额。为了争取挺到最后可以得到 25000 美元的奖金，他必须加倍努力地改变自己的态度和表现。其他国家的《老大哥》在节目的结构和游戏规则上大同小异，仅仅在参赛者、时间、地点、奖金、竞赛题等方面有区别而已。

《老大哥》是目前全球最大的“真实电视”节目之一，形成了完整的节目游戏规则和规范的跨国运营模式。它始发于荷兰，随后迅速被澳大利亚、德国、丹麦、美国等 18 个国家照搬制作了各自的版本，也都在各自的国家高居过电视节目收视率的榜首，是目前传播最广泛的“真实电视”节目。

③《名人老大哥》

《名人老大哥》是英国第四频道创办的全名人阵容的“老大哥”。11 位名人参赛者入住布满监视镜头的大屋，未来 23 天将会无遮无掩地生活在观众眼前。这些人是盛传与某名人有染的女郎、性感模特儿，甚至有家中曾发生命案的电视明星。节目制作人有言在先：虽然众房客都是名人，但不表示节目镜头会手下留情。这一节目在英国被称为情色电视节目，它特别青睐那些和名人发生过绯闻事件的靓女们，贝克汉姆绯闻女友丽贝卡凭借该节目走红后，埃里克森的秘密情人法里亚克拉姆又成为该节目的参加者，类似的名人是节目的看点。观众经常可以看到这些名人穿着比基尼四下走动，身体曲线暴露无遗，而且还与其他男选手打情骂俏，互相挑逗。名人们纷展浑身解数“搏出位”，为的就是人气，观众则血脉贲张，耳热心跳。2006 年 1 月 25 日，节目在本季大结局获得了 40％的收视份额。

当节目中的一名涉嫌性丑闻的议员被淘汰出局时，BBC 新闻对他的关注度甚至要比巴勒斯坦大选或英国出兵阿富汗还要高，而且有 7 份日报头版头条报道了这一事件，连一向保守的《金融时报》也加入报道。

有人把此节目在英国的成功类比《与明星共舞》在美国的成功，并认为这说明此后会有更多名人阵容的真人秀。他们断言名人娱乐真人秀2006年会红遍全世界，尤其是美国。名人真人秀的一个卖点，是观众更容易和参赛者产生共鸣，因为观众已经对这些名人很熟悉了。不过具有讽刺意味的是，获得《名人老大哥》最终赢家的往往并不是什么名人，而是剧组故意安排进去的那些无名之辈，在2006年结束的赛季就是如此。

④《生存者》(SURVIVOR)

《生存者》节目由美国哥伦比亚广播公司(CBS)于2000年5月推出，目前它是"真实电视"节目中风头最劲的一个。CBS公司从近万名应征者寄来的录像带中挑选出16名参赛者，然后把他们送到一个相当偏僻、没有任何人烟的荒岛参加"生存者"游戏。按照哥伦比亚广播公司制定的"游戏规则"，16名现代"罗宾逊"首先得迎接自然界的挑战，在漫长的4个多月时间里，他们无法得到外界的帮助，不能依靠现代文明技术条件，亲身去经受热带风暴的洗礼，克服热带雨林的种种障碍，靠一双手来搭起遮风避雨的小屋棚，靠吃海边捡来的贝类、丛林中的野果和树上的小幼虫充饥……任何缺乏意志或者身体不够强健者将很快被淘汰出局。其次是人性的挑战，16名"罗宾逊"将定期召开"部族会议"，商量着把谁驱逐出小岛，每次以投票的形式驱逐他们中的一个人。

这意味着16名竞争者在挑战自然的同时，得处心积虑地争取别人的支持，但同时又得为把竞争对手排挤出小岛而钩心斗角。由于"游戏规则"规定人们可以发挥除暴力以外的任何手段，所以这实际上意味着竞争者们除了极尽其正面的领导说服能力外，还得把人性中最隐秘的一面——造谣中伤、欺软怕硬、欺骗狡诈——发挥得淋漓尽致才有可能最终获胜！最后一位获胜的"幸存者"可得到100万美元的巨额奖金。

为了确保《生存者》节目吸引美国的观众，美国哥伦比亚广播公司费尽了苦心：事先要求16位节目参与者和哥伦比亚广播公司的140名节目制作人签一份保密合同。合同的内容是：如果谁抢在节目之前透露最后一名获奖者消息的话，那么将赔给哥伦比亚广播公司400万美元的补偿金。

哥伦比亚公司继而制作了《生存者Ⅱ》，考验的是挑战者的野外生存能力。16位挑战者看起来更年轻、更聪明、更引人注目。挑战者们的"大本营"设在距澳大利亚海岸城市凯恩斯西南180公里左右的赫尔伯特河边一个荒废的牧场里，从5万个报名者中选出的16名挑战者在这里接受为期42天的“生存大挑战”。16名挑战者被分为两组，分别定期召开“部落会议”，会议内容就是决定把谁“踢”出局，经过14次部落会议后，谁有资格留下来谁就可以最终获取100万美元的奖金。

与第一辑《生存者》相比，这次的竞赛难度大大增加。首先是个人能力将得到充分考验，挑战者们明白：再好的伙伴最后也可能为了那100万美金而出卖自己，所以大家不再彼此信任。另外，险恶的自然环境也更具挑战性。挑战者必须自己从树林里捡来树枝搭棚子入住；要填饱肚子只能靠在水流湍急的赫尔伯特河里钓鱼；大瀑布里有吃人的海水鳄和脾气不好的淡水鳄；牧场里还有一种澳大利亚特产——世界上最毒的眼镜蛇……随队的队医虽然提着便携式急救箱，但只要打开这个“宝箱”的人，可能都会被早早淘汰出局。

《生存者》在全美上下掀起了一股连节目制作者都始料未及的“生存者”狂潮。大到节目“模仿秀”，小到最后4位“生存者”身上的衣着，在一夜之间都成了美国人的时尚。

《生存者》节目被《时代》周刊评为2000年最佳电视节目之首。

⑤《阁楼故事》(LOFT STORY)

对“真实电视”素来不感兴趣的法国也投身到了这股浪潮中，以浪漫为主旨制作了大型“真人秀”节目《阁楼故事》。

法国的《阁楼故事》与美国哥伦比亚广播公司的荒岛生存大赛几乎一样，唯一的不同是把场景从户外搬到了室内。10名年龄在20岁到29岁之间的青年男女将共同生活在巴黎市北部圣丹尼斯区的一处拥有室内健身房、豪华家具、花园、泳池和篮球场的住所，在长达70天的时间里，他们不需要做什么事，可以尽管“培养感情”。

设置在各处的26台摄像机将对他们进行每天24小时不间断的拍摄，然后通过自己的频道向观众进行不间断的播出，观众根据他们的日常起居饮食等诸多方面来对他们的言行举止进行评估，参赛者彼此也将进行互相评价，不合格者将失去参与资格，被“逐出”阁楼。一直坚持到最后的一对男女将获得位于巴黎市内的一套价值40万美元的“梦幻住宅”，如果他们俩能在这所房子里继续共同居住六个月，还会额外有一笔丰厚的奖金。

法国的M6电视台播出这个节目后引起了空前轰动。节目的平均收视人数达520万，某些章节更高达770万，这在法国电视业界非常罕见。

⑥《诱惑岛》(TEMPTATION ISLAND)

《诱惑岛》由美国福克斯(Fox)电视网策划推出，把恋爱中的男女“带到双方关系的十字路口进行测试”。

参与的选手是四对自告奋勇的感情深度不等的年轻情侣，他们来到加勒比海上一个世外桃源般的美丽岛屿后就被分置两地，在节目安排下，男女各与十三名单身异性分别在岛的两端驻扎。在节目进行的两周内，除了集体活动，情侣们不能见面，见面时也不能交谈。节目的开始，男女选手有权从他们的十三个潜在情敌中选出一人赶出岛去。

接下来情侣选手分别与单身异性自由约会，活动内容是节目所设定的呼吸器潜水、山洞探险和骑马等。每人每天与一位单身异性共度，一轮约会结束后，男女选手可以要求观看自己情侣的约会录像，他们还必须再次选出潜在情敌男女各一人出局。这样的程序进行四轮后，每个选手选定一名单身异性，与其进行最后的也是相当深度的约会。在节目的最后一夜，四对情侣重新会合，决定他们是继续厮守，还是另觅佳偶。这个结果并非游戏，而是真正的感情取舍。

⑦《美国偶像》

2005 年火爆异常的《超级女声》就源于这一节目。它起源于英国的《流行偶像》，实际是美国的业余歌手大奖赛。节目自 2002 年 6 月在福克斯播出以来一直是美国尼尔森收视率排行榜第一名，短期内即红遍美国。

节目每周两期，节目形式是：三位评委 Simon Cowell、Randy Jackson、Paula Abdul 和主持人 Ryan Seacrest 在全美国寻找“美国偶像”——流行天皇、天后。节目前半部分为三位评委和一位嘉宾(都是流行音乐界的大腕儿)到各地挑选人才，被选中的参赛者可以到好莱坞参加下一轮的比赛。他们从上千名选手中选出 30 名选手，每周 10 名选手表演。

观众通过电话给他们认为可以进入下一轮比赛的选手投票，裁判再进行一轮挑选，接着观众再通过电话确定最后谁将成为“美国偶像”，会有唱片公司和他签约。此节目的看点有很多：首先，选手选择的歌曲都是非常著名的，而且很多都是经典中的经典，可以让观众更进一步了解美国的流行乐；其次，很多选手都有很多故事，如他们为什么想成为“美国偶像”，为了参加节目下了多少功夫等；再次，每次宣布投票结果都扣人心弦，选手的态度也差异很大；最后，三位评委对选手的评述或幽默、或尖刻。《美国偶像》在美国非常流行的原因是美国人都有一种美国梦，很多人一生都在追寻着这个梦，节目正是为那些想成为明星的人提供了一个向全国观众展示自己的舞台。

⑧《男才女貌》

这是美国一档流行的恋爱真人秀电视节目。7 男 7 女来玩配对游戏，女孩都是胸大无脑的美女，男孩则是 IQ 高、EQ 低的书呆子。这 7 对男女随机搭配后将进行一场场综合能力的竞赛，包括智力、时尚，甚至舞蹈。女孩子将参加拼字比赛会，男孩们将接受按摩课培训。女孩甚至还要由火箭专家上课，看谁可以造出一艘能成功发射的小火箭。比赛中，男女要互相帮助，共渡难关。每天比赛的最后一名将被淘汰，最终的获胜者将赢取 25 万美元。对参赛者来说，重要的不仅是 25 万美元的高额奖金，通过比赛，互相配合，形成默契，并成为真正“男才女貌”的一对，也是他们心中的一个愿望。在节目中，可以看到女孩子们回答知识问题时的窘态，也可以看到男孩子们完成他们最不擅长的舞蹈时的滑稽。

⑨《与明星共舞》

《与明星共舞》是美国广播公司（ABC）2005 年 6 月推出的选秀节目，是 2005 年夏季美国收视率最高的节目，播出两周即获得美国电视黄金时段收视率排名第一的骄人成绩，与风靡全世界的《美国偶像》一起成为最炙手可热的娱乐选秀节目。游戏规则是：每期选 6 位二线明星和 6 位专业舞蹈演员组成搭档，当着现场评委和全国电视观众的面展现舞技，由评委打分和观众投票排出名次，每周淘汰得分最低的一对。比赛内容包括拉丁风格的恰恰和古典风格的华尔兹，前者考验女方技巧，后者则看重男方表现。音乐由一支“15 件套”乐队现场演奏。上海电视台 2006 年 2 月开播的《舞林大会》，以主持人跳国标舞竞赛为内容，并辅以他们练习舞蹈和后台对话的内容展示。开播不久，节目收视率节节上升，4 周后超过 10%。节目不仅吸引了观众，也在主持人中形成热门话题，现在越来越多的主持人都想参与其中，过一把跳舞瘾。

这些真人秀节目的成功已经证明，按照这些模式所开发的类似节目肯定能吸引观众的注意力。下面是一些国内节目与所借鉴的国外节目的对应关系：

《幸运 52》——《GobringGo》（英国）

《开心辞典》——《谁想成为百万富翁》（英国）

《走进香格里拉》、《重走长征路》——《生存者》（美国）

《超级女声》——《美国偶像》（美国）

《城市之间》——《城市之间》(法国)

《赢在中国》——《学徒》(美国)

(2)日本模式

日本电视发展较早,娱乐工业发达,因此日本很多综艺娱乐节目成为香港、台湾模仿的对象。

1962年4月,台湾与多家日本公司合作成立台湾电视公司,受日本电视影响,以歌舞为主的综艺节目成为台湾电视的重要节目形式。例如《超级变变变》(以参赛、评分的方式进行,要求参赛队员充分发挥的自己想象力,利用一些辅助工具,使自己的肢体变成各种各样的东西,在三分钟内表演一个小节目,富有创意而幽默)、《幸福家庭计划》、《快乐动物园》。

这些节目或者由内地电视台直接引进播出,或者通过凤凰卫视、星空卫视、华娱卫视进入内地观众的视野。现在,以日本节目模式为蓝本制作的电视综艺娱乐节目已有不少。

(3)港台模式

在日本电视的影响下,台湾早期综艺节目以歌舞为主,20世纪70年代以来,张小燕凭借《综艺一百》成为"综艺大姐大",并确立了以主持人为核心的节目运作方式。

在"二张一胡"以及后来的吴宗宪、高怡平、徐乃麟、蔡康永、大小S等节目主持人的努力下,台湾涌现出一大批电视综艺娱乐节目,例如《我猜我猜我猜猜》(中视)、《非常男女》(中视)、《超级棒棒棒》(华视)、《超级大富翁》(台视)、《综艺大哥大》(中视)、《康熙来了》(中天)。

2. 单元

一个由理念主导的节目模式,在具体操作上由多个单元组成,根据节目结构的不同可以称之为板块或环节。除了娱乐资讯类节目外,一般的大型综艺娱乐节目的时长都在1—2个小时。在一两个小时的时间里,节目必须要设置足够的板块与环节,才能吸引观众观看。

根据板块构成及板块之间关系的不同,栏目的整体结构也大不相同,基本上可以分为三种。

(1)拼盘型

拼盘型结构的节目中,每个单元称之为板块。

特点：在一期节目中，每个板块之间少有关联，彼此独立。

板块结构主要集中在娱乐资讯类和游戏娱乐类节目中。

优点：方便观众收看，观众既可全看，也可选择看其中的一个板块，即使前一板块落下没看，也不耽误后一板块的观看。

这种结构有利于栏目打造经典板块，一个栏目可能包括多个板块，可选择三到五个板块自由组合为一期节目，而且对于观众反映好的板块可以下大力气将其打造为经典板块，适当时候也可以将经典板块升格为一个栏目。

(2)递进型

在递进型结构的节目中，将每个单元称之为环节。

特点：环节与环节之间前后承接，关系紧密，前一个环节为后一个环节做铺垫。

环节结构主要集中在益智、博彩、真人秀、情节类娱乐节目中。

优势：整个节目前后连贯紧凑，一气呵成，自成一体，观众有欲罢不能之感，可以吸引观众从头到尾整体观看。

此结构成功与否的关键在于“悬念”的设计。

(3)混合型

板块中有小环节，小环节之后还有大板块。

混合型结构集中在大型节目、大型活动中，例如《幸运 52》、《开心辞典》。

注意问题：单元内部设计要有独特性，独特性即意味着不可替代性，包括两方面的意思——不能为自己栏目内部的其他单元替代，不能为其他综艺娱乐栏目的类似单元替代。独特性是否到位，是该单元能否成功的关键。

3. 元素

在一个节目之中，一般都会选择一个主导元素，但近来综艺娱乐节目竞争越来越激烈，不同的娱乐元素共同出现在同一档节目中，而纯粹依靠一种娱乐元素的节目越来越少见。所以电视娱乐节目是否好看，是非常考验策划能力的，因此在节目策划中，一个重要环节就是对娱乐元素的选择与组合。

(1)表演元素

指专业演员的职业表演。明星、演员在“真人秀”节目兴起之前是综艺节目的绝对中心，现在纯粹的表演也是综艺娱乐节目中不可或缺的，明星效应仍然可以帮助节目吸引不少观众。

(2)游戏元素

作为一个大概念,游戏节目实际上包括除谈话、咨询以外的所有综艺娱乐形态,因为出现在电视上供观众娱乐的综艺节目,在本质上都是一场经过事先安排的游戏。

但为了便于区分,这里的游戏元素仅指才艺表演、杂耍、滑稽表演(包括戏拟、模仿)等表现手段。

(3)益智元素

益智节目的主题是"知识问答",因此"选择什么知识"、"这些知识如何来问"、"选手如何回答"成为其中的关键。

知识多为"常识",由主持人提供两到四种答案供选手选择,选手可以是一对一问答,也可以是抢答,还可以与其他选手搭档共同完成。

(4)博彩元素

选手参加益智类节目时,更多是冲着节目提供的丰厚奖品或奖励来的,所以益智节目具有很强的博彩性。

一般节目都会给予获得擂主、周冠军、月冠军、季冠军、年冠军等称号的选手以相应的奖励。

(5)竞技元素

凡是一期节目出现多个选手或嘉宾,要尽可能使他们进入一个竞技闯关的状态,在分出高低上下的过程中,就会出现节目的悬念与看点。

户外"真人秀"多数要经过多轮竞技比拼,淘汰掉其他选手之后,最终决出优胜者。电视活动、竞选大赛都会设计出充分的竞技元素,确保每轮有淘汰,轮轮有悬念。

(6)速配元素

这种元素主要存在于婚恋类节目以及室内真人秀节目中。婚恋类节目关键在于提供一个男女平等的公共交流平台,循序渐进,层层向前,给参与者一个宽松而又和谐的言论空间。

国外室内真人秀则是采用纪实的手法,将纯粹私人的男女情感、性爱问题公开化,这在中国内地尚属非法。

(7)纪实元素

晚会中使用的新闻频段作为煽情点,发展到户外真人秀中,以偷拍、跟拍为主要手段的纪实更是成为了节目的主题。

(8)脱口秀

脱口秀不在于“秀什么”，关键在于“谁来秀”、“怎样秀”。

(9)真人秀

真人秀这种历史最短但来势很猛的娱乐元素，现在已经渗透到了各种各样的节目之中。

普通的“真人秀”指普通人而非职业演员参加的节目，但多年来在媒体的培养熏陶下，现如今普通人越来越像“演员”。

节目设计策划的一个关键是要把以上这些娱乐元素恰如其分地组合在一起，并通过不同的板块、环节来承载和表现这些娱乐元素，最终形成一个浑然一体的节目模式。

五、电视综艺娱乐栏目的改版

在当今收视率与经济效益的竞争中，“改版”已成为克敌制胜的法宝之一。现在改版已不是栏目本身的专利，由于竞争层次越来越高，原先局部的栏目竞争已转移到以频道为单位的频道竞争，所以改版已从栏目跨越到频道上来，而这种改版已成为动态和常态的选择。

在竞争中，电视综艺娱乐栏目改版的频繁度是其他类型栏目所不及的。而“动态与常态”的改版是众多综艺娱乐栏目保持历久弥新、长盛不衰的主要原因。“动态与常态”主要含义是指“一月一小变，一季一中变，一年一大变”。

电视综艺娱乐栏目的改版都是在精心策划的基础上进行的，改版策划主要包括调整板块、改进环节、增加元素或手段。

1. 调整板块

(1)打造强势板块

一档拥有四五个板块的综艺娱乐栏目，很难各个板块都吸引人，所以把精力放在一两个板块上，将其打造成强势板块，是使栏目取得成功的一条捷径。强势板块的基本要求是不可替代性，既是其他栏目所没有的，也是其他板块所不能替代的。这种强势板块在合适的时候甚至可以升格为一个新栏目。

(2)撤换弱势板块

在收视调查数据的基础上,对栏目中的弱势板块进行确认,如果确定已经没有继续保留的必要,可以下决心予以撤销,由新板块替代。

(3)加强中庸板块

介于强势与弱势之间的板块是栏目下一步发展的增长点,对于有潜质可挖的要通过打磨细节提升板块的影响力,从而提高栏目的整体实力。

2. 改进环节

以环节为主要模式的综艺娱乐栏目与以板块为主要模式的栏目不同之处在于,一个个环节是栏目的有机整体,环节与环节之间前后承接,有机相连,顺序不可颠倒。而板块是相对独立的,可根据栏目的需要随时撤换,由别的板块替代。所以在以环节为主要模式的栏目中,改版策划的重点在于优化细节和改进过程。

(1)优化细节

环节中的细节可以是环节的标识、镜头的表现、主持人的语言、嘉宾的体态、观众的神情、选手的瞬间反映,更可以是悬念的设计技巧、关注的角度等。这些细节组成了特定的栏目环节,而恰恰是这些细节,最能体现前期策划的精心程度与功力。

(2)改进过程

在以环节为主要模式的综艺娱乐栏目中,每一个环节都代表一个固定的时间段,如何把这一时段的每一分钟都做出内容,需要有高超的过程意识。过程在整个节目中有时需要放大,有时需要压缩。在放大的环节中,更需要有精心设计的细节内容来给观众带来意想不到的收获。

不同的综艺娱乐栏目对过程有不同的要求:娱乐咨询栏目是要通过各种娱乐方式把过程做得既有信息含量,又饶有趣味;娱乐谈话栏目要把过程做得有气氛,或真诚,或煽情,或妙趣横生,或泪眼婆娑。在改进过程时应注意多从侧面、反面想问题,不走轻车熟路,不落窠臼,反其道而行之,这样往往会把过程做出意味来。

3. 增加元素/手段

(1)增加娱乐新元素

为了增强综艺晚会或节目的纪实性,“真人秀”无论作为一个节目形态,还是作为一种娱乐元素，都越来越多地渗透在其中。它通过修改游戏规则完成栏目面貌的转型，例如《挑战主持人》中“擂主制”的引入。

另外，还可以充分调动现场观众的积极性。《欢乐中国行》倡导“有歌大家唱，有劲一起鼓，通过游戏对抗、与明星同乐等环节最大限度地让观众参与进来，从某种程度上讲，观众就是演员，它为未来大型联欢晚会提供了一种新的尝试”。

(2)增加娱乐新手段

电视节目制作也要紧跟时代科学技术的发展，及时引用当前流行的科技工具或适合大众传播的新技术。例如在节目中网络、手机、电话、DV 等娱乐手段的引入能加强场内场外的沟通或是支撑某些环节的完成。

场地的更换可以带来新鲜感，不同的城市、不同的地区、不同的场所，能为观众呈现出不同的背景、不同的风俗风貌。

六、电视综艺娱乐栏目的特别策划

1. 特别策划出现的原因

激烈的电视竞争，总体上表现在栏目的竞争上，而在具体的综艺娱乐节目中，很难创建一个新颖别致、耳目一新的栏目。随着各个综艺娱乐栏目的长期发展，几乎已经达到成熟的阶段，仅仅捕捉热点、盲点、第二落脚点已经很难收到明显的策划效果。所以策划中的特别策划成为栏目运作的常规选择。在特别策划中，由于策划手段的多元化，可以分为主题策划、特别策划(狭义指特别节目的策划)、系列策划等。

2. 主题策划

所谓主题策划是在栏目的既定模式下，以主题的方式将栏目的各个板块、环节统一成一个整体。一期节目用一个主题作为线索贯穿起来，能给观众一种收视新感觉，引发收视兴趣。

主题策划的特点：区别于专题节目主题先行、后有形式的做法，而是模式先行、主题跟进。

主题策划的关键：确定主题，并将主题贯串于栏目运作的各个环节。

主题策划的优势：消除栏目的收视疲劳，增加观众的收视兴趣。因为随着时间的累计不管是日播还是周播栏目，一段时间后观众就会失去新鲜感，产生收视疲劳，栏目也会陷入重复劳动的困境中。

3. 特别策划

特别策划：指狭义的栏目特别策划，是指为了作特别节目而展开的策划工作。

特别节目：是栏目在特定时间或特定地点策划并推出的节目或者电视活动。

特定时间、特定地点：只是特别节目的外在要求，它的关键之处在于特别节目要有不同于日常节目的内容。

具体方式：打破既有的节目模式；栏目联合共同打造一种全新的节目样式；栏目改变原有的播出方式；以电视活动方式出现等。

特定时间：包括节日、假期、主题日等。在这类特别节目的策划中，要注意拉近这一特定时间与节目内容的相关性，例如“五一”的劳动主题；“春节”的喜庆祥和；“十一”的庆典等，围绕相关性再做环节与细节的设计，会收到事半功倍的效果。

特定地点：包括特别的国家、特别的城市、特别的村镇等。这时策划的重点就要充分利用不同国家、城市、村镇的地理特点与地域优势，使节目具有较强的贴近性。好处一是可以使现场互动热烈，二是有利于传播地域文化。

4. 系列策划

前面讲的主题策划一般不改变节目模式，可以是多期节目也可以是一期节目；而特别策划的各期节目相对独立、各有特点；系列策划则一般要基于一个节目模式制作多期节目，各期节目之间是平行、并列的关系。

系列策划的理论基础在于模式的可复制性，其优势表现一是降低节目模式的原创成本；二是降低选题重复的概率；三是有利于形成收视的积累效应，巩固观众对栏目的忠诚度。

系列节目的特点：一是各期节目之间的关系在内容上相对松散；二是形式上会基于同一种节目模式，这个模式可以是栏目常用的节目模式，也可以是栏目的特别节目模式，但无论选择哪一种节目模式，组成一个系列的节目应只采用一种节目模式。

(1)原有节目模式系列策划

在原有的节目模式上，每期节目展示一个不同的主题。这点与系列剧有所相似，但系列节目也可以在同一个主题的统领下，每期节目选择一个视角或不同的任务，从不同侧面对主题进行展示。

(2)特别节目模式系列策划

一般情况下，特别节目模式要比原有节目模式时段长，板块多元，环节丰富，娱乐元素更多，因此许多跨年度、逢节庆日的系列节目更倾向于特别节目模式。

《欢乐英雄》的前身是《幸运52》和《开心辞典》在黄金周联手打造的一档多场景大型真人秀类益智节目，2002年其成为央视二套定期推出的假日特别节目，近年来连续推出"魔术训练营"、"汽车训练营"、"好男人训练营"等系列节目，分别在春节、五一、十一连续七天播出。

系列节目可以是一次制作，连续播出，例如《幸运52》2005年推出的中国电影系列；也可以是分次制作，分次播出，如《艺术人生》的"温暖"系列；还可以一次制作，多次播出，然后多次制作，多次播出，如"欢乐英雄"系列。

至于系列策划采取什么方式，要以观众的收视反映作为取舍依据。一般情况系列策划的收视要比日常节目好，如果还不如日常节目，只能证明这个系列策划失败了，就没有必要继续跟进，所以系列策划的规模大小最终要取决于观众的反馈。

七、电视综艺晚会策划

1. 电视综艺晚会的特点与分类

(1)电视综艺晚会的特点

电视综艺晚会的定义：是指在舞台空间演出并由电视传播的、为取得某种广大的社会影响而举办的综合性文艺节目。

电视综艺晚会的特点：一是观演空间较大，可容纳较多的演员与观众，现场效果追求观众和演员的互动；二是艺术门类众多，以歌曲、舞蹈、相声、小品等文艺表演为主，同时包括魔术、杂技等其他形式的表演，综合多种艺术门类于一体，综艺晚会由此得名。

(2)电视综艺晚会的分类

按播出形态划分：直播型晚会与录播型晚会。

根据晚会是否为一个明确的"主题"服务划分：主题晚会与娱乐晚会。

根据晚会的播出时间是否安排并服务于特定的节日划分：节庆晚会与常规晚会。

根据晚会的主办方是否为一定的行业划分：行业晚会和非行业晚会。

为讲述方便，我们把晚会按照播出形式划分为栏目型晚会和节目型晚会。

栏目型晚会是以晚会形式呈现的综艺栏目，如《欢乐中国行》、《同一首歌》等，所以也可以称为晚会型栏目。节目型晚会是指在非固定时间以独立单一的晚会形式呈现的晚会类型节目。

下面我们讲的电视综艺晚会的策划，专指节目型晚会的策划。

2. 电视晚会创意策划

电视晚会一次性投入、一次性播出，成功或失败只有一次，不会有从头再来的机会。根据其“唯一性”的特点，电视晚会前期策划的核心内容是创意策划。创意策划是晚会的核心，晚会的成功多取决于一个好的创意，而失败往往是对创意的执行不力。

创意策划是一个系列的策划，包括晚会的主题策划和晚会的定位策划。

主题策划是一台晚会的灵魂，是晚会所要表达的主观意愿和主题思想；定位策划是根据晚会的主题对晚会样式、风格所提出的总体要求。

一般来说，电视晚会都有明确的主题和定位，晚会的主题与定位取决于主办者理想中想要达到的社会效果，而晚会本身就是表达主旨与定位、制造社会效应的手段。

（1）主题策划

一台晚会的主题直接关系到节目创作、演员选择、风格色彩等各个方面。一台大型综合性文艺晚会，如果没有明确的主题，并贯穿于晚会的始终，就会显得东拼西凑、杂乱无章，即使有好节目也给糟蹋了，或者只有个别节目给人留下印象，而整台晚会人们会很快忘记。因此，在设计晚会的开始，就必须把确定晚会主题作为首要课程，精心地考虑研究。

综上所述，主题是一台晚会的灵魂，它既是节目创作与挑选的主要依据，也是晚会现场风格与气氛营造的核心内容。

（2）主题提炼与归纳的基本要求

一是要鲜明。一个鲜明的主题是一台晚会的方向，只有鲜明的主题才能对晚会起到统摄作用。“鲜明”不但指主题的内在意义要指向鲜明、明确、不含糊，而且在形式上也要求主题凝练、响亮，甚至达到让观众过目不忘的效果。许多晚会往往把鲜明而响亮的主题确定为晚会的名称，起到了很好的效果。

二是有内涵。拥有丰富内涵的主题才拥有潜在的无限张力。有 20 多年历史的春晚同样是表达和营造喜庆、祥和、稳定、团结的气氛，但每年的主题内涵都有所区别。

主题策划的思路如何展开？一般有如下方法：

捕捉社会潮流与热点，提炼具有一定高度和前瞻性的主题。通过当年、当时、当地的社会热点来提炼晚会的主题是一条捷径。

掌握节日、假日与主题日的特点，提炼与时俱进的新鲜主题。这时晚会的主题策划只有充分考虑到这些特殊日子的不同特点和内在诉求，在此基础上提炼出与时俱进的新的主题，才有可能博得观众的共鸣。因为这些特殊的日子年年如此，也即其核心价值不会改变，但对其核心价值的诉求和表达却是年年更新、与时俱进的。

把握主办方的目的与意愿，提炼适合电视表现的主题。晚会不仅仅由电视台主办，一些行业系统、社会团体、大型企业、文化公司都有可能出资主办大型晚会。一般来说，主办方都有明确的主办目的与意愿。他们主办晚会的目的无外乎通过电视媒介的影响力，来宣传自己进而拉高自身的知名度。所以这些晚会在策划时一定要充分照顾到主办方的目的与意愿，尽可能把他们的利益着眼点转化为可以普遍接受、适合电视表达的主题，使其目的与意愿潜移默化地转化为晚会各种艺术形式所要承载的内容。通过熟悉主办方的各种背景，挖掘其适合电视表达、晚会表现的内容和精神，这样才能丰富晚会的主题内涵，使主题变得更鲜明，更具有操作性。

(3)定位策划

定位策划是主题策划的下位环节，但在实际操作中，在进行主题策划时，定位策划就已经启动，两者互为支撑、彼此呼应。一般来说，定位策划紧紧围绕晚会的主题，对晚会的节目内容、呈现形式、现场气氛、格调风格等进行确定和设计。归纳起来，晚会的定位策划应有内容定位和形式定位两个方面。

①内容定位

内容定位：是指对晚会节目创作的指导原则、品位格调及其价值取向的设计。雅俗共赏、喜闻乐见的精品节目是晚会走向成功的保证。

第一，树立精品意识。树立精品意识、打造精品节目，是内容定位策划的核心。一位导演曾提出春晚的“五个一工程”，即“一首好歌、一个好相声、一个好小品、一个新人、一个好形式。”

第二，处理好雅与俗的关系。纯粹的高雅往往曲高和寡，得不到观众的认可，但又不能走全盘通俗化乃至娱乐化的路子。

第三，处理好经典与流行的关系。经典是具有权威性、代表性、突出价值的艺术精品；流行指的是在一定时期流传、引人注目、具有一定时尚意义的艺术作品。经典的价值在于示范意义、标本意义，可以为某一领域的艺术生产与创作提供榜样，往往具有较强的艺术本体价值。流行的价值在于符合大众口味，有较广泛的群众基础，往往具有较强的市场价值。经典与流行并非一成不变，它们都具有时代性、历史性。晚会要兼顾经典与流行的内容比例，用经典提升晚会的审美品格与文化品格，用流行拓展晚会的受众群体和创作空间。但目前晚会在经典与流行关系的处理上，流行的成分有加重的趋势。

第四，处理好艺术与时代的关系。艺术既客观地再现特定的时代生活，又能动地表现特定的时代生活。在时代生活的基础上，艺术以独特的形式、主题对时代生活进行更新鲜、更生动、更典型、更突出的概括和表现。同时，艺术创造可以引领时代前进，它可以具有超越时代的创造力与想象力。

晚会从主题到内容都面临着艺术与时代关系的处理问题，既不能无视这个时代所提供的背景与事件，也不能简单地充当这个时代的“传声筒”，而是要对时代、社会中具体的人和事进行艺术的改造和提升，使其成为晚会有机的组成部分。

②形式定位

形式定位是指晚会呈现形式及其技术表现的策划与设计。一个好的形式可以成为一台晚会最大的亮点，新颖且富于技术含量的形式设计是晚会创意策划中的关键。

第一，运用高科技带动形式创新。高科技的发展为晚会的形式创新增添了新的可能性，但是对于晚会，观众看重的主要还是内容，所以要防止盲目的技术崇拜。在成功的晚会中，技术肯定是有内容的技术，与艺术表现相得益彰的技术，是为节目内容表现所需要的技术，而不是喧宾夺主的技术。

第二，提高现场效果，保证屏幕效果。很多晚会现场效果好，但并不意味着屏幕效果也一定好。因为电视晚会是要面向最广大的观众的，所以在提供现场效果的基础上重点来保证屏幕效果是最好的选择。

现代晚会从演播厅到体育场，再到观众更多的实景广场等，这为晚会的形式创新创造了可能性。在这一过程中晚会设计了多表演区，这种设计可以满足节目的无缝衔接，保证晚会的流畅，但这也造成了主表演区热闹，分表演区冷清的现象。

不同的节目类型对表演的空间也有相应的规定。如语言类节目在较大的演播现场就面临着挑战，相声、小品等节目人数相对较少，但空间又很大，没有一连串的“包袱”很容易冷场，所以要通过道具、布景的设计减弱表演空间的空旷感。还有一些晚会模仿大型的演唱会，调动现场观众的参与热情，活跃晚会现场气氛，但电视对宏大场面的表现能力较低，效果不是很好。

3. 电视晚会节目策划

从流程上讲，晚会创意策划的目的是为了设计晚会的目标体系，而晚会节目策划的目的则是为完成该目标体系而找到合适的解决方法和途径。

具体来说，电视晚会节目策划主要包括两个方面的策划工作：一是晚会节目方案策划，二是晚会行进方案策划。

(1)晚会节目方案策划

晚会节目方案策划指在总体创意(主题与定位)的指导下，导演创作、选择和编排晚会节目的手段和方式。可以说，节目创作、选择和编排的手段与方式各种各样，归纳也很复杂，我们下面从三个宏观方面进行总结。

坚持精品化。树立精品创作意识，坚持走精品化路线，需要多途径广泛征集，下功夫精益求精。

加强贴近性。艺术来源于生活，反映并表现生活。加强晚会的贴近性，使观众感受到晚会节目与自己的生活息息相关，与现实、与群众、与实际非常贴近，让观众在晚会中看到自己的生活、看到美好的希望，增强生活的幸福感，那么晚会节目就会受到观众的喜爱。所以，晚会节目的创作要真正从生活出发，从老百姓身边的事寻找灵感，挖掘资源。

提升仪式性。有学者把春晚的仪式性归纳为：第一，民族的庆典；第二，集体的狂欢；第三，家庭的交流。增加晚会的仪式性内容，设计出既具有中国传统文化底蕴，又反映当今时代发展的标志性环节，将是晚会现在和将来要探索的重点。

(2)晚会行进方案策划

晚会行进方案指的是一台晚会在整个流程中呈现出的结构形式,包括节目的搭配、节奏的控制、主持人的穿插等。晚会行进方案策划则是指对晚会结构与形式所进行的设计,一般有以下几个方面。

突破模式化。晚会多年来形成一套固定的模式,即“晚会=小品+相声+歌舞+戏曲”,这种套路不断被人们所诟病,但真正原因是这种模式多年来一成不变,突出表现在两个方面,一是理念层面的模式化,二是语态层面的模式化。

设计高潮点。设计高潮点就是通过调动现场和屏幕前观众的情绪,以达到增强晚会观赏效果的目的,所以在某种意义上也叫做情绪点。这样既可以调动观众的热情,又可以优化晚会节目的流程与结构,使整台晚会看起来错落有致,高潮迭起。晚会的高潮点或者是一位著名艺术家、知名演员的登台亮相,或者是够得上精品水准、颇受期待的一个精彩节目的出现,或者是具有庆贺、纪念意义的时刻的来临,或者是主持人通过各种手段所营造出来的高潮气氛等。

尝试新结构。多年来晚会惯用的结构是板块式结构,也是目前主流的晚会结构样式。一台晚会由几个板块共同构成,而每个板块之间又包括各种类型的节目,这是节目的多样性和晚会的综合性所导致的。此外,以一个故事贯穿一台晚会的线性结构,或者以两三个事件来串联一台晚会的半线性结构,已经有一些晚会在尝试,这种尝试把晚会中前后没有联系的节目进行情节化处理,从而将电视剧的连续性与晚会的综合性巧妙嫁接,以取得好的收视效果。但这种结构为观众随时进入带来了麻烦。

用活主持人。主持人角色功能的充分发挥是晚会成功的一个重要保证。目前主持人所发挥的作用主要有:主持人是晚会板块之间进行区隔和衔接进而形成晚会整体结构的一个标识;让主持人参与节目的表演;让主持人烘托气氛、掌握节奏等。此外,用活主持人还体现在主持人的设置上,如数目、组合等;以及主持人的功能上,如台上、台下、场内、场外的互动等。

第三节　新型电视栏目鉴赏

一、电视栏目剧[1]

作为一种新的电视节目类型，电视栏目剧在国内悄然走红后渐成燎原之势。许多电视台都把电视栏目剧作为拯救收视率的法宝、电视剧之外的重点自制节目。电视栏目剧具有很强的地域文化特征，无论其外在形态如何移植，一般都能很快本土化和大众化。因此栏目剧就有较强的可移植性，也就是说，电视栏目剧是国内大多数电视台可资借鉴的、低成本的、不受地域限制的节目样式。

1. 缘起

重庆电视台 1994 年推出的《雾都夜话》开创了国内电视栏目剧制播的先河。经过十余年的培育期后，以《雾都夜话》为代表的一批电视栏目剧已成为国内电视界的新贵，目前国内许多电视台都开办了和准备开办栏目剧专栏。重庆电视台《雾都夜话》制片人马及人在 2004 年国际情景剧研讨会上正式提出了“电视栏目剧”的概念：从内容上看，“它不是情景剧，不是喜剧，它是正剧”；它形式上具有“相对固定的时间、固定的长度、以栏目的形式加以发布”，可以说是电视剧与栏目的嫁接。因此，从概念上可以将电视栏目剧定义为：以电视栏目的形式存在，具有统一的片头、主持人，由演员演绎的有故事情节的电视节目形态。

2. 国内主要电视栏目剧

如下表：

名　称	所属频道	名　称	所属频道
《雾都夜话》	重庆卫视	《沟通故事会》	浙江经济生活频道
《疑案追踪》	上海文广	《真情》	湖南卫视
《故事会》	湖南经视	《都市碎戏》	陕西电视台
《生活麻辣烫》	重庆电视台	《麻辣烫》	四川经济频道

① 吴斌：《国内电视栏目剧制播现状和特征》，《现代传播》2006 年第 6 期。

（续表）

名　　称	所属频道	名　　称	所属频道
《狼人虎剧》	西安电视台	《岛城故事》	青岛电视台
《南京麻辣烫》	南京电视台	《真实故事》	南方电视台
《家在天堂》	浙江钱江都市频道	《本塘第一剧》	浙江影视娱乐频道
《开心茶馆》	杭州台明珠频道	《中州夜谈》	河南台公共频道
《经视故事会》	湖北经视	《百姓碎戏》	陕西电视台
《非常板扎》	昆明电视台	《新闻故事会》	武汉教育频道

3. 基本特征

(1)故事性

电视栏目剧的迅速走红与其自身题材所具有的新闻故事特征密不可分。栏目剧取材大多来自社会生活中的新闻事件，特别是民生新闻题材，这些题材本身就是电视民生新闻中具有公共性和传播性的事件，栏目剧采用这样的题材本身就是对电视民生新闻题材的再次挖掘和利用，它可以在短时间内形成收视看点和舆论热点，对于电视台强化自身在社会生活中的舆论话语权也有好处。这样的题材可谓来源广泛，取之不绝，对于栏目剧的编剧来说，只要是新近发生的、具有一定典型性和故事性并且可以广泛传播的民生新闻，都可以成为栏目剧写作的题材。依据这种题材拍摄的电视栏目剧具有良好的可视性，收视率一般都有保障。

(2)草根化

国内电视栏目剧的草根化是与其题材和受众的定位分不开的。相对于电视剧制作的高投入趋势，低投入的栏目剧所呈现的草根化其实是另一种媒体本体的回归。重庆电视台《雾都夜话》就明确提出了“我们的主体观众是中下层”这样的口号。既然栏目剧的主体观众是草根阶层，那么电视栏目剧关注市井民情、再现家长里短就不足为奇了。镜头对准的是普通老百姓的生活，内容展现的是老百姓的喜怒哀乐，背景就是这个在变革中发展的时代。这种鲜明的人本化特征其实就体现在“讲述老百姓自己的故事”这句老话上，只不过斗转星移，《东方时空》的精英诉求早已被人淡忘，而遍地开花的民生电视大行其道，草根不仅没有被边缘化，还在电视栏目剧中成为真正的主流。

(3)真人秀

电视栏目剧不仅内容贴近百姓，而且演员也来自百姓。各地的电视栏目剧大多数要向社会征集钱、剧本和演员。一个特例是,《雾都夜话》的群众演员中还走出过蒋勤勤这样的知名演员。在大多数情况下,这种在生产制作过程中产生的演员征集仿佛一场民生的盛宴,大众的“真人秀”就是贯穿这场盛宴的主菜。出演的平民演员基本都是本色风格,具有天然的本真,尽管他们的表演可能生疏甚至拙劣,但这些反而成为他们吸引观众的筹码。因为普通观众在他们身上看到的不仅仅是角色和故事,他们还看到了自己的影子,这让他们更加关注和喜爱这种节目样式。而大量平民演员的参与又在无形中形成了无数个有形的亲友团,每一个演员背后都有一定数量的亲友们在守望着这部栏目剧。他们会因为自己的亲友在栏目剧的演出而成为电视台的忠实受众。从这个意义上来看,电视栏目剧具有真人秀般的互动功能,而它的平民化和大众化又让它产生了实实在在的收视率和市场份额。

(4)低成本

电视栏目剧的迅速走红和制作栏目剧的低成本有直接关系。据了解,国内大部分电视栏目剧的直接成本每集在 4000 至 10000 元之间,这样的投入是主流电视剧的几十分之一。但就是这样的小投入却带来了不小的回报,栏目剧一般都是当地电视台收视率靠前的节目。在一些栏目剧制播竞争激烈的地区,观众可以同时看到三种以上的方言栏目剧,即便是这样,栏目剧照样有它的生存和发展空间。这不能不让学界深思一个问题,那就是高回报的电视栏目未必一定要高投入,吸引观众的节目从来都不在于怎么讲,而在于讲什么。

(5)地域化

和大多数省级卫视栏目的“去地域化”定位相反,电视栏目剧却要强化地域特征。在各地的栏目剧中,观众会遭遇各种别具风情的方言,听到各地流行的话语,感受各地浓郁的地域文化。方言是地域文化的最主要载体之一,地域文化在方言的认知过程中已经完成了它的部分传播过程,而不同风格的地域文化,本来就是地方电视台应该挖掘的资源富矿。栏目剧的地域方言化,让各地方言在电视栏目中登堂入室,不仅可以让本地观众会心一笑,也能让外地观众分享不同方言的魅力。看湖南经视的《故事会》,观众就会记住主持人严爹那句著名的湖南话:“市井寻常事,街坊道短长,严爹讲故事,都是新鲜事”;在四川台的《麻辣烫》中,观众也会在主持人眼哥和凤姐川味十足的点评中记住:“你我生活啥子样,请你品尝麻辣烫”;在河南台公共频道的《中州夜谈》中,观众也能听到河南话的“生活大舞台,演员是大家”。这些口号既是栏目的风格定位,也是方言魅力的充分展示。

(6)纪实性

纪实性特征是栏目剧较为显著的外在特征，这也和栏目剧的题材定位有关，一般民生新闻题材的表现方式都会采用纪实性方法。纪实性是最能有效还原事件本身的表现手法，而且对于底层受众来说，纪实性可以让他们非常直白地了解情节的发展。它尤其擅长表现日常生活中的矛盾和冲突，尤其是涉及百姓生活中的家庭、婚姻、情感以及种种现实生活中的矛盾，纪实风格都能准确地白描出来，满足观众在电视上看故事的欲望。而且对于栏目剧编导而言，纪实性是最容易操作和把握的艺术表现方法，这种看似简单的方法其实又是老百姓最乐于接受的方法。不过随着栏目剧制作水平的不断提高，许多艺术表现方法都开始融入栏目剧生产中，但纪实性风格依然是目前最适合栏目剧的表现方式。

(7)时效性

时效性和栏目剧的新闻性紧密相连，也和栏目剧制作生产的便捷高效有关。新闻事件发生后，栏目剧可以迅速反应和跟进，剧本编写、内容拍摄和安排播出可以一气呵成，栏目剧的低成本和短周期在时效性方面有着得天独厚的优势。时效性特征还表现在栏目剧可以和主题一样进行策划，比如配合一个尚未发生的重大事件，栏目剧可以事前策划和制作，当事件来临时就可以适时推出。它的表现方法可以多种多样，但大背景下的小人物或者小故事往往更能引起观众的共鸣和兴趣，这和新闻的表现方式类似，但更具故事性和客观性。各种流行的话题和元素，都可以提炼到栏目剧的剧情和对白中，有着被传播的价值和可能，栏目剧可以成为世俗流行文化的一个小小的公共领域。

无可回避，电视栏目剧在国内火爆的同时伴生了部分栏目剧内容、格调的低俗化。这些较为低俗的内容虽然对收视率有一时的提升，但从电视传媒的公共性来看，却无异于饮鸩止渴。其实内容的低俗化并不能真正拯救收视，反而会伤害国内电视台长期以来形成的公信力优势。

二、电视活动类节目

1984 年举办的首届《CCTV 青年歌手大奖赛》大概是中国最早的电视活动节目，随后陆续出现了诸如《模特大赛》、《国际大专辩论赛》、《“感动中国”年度人物评选》等各种形式的电视活动节目。2005 年，湖南卫视《超级女声》火爆国内荧屏，不仅将电视选秀活动推向了高潮，而且以商业上的巨大成功，使“活动经济”、“活动营销”等概念深入人心。于是，以往零散出现、并不引人注目的电视活动蔚然成风，《梦想中国》、《我型我秀》、《全家总动员》等商业性电视活动兴起，并赫然成为电视荧屏上亮丽的风景线。2006 年，更是出现了数量众多、形式多样的电视活动而被业界称为“媒体活动年”。2008 年，电视媒体凭借北京举办奥运会的契机，依托电视活动掀起了“营销中国”的热潮，湖南卫视的《奥运向前冲》（后改为《欢乐向前冲》）就是其中的优秀代表。2009 年选秀节目再次风起云涌，湖南卫视的《快乐女声》、江西卫视的《红歌会》等仍然轰轰烈烈地进行，这也证明了选秀这种草根文化的强大生命力和不可或缺，经过整顿后的选秀正在欣赏性与价值观之间做出平衡，逐渐成为一种更加健康的文化消费。而浙江卫视记忆类型的选秀节目《我爱记歌词》能获得成功，也说明摆脱单一模式的选秀节目依然大有可为。2010 年，江苏卫视《老公看你的》、《非诚勿扰》，2011 年四川卫视和康巴卫视掀起的《中国藏歌会》等则是另一种活动营销模式。

可以说，用电视媒介的平台进行活动的策划与组织，再用电视活动节目的形式呈现活动内容，已经成为各级电视媒体进行市场拓展、塑造品牌形象、实现经济效益的重要途径之一。事实上，随着电视媒介的日趋产业化以及媒介之间竞争的加剧，公益性和商业性的“电视活动”已经发展成为电视媒体新的增长点。而经过精心策划的电视活动则成为提升电视传媒影响力、美誉度、公信力以及经济效益的重要手段，成为凝聚人心、稳定社会的重要利器。①

1. 概念界定

电视活动是社会组织（主要是电视媒体）为了达到某种目的而精心策划、组织特定主题活动，并整合各种社会资源，利用电视媒介传播优势对活动的过程、经过进行仪式化呈现并希冀能够产生轰动效果的一种节目形态。②

2. 电视活动的特征

（1）主体的自觉性

电视活动是充分发挥电视媒介议程设置功能而进行的主题自觉性活动，是经过提前策划、宣布和广告宣传的一种特殊的活动，而电视媒介组织往往是电视活动

---

① 熊忠辉：《广播电视节目形态解析》，化学工业出版社 2010 年版，第 206 页。
② 同上，第 206 页。

的发起者、策划者、组织者和传播者。

(2)公众的参与性

可以说,社会公众的参与度是电视活动成败与否的关键,电视活动采用受众"投票"决定名次的方式,更是吸引电视受众注意并获取经济效益的一种方法。比如《超级女声》就使部分观众实现了两次角色转变:一是由欣赏者转向参与者,二是由参与者转向表演者。可以说,电视活动的参与是一种深度的参与,是一种延伸性或者拓展性的参与。

(3)呈现的仪式化

电视活动从某种意义上来说就是邀请公众来参与的一种"仪式"或者"文化表演"。电视活动的仪式化主要是通过时空的选择、节目内容的构建、舞美造型设计以及具有强烈仪式特征的色彩等几个元素的精心策划、编码和建构而呈现出来的。[①]

3. 电视活动的分类[②]

(1)公益类电视活动

公益类电视活动是社会组织(主要是电视媒体)或者组织组合为了某种公益性目的而策划的电视活动。这类电视活动往往表现出追求社会效益的目的,旨在通过电视活动倡导一种主流价值观,营造和谐互助、团结友爱的社会氛围,具有传承中华文明、凝聚民族精神、引导社会文化、承担社会教化责任等特征。

①节庆

如春节联欢晚会、我的长征、金鹰电视艺术节、庆祝建国 60 周年、建党 90 周年等都是节庆类电视活动的代表。

②慈善

2008 年汶川地震和 2010 年玉树地震引发的地震募捐活动将慈善电视活动推向了高潮。

③主题新闻

2002 年 5 月的第二个星期,英特尔 CEO 贝瑞特开始了第六次中国之行。出发前他说:"美国只占世界人口的 4%,我要征服另外 96%的人心。"在他野心勃勃

① 熊忠辉:《广播电视节目形态解析》,化学工业出版社 2010 年版,第 208 页。

② 同上,第 210 页。

的目标里，中国无疑占据了重要地位。因为征服了中国市场，就等于征服了世界 1/5 的人心。

要想征服中国人的心，就必须赢得中国人足够的关注。为此，英特尔为贝瑞特的此次中国之行进行了精心策划，在成都发起的“寻找成都男孩”活动就是一次最好的实践。

5 月 11 日，贝瑞特在抵达成都后不久，就向蜂拥而至的成都各媒体记者出示了一张照片。这是一张由英特尔公司工作人员于 2001 年 7 月 27 日 16 时 11 分在成都某电脑城抓拍的照片，照片的主角是一个身着白衣黄裤的小男孩，正一心一意地玩着电脑，眼睛中似乎充满了对这台电脑的渴望，该照片为侧身照。贝瑞特希望成都媒体帮忙找到这名男孩，并表示要满足这名成都男孩“想拥有一台更好电脑”的愿望。

5 月 12 日，成都各报均在版面显著位置上隆重推出贝瑞特急找“幸运男孩”的消息，同时这一事件也开始成为成都市民谈论的话题。

5 月 13 日，小男孩浮出水面，但结果却具有戏剧性，成都三家主要的报纸竟然找到了三位不同的“成都男孩”。《成都商报》找到的王佳宇、《成都晚报》找到的汪琪明和《天府早报》找到的方子昂，都与贝瑞特提供的侧面照极为神似。这一变故，更使这一事件成为全成都关注的焦点。

5 月 14 日，面对成都三家媒体的不同结果，英特尔公司又喜又“恼”。但谁才是贝瑞特要找的小男孩呢？为进一步印证，英特尔中国公司发来了 3 张拍摄于去年 7 月同一时间和地点的小男孩的正面照，并承诺 3 个男孩均有礼品。

5 月 15 日，英特尔中国公司与成都媒体联系，称仍未能确定各媒体报道的男孩中到底哪一位是贝瑞特要寻找的人，表示将派人赴蓉与成都媒体报道的 3 位男孩当面接触，进而作出确认。

5 月 17 日上午，经过一个小时的会面，这张照片的拍摄者、英特尔公司中国区市场总监庄海鸥给出了一个意料之外却又在情理之中的答案：考虑到确认“主角”对另两位男孩及家庭可能带来不良感受和影响，他拒绝指认哪一位是“真”的成都男孩。庄海鸥说，从感情上讲，3 个成都男孩都是真的，都将获得一台英特尔赠送的世界上速度最快的个人电脑并随时享受由英特尔提供的终身免费培训。由于国内还没有装备当时最快的“奔 4”2.53GHz 芯片的个人电脑，为此英特尔展开搜索，在全球寻找装有该芯片的电脑，并承诺最快可以在三个星期内将电脑送到 3 位成都男孩手中。

对于这一皆大欢喜的结果，已经回国的贝瑞特专门从美国发来电子邮件，对英特尔中国公司向成都 3 位男孩各赠送一台电脑的决定深表满意。贝瑞特在发给中国区市场总监庄海鸥的邮件中说："我本想满足 1 个成都男孩的心愿，你却让我满足了 3 个成都男孩的心愿，让 3 个孩子高兴，我更高兴。"

贝瑞特当然是高兴的，因为他的来访本属于 IT 新闻，最后竟演变成一个人人关注的社会新闻，使他的成都之行大获成功。

其实单以最初的"寻找成都男孩"来说，就已是一个足以赚到"眼球"、凸现英特尔品牌的好策划。但在策划实施过程中由于突然出现的意外，使整个事情变得更曲折、更有趣，也更好看。媒体更投入，老百姓更关注，当然也使得策划的效果远远超过了原先的预期。

其实，到最后谁是真正的"成都男孩"已经不重要了，因为英特尔公司已经达到了自己的目的。这就是"曲折性"给策划带来的好处。

④评选

弘扬传统文化、倡导主旋律的电视活动也层出不穷，并凭借其影响力广泛、参与度高等特点成为电视媒体的宠儿。比如中央电视台的《感动中国》、陕西电视台的《感动我的心》、东方卫视的《年度真情人物评选》、山东电视台的《天下父母》等。

⑤借事传播

比如中央电视台的"倾国倾城"，是由中央电视台主办，联合国世界旅游组织、联合国开发计划署、美国国家地理频道协办的大型电视活动。活动旨在利用奥运会到来之际，通过与国际机构联手，借助美国国家地理频道、国内 20 余家省市电视台、国内外 100 余家权威平面、网络媒体的平台，为中国城市搭建一座国际化的 T 型台，向世界展示更本真、更美好的中国画卷；同时通过对四个推荐标准"绿色、文明、活力、和谐"的推广，切实提高各参与城市的综合竞争力。该活动得到了全国 180 多个城市的大力支持和积极响应，南京、大连、杭州、南昌、成都、青岛、西安、哈尔滨等城市积极参与，先后举行了全市市民广泛参与的"城市日"大型主题活动。

(2)商业类电视活动

从活动的数量和影响来看，商业类电视活动在全国电视活动市场上占据了主导地位。商业类电视活动根据主题及表现形式的差异大致分为以下两类。

①竞赛

专业竞赛可以说是商业类电视活动的先驱。从 20 世纪 80 年代中期开始，以"青年歌手电视大赛"为代表的一批专业竞赛类电视活动就开始出现在荧屏上，为毛阿敏、宋祖英、彭丽媛等一批中国乐坛的中坚人物提供了崭露头角的机会。进入 20 世纪 90 年代以后，随着电视媒体的产业化发展，电视台逐步改变经营理念，将专业竞赛与频道的品牌建设结合起来，不断调整活动的组织方式，提升竞赛活动的影响力，使该类活动在当前电视活动中独树一帜，如《CCTV 模特电视大赛》、《时尚中国》、《魅力新搭档》、《中国达人秀》等。

《中国达人秀》（英语：China's Got Talent）是东方卫视制作的一档真人秀节目，自 2010 年 7 月 25 日开始每周日晚在东方卫视播出，该节目旨在实现身怀绝技的普通人的成功梦想。由于与《英国达人》的制作公司同为 Fremantle Media，因此两档节目的模式也比较类似。最后的胜者将获得在拉斯维加斯表演三个月的合约并且成为台湾著名歌手蔡依林世界巡回演唱会的嘉宾。节目主持人为程雷，评委方面，则由高晓松、伊能静与周立波三人来担任。2011 年 5 月 9 日晚高晓松因酒后驾车在北京发生交通事故，栏目组决定由台湾著名音乐制作人陈耀川代替高晓松担任第二季第三期的评委。5 月 19 日，《中国达人秀》组委会投票决定黄舒骏正式代替高晓松成为中国达人秀评委。

②选秀

其实早在二十多年前选秀节目就曾以选美的方式出现在中国，那就是诞生于 1988 年的《美在花城》节目。只是当时的社会并不认为《美在花城》是一个健康的电视节目，因为在那个年代穿着泳装在电视上抛头露面对于选手是需要莫大勇气的。虽然那时改革开放已十年，但人们的保守观念还是主流，所以在那时引发了该节目是否"腐朽的资产阶级生活"的巨大争议，就如同现在的选秀节目在一部分人看来同样是低俗的，原因和二十年前大抵没有根本区别，一样是"格调不高"的产物。但从今天社会的发展看来，广州电视台主办的《美在花城》无疑具有代表性，代表了一个时代的进步，对于一个国家而言能有勇气充分展现自我，这才是充满活力的象征。

二十年前诞生的《美在花城》在今天看来已经初具选秀节目的雏形，而在之后，类似的选秀节目就陆续被一些电视台推出，如广东卫视的《明日之星影视新星大赛》、中央电视台的《CCTV 模特大赛》、福建电视台的《银河之星大擂台》等。特别要指出的是，当时福建电视台推出的《银河之星大擂台》真正开启了“平民选秀”的先河，而后来湖南卫视的《超级女声》是对《银河之星大擂台》开创的“平民选星”电视模式的一种延伸和创新。举办了八年的《银河之星大擂台》虽然在《超级女声》、《我型我SHOW》等选秀节目的冲击下停播，但它在中国电视史上的象征意义却是不可抹杀的。

2003年湖南电视台正式推出《超级男声》。相对于《银河之星大擂台》，《超级男声》的平民气息更浓，相对于打擂模式，“超男”的晋级模式显然更具观赏性。《超级男声》是国内第一个借鉴《美国偶像》的选秀节目，在此后湖南电视台推出的大多数选秀节目都以《美国偶像》为蓝本，如《明星学院》、《绝对男人》、《星姐选举》等。

2004年，湖南卫视第一次推出《超级女声》，并随后在2005年掀起了一轮“超女”选秀的狂潮。正是由于湖南卫视当时与各个地方台的联合，才使得“超女”在全国范围内快速建立了真正的影响力，并为湖南卫视以后的选秀节目奠定了基础。由于“超女”的成功，不仅创造了选秀、PK、海选这些被人们熟知的新名词，同时还创造了一门“选秀经济学”。

伴随“超女”收视率的狂飙，人们对选秀节目的争议也达到了最高点，很多人直指“超女”格调低下，但另一些人则持相反看法，因为“超女”给他们带来了快乐。不可否认，随着越来越多的选秀节目在2007年先后出现，节目的质量却每况愈下。依靠炒作吸引眼球，成为选秀节目的常用手段，争议之声也不绝于耳，包括“超女”在内的选秀节目的确也出现了一些问题。不断出现的各种黑幕、炒作也成为所有选秀节目无法回避的通病，甚至已经严重到非整改不可的地步。

不可否认的是，无论电视选秀节目今后如何演变，以湖南卫视《超级女声》等为代表的电视选秀节目开启了一个创造平民偶像的时代。

4. 电视活动营销策划的方法①

(1)借势法

这是最常见和运用最多的方法。所谓借势，就是借助别的社会事物的强大势头，把自己推向前进。这些社会事物包括重大事件、突发事件、大人物、名人等，由于这些强势事物已经具有相当大的影响力，策划者就从自身寻找出可以“靠上去”的契合点，让受众因为对这些事物的关注而顺带关注到策划者提供的信息。这样，

---

① 席文举:《策划传媒》，南方日报出版社2007年版。

强势事物就做了借势者跑步前进的铺垫。借势者之所以能快速前进，其中很大的力量是来自强势事物的拉动，是它们的强大势头拉着借势者往前跑。没有这种强势事物的带动，借势者根本跑不了那么快。借势的基本原理，就是借助强势事物的强大影响力，来带动和提高自己前进的速度。

2001 年中国足球队首次冲进世界杯决赛圈，这无疑是当时最重大的新闻之一。奥克斯空调借这个势，从足球的火热和空调的制冷之间寻找到一个契合点，把广告语改为一个口号——“火热的事业，冷静的支持”，同时聘请“神奇教练”米卢为形象代言人。这样一来，奥克斯空调就借中国队进世界杯决赛圈之势，一下火起来。

2003 年，“神舟”五号载人飞船成功升天，是中华民族发展史上开天辟地的大事。在这之前，只有苏联和美国两个超级大国实现了载人航天，全世界的媒体都在关注它，没有什么事件能调动这么多的媒体和牵动这么多人的心。很多企业瞄准这件事做策划。蒙牛的策划拔得头筹——“中国航天员专用牛奶”，航天员是万里挑一的空军精英，饮食要求无比严格，光食谱规定就达到 3 页之多！中国首次载人航天的成功让人们记住了“神舟”五号，记住了“杨利伟”，同时也就记住了“中国航天员专用牛奶”——蒙牛。在“神五”成功落地后几个小时内，蒙牛就把自己的广告覆盖到全国 30 多个城市。

借名也是一种借势。名人明星永远都是大众关心的对象，媒体曝光率高，具有很大的新闻影响力和感召力。

有一个经典的借助名人获得成功的故事：一个书商手头积压了一批书，如何才能将它们卖出去呢？书商给总统寄去一本书，然后频频打电话征求总统的意见。日理万机的总统根本不可能有时间去看那本书，面对书商的催问不胜其烦，只好礼貌性地让手下随便回复了句“这书不错”。这一下书商如获至宝，立即大肆宣称：“现有总统十分喜爱的书出售。”那批书很快被一抢而光。不久后，书商又进了一批书，他如法炮制，又给总统寄去一本。被利用过一次的总统决定奚落他一顿，于是回复道：“这书糟透了！”心想这下你没办法了吧。谁知书商又大肆宣称：“快来看看总统讨厌的书是什么样子！”结果书又一次被一抢而光。第三次，书商还是寄书过来，总统干脆置之不理。没想到书商自有新招，宣称：“这本书居然连总统都难下结论！欲购从速啊！”结果人们买书比前两次还要积极。

“名人效应”曾经成就了不少企业。1993 年著名表演艺术家、中国戏剧协会主席李默然为“三九胃泰”做广告，令该药一夜之间名闻天下。1996年，爱多VCD几乎花全部家当请香港巨星成龙拍广告片追求高端制胜，接着步步高VCD照葫芦画瓢，请出李连杰为形象代言人。

正因为名人具有强大的吸引力，不少现代企业都流行聘请他们为形象大使、形象代言人、品牌推广人，即使是申办奥运会这样的政府行为和预防艾滋病这样的公益宣传，都十分注重名人效应。具有公众亲和力的名人在普通受众和大家相对陌生的产品(事业或活动)之间充当中介，可以更有效地完成双方的信息对接。像篮球巨星乔丹作为耐克公司的形象代表，很容易让受众将乔丹身上所具有的健壮、灵巧、智慧、领袖感等完美品质折射到耐克运动产品上去。

天津自行车厂是中国第一家自行车厂，现在已成为全世界最大的自行车厂家，日产量达11000辆，每天生产的自行车可排20公里长，年总产值7亿元，销往16个国家和地区。然而，就是这个世界最大的自行车厂，却始终未能打进自行车需求量大的美国市场。

1989年2月，天津自行车厂打听到一个消息：新当选的美国总统布什要访华。布什在1974—1975年任美国驻北京联络处主任时，经常与夫人一起骑自行车在北京闲逛。他们认为骑车既可健身，又可直接接触普通百姓，了解中国社会。这位“汽车王国”的大使爱骑自行车一时传为佳话。他们夫妇二人骑车在天安门前的留影发表后，获得了“自行车大使”的雅号。于是，天津自行车厂便设法将本厂的名牌自行车——“飞鸽”牌自行车赠给布什，借名人宣传“飞鸽”自行车。他们经过努力，得到了有关部门领导的支持。

1992年2月25日，在钓鱼台国宾馆18号楼的大厅里，李鹏总理将两辆崭新的“飞鸽”自行车送给布什夫妇。布什夫妇仔细地看看车子，连声说：“好极了，美极了！”布什总统兴致勃勃地在众多记者面前骑上车子，让他们拍照。他还风趣地对记者说：“我保证明天早晨要骑一骑。”李鹏总理笑着对布什总统说：“以后你可以在白宫里骑。”

国内外上百家报纸对此进行了报道，还刊登了布什总统在国宾馆骑自行车和当年布什总统夫妇骑“飞鸽”在天安门前的照片。新华社专稿写道：“飞鸽”自行车伴随白宫新主人飞向美国。人们祝愿，这一对“飞鸽”将带去中国人民对美国人民的深情厚谊，为进一步促进中美友谊作出贡献。

“飞鸽”不仅带去了中国人民的友谊，也为企业带来了经济效益。从此，天津自行车厂的产品带着“飞鸽”商标进入了美国市场，连续三批“飞鸽”自行车以其美观的造型、可靠的性能和鲜艳的色彩，赢得了美国顾客的喜爱。

“飞鸽”自行车在这次活动以前用别人的商标已经进入了美国市场。它们被挡在美国市场的大门外，绝不是质量问题，而是知名度问题。这次他们就巧妙地利用了名人效应，抓住了机会，就成功了。

电视节目也是如此，在节目中请名人做评委、代言、主持等，有利于节目的推广和获得较高的收视率。

(2)吵架法

这个方法的关键是制造热门话题，特别是能够引起争论和“吵架”的话题，形成热点，用争论热点吸引大多数人的眼球。

吵架为什么能吸引人去关注？因为人人都有好奇心，总想窥探人的隐私，想弄清楚他们为什么吵架，到底谁有理，最后吵出个什么结果。吵架的整个过程都有悬念，就像看比赛一样，想知道最后谁输谁赢。

如果两种不同的意见形成“吵架”，和大街上两个人吵架一样，同样能吸引受众。悬念驱使人们去探个明白，问个究竟，如果它与受众的切身利益密切相关，那就更要追着不放。

传媒上报道两种不同意见的“吵架”，也有同样的结果。

《超级女声》就巧妙地运用了这一方法。节目策划人把“吵架”作为一个产品，一个武器，一个生产链，在《超级女声》的全过程中组织生产，这是他们扩大节目影响的一个法宝。这个人的粉丝和那个人的粉丝吵，评委和参赛的女生吵，粉丝和评委吵，评委和主办单位吵，主办单位的知情人士还故意散布一些所谓内幕，整个过程中不同意见的争论此起彼伏，一浪高过一浪，不断吸引人们来关注它。当时大家不明白为什么搞成这样，以为真有那么多黑幕，现在回过头来看，很多就是他们使用的手法，是他们的策划。现在利用网络散布各种各样的真假消息，是很容易的。人们总是对内幕、争论不休、吵架打架的事关心，爱看热闹看是人的本性，湖南卫视就充分抓住了人性的这个弱点，也是特点，来做文章，达到了比较理想的效果。

(3)煽情法

煽情也是媒体活动策划的常用方法。这个方法就是运用人性论原理，使用煽情的手法制造和大演情感戏。

人性、情感、小女生的哭和笑，成了《超级女声》运作的一大法宝。在“几进几”

的竞选晚会上，用煽情的手法，把情煽个够，煽得这些女生又哭又笑又闹，马上就要投支持的票。节目把那些多情善感的女生请到竞选现场，用又哭又笑又闹的现场激情表演，来煽动电视台前观众的情绪，于是电视台前的人就坐不住了，上街的、行动的、发短信的，像火山一样爆发，几百万的短信就真给煽动出来了。

都市报的许多活动策划用的也是煽情法。把那些受苦受难的人的故事写得凄惨感人让人跟着同情，跟着受苦受难，跟着流泪痛苦，引起共鸣，于是跟着奔走呼号、呐喊，甚至采取行动。中国古典悲剧就常用这个办法，达到艺术的完美境界。《华西都市报》的解救三陪小姐、陈道容之死、孩子回家行动等新闻策划，都采用了这种手法。《华西都市报》每天一个特别报道，用煽情的社会故事吸引人，更将煽情的手法发挥得淋漓尽致。比如写一个农村妇女每天到山上割草来卖，把三个孩子送上大学，那吃尽苦头的细节，就使许多读者坐不住了，马上慷慨解囊，伸出援助之手。这类故事很多，煽情法用的是人性论的基本原理，人永远无法摆脱人性的束缚。

(4)比赛法

比赛也是活动策划中常用的手法。因为有两方或者几方进行比赛，就会激发观众想看比赛结果的兴趣，也就增强了对受众的吸引力。像 IBM 策划的人机大战，人和电脑比赛下象棋，全世界都关心谁输谁赢。

(5)悬念法

制造悬念也是各种活动策划常用的方法。因为人们都有一种悬念心理，比赛法就是利用了人们想知道输赢的心理。

(6)参与法

动员更多的人参与媒体策划的活动，则活动影响就大，效果就好。

(7)不断创造新的策划形式和方法

策划传媒，内容是多元化、多方面的，方法也是多种多样的，有一定的规律，又无一定之规，可以有无穷无尽的创造。

比如 2005 年底，电影贺岁片《无极》放映之后，音乐爱好者胡戈就将电影的素材剪裁编辑成一部搞笑短片——《一个馒头引发的血案》。短片在网上传播后，点击率比《无极》还高，成了 2006 年第一个网络热点。实际上这也是一个策划传媒的案例，胡戈所用的方法是创造性的：用别人现成的影视片做素材元素，配音加对话和旁白，就成了一部效果很不错的新影片。这不是拍出来的影视片，而是剪出来的影视片。这个创意实在出乎意料，在中外影视档案库里，有多少电影电视片，简直可以说是浩如烟海，那可以剪出多少内容不同的片子，有这种才能的人可以大显身手。

三、相亲类节目[①]

当前国内各大电视台相亲类电视节目正如火如荼地播出，据称江苏卫视《非诚勿扰》的收视率仅次于中央电视台《新闻联播》。相亲类电视节目应当定位为娱乐节目，如果你信了它，错的不是电视台，因为表演是真实的；如果你不信它，错的也不是电视台，因为艺术是需要虚构的。

1. 中国相亲类电视节目的渊源和发展

(1)原生态方式

1988年，山西电视台创办了《电视红娘》栏目，可算得上是中国土生土长的相亲类电视节目的鼻祖，也是这一时期原生态方式的典型代表。

李忠莲[②]回忆说："在开播这个栏目前，我们在电视上做了两三个月的宣传，结果没有一个人来。直到三个月后的一天，栏目组接到了第一个报名电话，他就是那第一个吃螃蟹的人，来自忻州庄磨镇南张村的一个小伙子。在做了这期节目后，报名的人才陆陆续续多了起来。"

当时的《电视红娘》没有任何的包装，上来征婚的人也就是对着镜头说大白话，无论节目组还是征婚者，都有一个共同的目标，就是让更多的人找到一个温馨的家。

随着节目越来越火，不良现象也涌现了出来，有的人通过栏目找到对象收了财礼就跑了，有的人说自己家里有多少棵树，应征者去了一看都是些刚种的小树苗……那时，节目组是没有财力去调查嘉宾的真实身份的，慢慢地，观众的新鲜感没了，嘉宾也来得少了……第一次电视相亲热在持续了两三年后归于平静。

(2)娱乐化方式

1998年，内地电视相亲节目第二轮高峰期的代表《玫瑰之约》适时而生。节目

---

① 金文博客，http://blog.sina.com.cn/s/blog_48353e8d0100r5h9.html。

② 全国首档电视相亲节目《电视红娘》策划人、节目主持人之一。

运用娱乐化的方式，给未婚男女提供一个表现自己、寻找缘分的机会。前来征婚的对象多是些有文化的白领。刘蕾[①]说这档节目在持续播出八年后停播，参与节目的大概有 5000 人，相亲成功率大概在 15％。

(3)作秀方式

电视相亲节目的第三轮热潮正在兴起，典型代表有江苏卫视的《非诚勿扰》、湖南卫视的《我们约会吧》、浙江卫视的《爱情连连看》、东方卫视的《百里挑一》等。江苏卫视的《非诚勿扰》自 2010 年 1 月 15 日开播以来，收视率直线攀升，2010 年 6 月 5 日(第 33 期)、6 月 6 日(第 34 期)，根据索福瑞 34 城市全国平均收视率显示，《非诚勿扰》这两期节目分别以 4.4％、4.53％的收视率连续 12 周夺得全国卫视周收视总冠军，再一次刷新了省级卫视的最高收视纪录，创下了难以置信的收视奇迹！根据索福瑞 71 城市收视率最新统计，《非诚勿扰》的收视率仅次于央视一套的《新闻联播》(所有频道在内的所有节目)，牢牢霸占着全国卫视所有上星节目每周收视第一的宝座。

这是一个秀的时代。《非诚勿扰》的制片人王刚在谈到选嘉宾的原则时有一点必须就是“表现力一定要好。”说白了，也就是为了节目好看。那就有人问了，你是做节目呢还是秀嘉宾呢？是真正相亲呢还是娱乐大众呢？王刚给出的答复是：“这些都是不可剥离的，秀嘉宾是节目的‘副产品’，节目嘉宾也需要秀自己。”就像许多人说的，这原本就是一个真人秀的时代，不秀才 OUT 了呢。

2. 国外相亲类电视节目情况

美国应该说是电视相亲节目的发源地，但是节目的形式和国内的相亲节目有很大的区别。国内《非诚勿扰》、《我们约会吧》之类的节目形式是速配，美国的相亲节目是电视真人秀，像电视剧一样，从开始到大结局一共 8 集，每个星期播出一集，观众要想看到大结局，得在电视前守上将近 3 个月。美国相亲节目分男女版，分别是 2002 年开播的《单身汉》和 2003 年开播的《单身女郎》。《单身汉》和《单身女郎》是美国很受欢迎的电视节目，应该说从观众的欣赏角度和节目成效来看，它们都是一档娱乐节目，真真假假观众也不会太计较，因为很少有人相信这类节目能真正帮助人们走入婚姻的殿堂。上节目的单身人士都是形象、职业各方面条件比较突出的，电视台策划的痕迹很明显。而且上节目的人有些是为了在娱乐圈上位和炒作

① 湖南卫视《玫瑰之约》制片人。

自己，因为这是一个星工厂，主角经常登上著名的时尚杂志，不少人从这个节目开始成为各类真人秀节目的常客。

英国也有这类相亲节目。事实上，国内湖南卫视制作的《我们约会吧》其原型就是英国天空电视台每周六播放的一档娱乐节目《约我出去》，其形式是场上 30 名女嘉宾凭自己对逐个上场男嘉宾的印象决定是否要和他约会，如果想继续就点亮身前的指示灯，反之，则将其熄灭。虽然节目的收视率不俗，但是也常遭恶评及质疑。《卫报》有一篇评论就指《约我出去》是"这个地球上发生的最糟糕的事"。一家专门对电视节目进行点评的网站也发表评论指出，短短几分钟难以详述对真爱的看法，上节目的小伙子们也只能通过跳舞、口中喷火等伎俩来取悦台上的女嘉宾，而如果有哪个女孩对着镜头说自己就是为了来找另一半时，台下观众也多是会心一笑，因为很少人相信真的能通过电视速配节目找到伴侣。电视观众也仅仅把这种节目当成是娱乐节目，因为他们发现在台上的好些女嘉宾都是职业模特、舞者、歌手、演员，其中有些人在男嘉宾上场刚说了一句话就熄灭了自己的指示灯，其目的就在于想在节目中多多逗留，增加自己的曝光率。该节目的制作公司弗里曼特尔传媒也承认，节目中使用"托儿"是业界认可的，电视从业者和观众对此也是知情并认可的，人们只是把这类节目当做娱乐，附带有一些相亲的诉求。但是，节目不能给任何人造成伤害，无论是嘉宾还是观众。

韩国也有 SBS 电视台的相亲节目《情书》、《Gold Miss》，大部分韩国民众都把速配节目和相亲节目看成是娱乐节目，节目的参与者也不是为了真正找到另一半，多是为了娱乐或是博得一些名气。一位在韩国媒体工作的员工认为，普通韩国人对婚姻及另一半的态度都是非常严肃的，不可能指望通过参加相亲节目就真的找到生命中的另一半，电视台之所以制作这方面的节目，主要是为了通过明星的搞笑桥段来提高收视率，而这些节目也不可能从根本上改变普通韩国民众的婚恋观。因此可以说，电视上的相亲节目只是韩国民众生活中的一味调剂品而已，不可能成为一道主菜。

3. 电视相亲节目存在的问题

新的节目样式、新的嘉宾群体、新的社会环境，相亲类节目遭遇了新的挑战，电视相亲节目在换取观众收视热情的同时，也招来了颇多非议。非议的焦点集中在"真人秀"节目的社会影响及其传播效果上。"真人秀"节目在运作和接受过程中的确暴露了许多弊病和隐忧，不能不引起人们的关注和深思。

(1)节目内容媚俗化

在利润的驱使下,传媒难免会走上商业化、娱乐化甚至媚俗化的道路。电视相亲节目以商业节目和游戏节目的身份出现,它充分发掘具有快感意义的资源,将隐藏在人们内心深处的生理欲望作为选择素材的直接依据,迎合大众潜在的窥视欲和自我表现欲。由于国内目前还没有出台新闻法,媒体运作基本上靠政府制定的政策法规来约束,媒体经常打擦边球,抱着只要不违反"明文规定"就可操作的心态传播一些不负责任的内容。男女嘉宾热衷于在镜头前做"秀",或者思维怪异,或者语言出位,"宁愿坐在宝马车里哭"、"握一次手 20 万"之类的话语频频成为中国一些电视相亲节目吸引观众的噱头,一些嘉宾的拜金言论、出位语言,不仅被二次传播,还最终成为相亲节目的标签,相亲秀场上创造出的话题人物受到追捧,成为明星。相亲节目就这样成为与爱情无关,只为收视率和出名而存在的节目。有媒体总结电视相亲类节目崇尚拜金主义、享乐主义,刻意制造敏感话题,刺激观众的窥视欲,忽视情感交流、嘉宾频出"丑闻"、"绯闻",恶俗炒作吸引眼球等八大罪。利用快感制造迎合观众的潜在欲望,人性阴暗面、两性等经常避讳的因素也披上了合法的外衣,而且在节目中被大肆渲染,在迎合观众感官需求的同时也淡化了伦理道德的谴责。相亲节目,把年轻人拜金、自私、造作、享乐之爱情观、价值观,一次次放大,不仅将人们复杂的婚恋观、人生观极大地类型化,还完全丧失了人类情感世界的神秘感和神圣感,相亲成了一场场浅薄的游戏和秀场。这是电视节目策划者利用当代社会一些扭曲的价值观,一味迎合低级趣味的产物。电视相亲交友是其外在形式,内核却是人性的阅览,这些相亲节目引起了观众对畸形"婚恋观"的广泛批评,引发了社会对主流价值观遭受挑战和践踏的忧虑,电视相亲节目经历了短暂繁荣后,正处在发展的"拐点"上。

(2)节目模式单一

近年来,我国电视节目的生产几乎都遵循着一个不成文的规律,那就是:欧美/日本首创—港台移植—内地星火—内地"燎原"。前几年《超级女声》复制美国选秀节目《美国偶像》而引发选秀热,电视相亲节目依然没有脱离这样的套路,《非诚勿扰》等相亲节目大多沿袭英国著名相亲节目《Take Me Out》的形式。面对国内电视娱乐节目市场这一块大蛋糕,节目制作者往往以为照搬国外成功的电视节目模式既可以节省人力物力,又可以创造经济利益,节目制作方式都是直接模仿,节目本质相同,换汤不换药,这种奢谈"创意"、缺乏程式创新、不断重复的节目,往往流于粗俗、插科打诨、巨额博采、明星效应、揭人隐私等。盲目模仿和克隆的很多弊端，已经被文化学者、社会学者不断论述。美国社会学家吉特林把这种现象总结为“电视业者一心追求做出广受欢迎的娱乐节目，而且迷信制成这类节目的唯一公式就是保持现状，追随现有的成功先例。其结果是所谓的新节目，无非是老套子的重新搭配。即使偶有创新，最终也往往是回到老路子上来。各种因素的综合结果，是电视上的节目全都大同小异，看上去都差不多。”模式单一、内容雷同的节目往往导致恶性竞争，只是看谁更大胆，谁更能炒作。秀的不是艺术，秀的是绯闻、黑暗内幕等，只要能吸引受众眼球，不必在乎脸皮的厚薄问题，最终导致受众视觉上的疲劳，节目昙花一现。各个相亲节目中出现的低俗现象，一定程度上还源于同质化节目之间的恶性竞争，江苏卫视的《非诚勿扰》和湖南卫视的《我们约会吧》两档十分雷同的相亲类节目，在节目版权、收视率、节目爆点等方面展开恶性竞争，依靠一些兴奋点、刺激点，以言语的“出位”来换取收视率新高，从事欲望生产，助长社会浮躁风气。

(3)片面追求收视率

片面追求收视率是导致国内电视相亲节目品位低俗、助长社会浮躁风气的根本。电视走向市场后，要求自主经营，自负盈亏，再加上在全球化浪潮下，国外资本和节目的引入，以及有线电视、卫星电视、因特网等新媒体技术的发展，加速了竞争的紧张和激烈程度。传播学中“受众即市场”说的是受众的数量决定着媒体的市场经济效益。因此，国内电视台迫于竞争压力，常常拷贝成功的电视节目，也是为了抓住受众的从众心理，保证利润的获得。大众媒体的商业化必然走向非政治化、个人化和煽情，并以此作为促销手段，这种商业化炒作和利润至上注定了节目要最大限度地迎合电视受众的口味，私人领域逐渐成了公众注视的焦点。“性”、“隐私”等个人的私人领域逐渐成为最大的卖点，成了节目制作方的摇钱树。尤其是国内很多电视台实行的是一种末位淘汰制，各类节目为提高收视率而绞尽脑汁，纷纷强化和突出节目的感官娱乐功能、游戏功能，炒作明星绯闻，满足一些受众的猎奇、窥私欲望，引发收视狂潮，从而获得经济利益。如今相亲节目是越来越火，火的不是相亲的成功率而是个人知名度与节目的高收视率，据中国权威的索福瑞 71 城市电视节目收视率统计，江苏卫视《非诚勿扰》的收视率仅次于中央电视台一套的《新闻联播》和《天气预报》，并领先排在其后面的节目将近 3 倍，可以说是遥遥领先。收视率高低与广告收入高低成正比，《非诚勿扰》节目中插播的广告价格较之前已经翻了近4倍。其中，15秒广告从之前的4万涨到现在的14万，并且还有继续攀升的势头。如此令人心动的经济回报，导致了复制热。这是国内电视台追求收视率和广告客户暗中操作的结果，电视节目由单纯的“红娘”变成了疯狂敛财的商人。难怪央视主持人崔永元讲出了“收视率是万恶之源”的惊人之语。

(4)娱乐至死

相比十年前的《玫瑰之约》、《非常男女》、《相约星期六》等电视交友节目因嘉宾难找而惨淡收场，以《非诚勿扰》节目为代表的新一轮电视相亲热引领当今娱乐节目大潮，参加报名的选手也相当踊跃，伴随着大量观众群的衍生，每天充斥于各论坛、贴吧中的相亲话题一浪高过一浪。电视相亲类节目，其在内容和形式上培育了一种全新的电视娱乐形态，在满足受众需求中实现媒体的经济功能，使娱乐成为一种经营方式。但节目背后所呈现出来的某些尴尬和隐忧也不能不引起我们的重视。这些婚恋节目通过设置悬念，营造紧张气氛，制造景观化的视觉盛宴，充分刺激观众的感官和眼球。从观众角度来看，电视相亲已不仅仅是“相亲”，而是海纳百川的真人综艺秀，是一个把真情当成消费对象的游戏节目。例如整个舞台的设计、灯光、音乐的配置、女嘉宾上台时的模特走秀等，造成了它的娱乐表演成分更多。整容美女、拜金女、幸福男生、只穿COSPLAY装的化妆生，各色人等应有尽有，有的甚至还拥有了超过10个以上的粉丝支持QQ群及粉丝团，“相亲明星”取代“选秀明星”成为2010年最火的草根新星。“真情真爱被拿来作为一个噱头，这样搞得像名利秀场，真情真爱被消费掉了，甚至给颠覆掉了，造成了消费主义、物质主义盛行”，情感成为电视娱乐消费的对象，反而让人们不相信真正的爱情。世界著名传媒文化研究专家尼尔·波兹曼认为，娱乐已赢取我们这个时代“元”媒介的地位，他说：“问题不在于电视为我们展示具有娱乐性的内容，而在于所有的内容都以娱乐的方式表现出来，娱乐是电视上所有活动的超意识形态。”当娱乐成为媒体所有活动的超意识形态时，淡化了电视媒体应承担的社会责任，媒体成为赚钱的机器，让人们陷入“全民”娱乐的浮躁社会风气中。更重要的是，这类节目的风起云涌，使得一些真正富有知识性、趣味性的节目，在收视率的重压下忍受着“营养不良”的煎熬。

四、《老公看你的》栏目[①]

当观众厌烦了那些只限于一味模仿抄袭的婚恋交友栏目；受够了那些打着娱乐大众的口号却将栏目庸俗化的真人秀栏目；再也无法承受那些以恶搞别人当卖点的脱口秀栏目……“后娱乐时代”到来了。“后娱乐时代”简单说就是“去俗”，在新环境下对电视栏目进行改革创新使之有品位、深度化、人性化。艺术的生命在于创新，电视综艺栏目要想站稳脚跟也应顺应时代发展的趋势，不断进行新的“变脸”。

1. 一个字“新”：打造全新的栏目发展模式

对于内地绝大部分地方卫视的综艺栏目而言，在后娱乐时代到来时多数已身陷“红海”竞争。原因无非是栏目竞相仿效，过于模式化，只局限于模仿，一味追求收视率，忽略了中国的国情，也失去了栏目独有的特色元素，没有实质的意义。据有关资料统计，仅游戏类综艺栏目，全国大概有30多家省级电视台、40多家市级电视台同时开办，看似丰富多彩，但内容和形式基本相同。原本为了丰富观众文化生活的综艺栏目，因为数量的无限膨胀和播出时间的相对集中，反而给观众带来单一乏味的感觉。举几个例子：《完美假期》、《绝对挑战》等电视真人秀栏目，明显是国外《老大哥》、《学徒》的翻版；央视推出《开心辞典》后，众多的益智节目随之充斥荧屏；江苏卫视的《非诚勿扰》火爆荧屏后，国内就出现了一系列婚恋交友栏目……

栏目想在“红海”中脱颖而出就必须打造自己的品牌。被称为“婚后幸福秀”的《老公看你的》，作为全球首档夫妻博弈挑战秀出现在荧屏，首播就拿下同时段全国第一的收视率。该栏目由江苏卫视和德国71公司共同研发，首次采用了中外联合研发的形式，并进行本土化制作。因此，这位“混血佳人”具有其他栏目所无法匹敌的优势——新。《老公看你的》栏目定位于“家庭、娱乐、智力挑战”，栏目的原创性非常强，保证了节目的新鲜活力，且以家庭为主题，充溢着浓浓的幸福。因此，独具特色的栏目元素对于打造全新的栏目发展模式极为关键。

2. “奢华衣装”：打造精品栏目

随着人们物质生活水平的提高，对精神生活的要求也越来越挑。观众在欣赏

---

① 媒体创意的博客，http://blog.sina.com.cn/s/blog_6c618d2d0100omf8.html。

一档栏目时需要获得多方面的满足。把恶搞当娱乐的庸俗栏目已经不能满足观众的需要。后娱乐时代，那些非娱乐化、有深度和品位的高端节目，极有可能成为未来电视节目发展的趋势，无论娱乐时代还是后娱乐时代，娱乐都是受众消费文化的基本欲求。因此，高端节目要走向市场，必须寻找娱乐化形式并加以包装。

《老公看你的》这档节目无论舞美还是音乐，都向国际制作标准靠拢，精良程度在本土电视栏目中屈指可数。整个舞台设计分为妻子们的心形博弈台，整张桌面是一块妻子之间进行游戏用的超大触摸屏，老公们则关在特制的隔音玻璃房内，这种近乎"赌博"的形式在目前国内综艺栏目中相当具有新意。另外还有"台中台"的精心设计，所有的挑战都在主舞台旁边的挑战舞台进行，让人感觉别有洞天，无论从创意还是舞台规模方面都很有气势。

《老公看你的》这档栏目对于冠军夫妻的奖励是相当丰厚的：全世界 21 个最值得一去的地方作为至尊蜜月度假胜地。以如此重金打造该档栏目，江苏卫视相关人士表示，这类与普通人情感生活相关的新节目能迅速占领荧屏并非偶然，纵观欧美电视的发展，在《美国偶像》等占据欧美荧屏很长一段时间之后，这种"晒家庭"式的生活秀类节目，也在迅速崛起。而以家庭为主题的节目，也正符合江苏卫视"幸福"的定位。

3."你侬我侬"：栏目走向人性化

从《非诚勿扰》到《欢喜冤家》、《老公看你的》的相继出场，许多电视研究人士联系到《中国达人秀》的走红，认为电视节目的"民星"时代已经到来。其实是栏目正在慢慢走向人性化，将人们的日常生活荧屏化。"你侬我侬"的家庭亲情场面最能引起观众的情感共鸣。后娱乐时代，什么都讲求人性化。

作为"信心主判官"的乐嘉，在展开博弈前他将根据现场形势及四位妻子的心理和性格，对其进行挑唆、劝解……如同现实生活中的情景再现。妻子要有自己的想法，才能在博弈中取胜。这正体现了栏目的"日常生活荧屏化"，考验妻子的"脑力"。综艺鬼马李好在栏目中充当真人版"游戏说明书"的角色。每个挑战项目开始前，都由李好先做示范，保证了参与游戏挑战的老公们的安全，这也体现了该档栏目的人性化。

在《老公看你的》栏目中，丈夫挑战的游戏有生活中一些很简单的小体验，也有一些惊险刺激的冒险，甚至有一些从未经历过的严格挑战，例如"规定时间扎小辫"、"高跟鞋障碍赛"、"谁是大胃王"……丈夫参与游戏的过程也是对夫妻感情默契的考验，通过展示老婆跟老公的配合给观众一种独特的荧屏效果，这也是这档栏目的成功之处，通过这些细节秀出夫妻之间的默契，表达夫妻之间的情感，小游戏秀出大幸福。

在“后娱乐时代”语境下，我国绝大多数地方卫视的综艺栏目要想在“红海”竞争中脱颖而出，就要创新，就要结合中国国情，突出自己的特色元素，增加电视综艺栏目的思想内涵，提高节目的文化品位，向深度化、人性化迈进。因此，当务之急是要尽快建立起一套完整而科学的电视综艺栏目生产运行体系，建设一支精干的创作队伍，保障电视综艺节目的精品生产，实现电视综艺节目的可持续发展。

第六章 广播电视的未来

第一节　三网融合的推动

第二节　广播在新媒体时代的选择

第三节　电视在新媒体时代的选择

第四节　新媒体的“把关”之痛

“打开电视，看电影！”这是央视电影频道的广告语，国内电视台纷纷开辟电影频道，播放各种电影和围绕电影制作的综艺、纪录片等延伸节目，扩大了收视率和市场份额，也拓展了电影的观看模式。如今，“点击网站，看电视”，“开启手机，看视频”正逐步成为新热潮，看电视也有了新选择，除了电视机这个传统接收终端外，电脑、手机正蓬勃发展，“荧屏”有了更宽泛的含义，荧屏龙虎斗的参与者也已从电视台扩大到视频新媒体。

变化：“黄金档”含金量开始下滑。“黄金档”是传统电视台的必争之地，是决定一家电视台收视率和市场份额的制高点，因此各家电视台纷纷不惜重金加码“黄金档”。电视剧无疑是当下最具“含金量”的节目形态，购买电视剧成为电视台最大的一笔开支。过去，地方台花四五万买一集电视剧已经是“天价”，如今四五万可能只是起步价，江浙一带购剧的成本则更高，加上一些电视台“独播”的要求，动辄上百万一集已经不是稀罕事。有许多业内人士惊呼：“如今涨幅最高的，并不是房价，而是电视剧的购买价！”

一边是电视剧的购买价越来越高，连央视这个传统老大哥，都破天荒放下身段，在不到半年时间里，两度以亿元为单位大幅度调高 2011 年的购剧预算，江苏、安徽等卫视也亮出年均 10 亿元的购剧价码。另一边，电视剧价格直线攀升，却并没有对“黄金档”的“含金量”带来与之相匹配的攀升。许多高价买来的电视剧播出效果远远没有达到电视台的预期，收视率的“滑铁卢”似乎成为很多电视台不愿面对又不得不面对的尴尬。这直接意味着广告价值的降低。更令许多电视台感到尴尬的是，自己花重金买下的电视剧在黄金档播出，甚至还不如某些“非黄档”播出的山寨剧的反响好，特别是湖南卫视自制的《一起去看流星雨》和《回家的诱惑》，业内普遍评价为“山寨”，观众也频繁指出其制作穿帮、故事逻辑混乱等问题，但收视率和市场份额却节节领先。特别是湖南卫视避开“黄金档”，有意开辟晚 10 点后的“非黄档”，吸引白领年轻观众的做法，对传统“黄金档”的冲击尤为严重。

发展：视频新媒体从“播”到“制”。这厢传统电视台正为“黄金档”不“黄金”叫苦不迭，那厢新兴的以视频为核心的新媒体纷纷杀出一条新路，成为资本追逐的投资新热点，政府也出台各种扶持政策，大力帮助新媒体产业发展。观众们似乎也对视频网站、手机视频产生了浓厚的兴趣，据 2010 年 7 月公布的一组数据显示：国内大约有 3 亿网民在电脑上观看电视剧、电影、综艺节目，过去只能通过电视才能实现的节目观看，不仅完全可以通过电脑完成，甚至因为网络的海量存储、及时更新和较少受时空限制的优势，更受年轻观众群的偏爱。

“这部分观众群对分流传统电视台的观众是有影响的。”安徽卫视有关负责人表示，尽管目前这种分流还未对传统电视台造成严重的冲击，但会让本已十分惨烈的荧屏竞争更添火药味。去年，关于视频网站和电视台为了抢播电视剧而爆发的纠纷，甚至官司层出不穷，尤其是像《红楼梦》、《三国》这样公认的大戏，以及《风声》、《借枪》这样的市场热门剧目，视频网站都想分传统电视台的一杯羹。对观众来说，即便错过了今晚的“黄金档”也没有多大关系，通过网络立刻就能弥补缺憾。据数据显示，在线视频行业 2010 年的总收入达到 53 亿左右。视频网站既有实力购买电视剧，也有能力拍摄电视剧。以华谊为代表的实力雄厚的民营公司有可能绕开电视台与视频网站合作，这正是不少视频网站的“剧战”策略。如 56 网就宣称，2011 年将投入 1000 万元进行版权购买，包括热播剧、独播剧、特色剧等。百度奇艺也宣称 2011 年要拿出 2 亿元采购正版影视剧。当电视剧绕开电视台选择在网站上播放时，电视台的观众量就会出现分流。

反响：电视台新媒体相互“试水”融合。湖南卫视有关负责人更进一步谈及，抢夺市场份额，对“黄金档”产生冲击其实只是影响的一方面，更重要的是，观众的收看喜好也正随着收看方式的变化而悄然改变，“山寨剧”的走红从某种程度上来说就是这种变化的反映，一些专门供视频新媒体播放的电视剧、电影开始出现，像土豆、优酷等网站甚至还主动介入投资。此前，由搜狐娱乐独家出品的门户剧《钱多多嫁人记》以 5000 万次的首播点击量完美收官，这不仅刷新了国内同类互联网自制剧的播放纪录，也意味着“搜狐制造”领跑门户剧获得了成功。而 2010 年土豆网首部自制剧《欢迎爱光临》，更是在播出后被马来西亚、新加坡、泰国等多家电视台购买版权。2011 年，网络翘楚腾讯网也高调宣布加入影视投资，并宣布成立规模为 5 亿元人民币的影视投资基金，腾讯公司总裁刘炽平称，腾讯公司将逐步把全平台产品融入影视娱乐创作、传播和衍生产品开发中。

一向以老大自居的央视终于坐不住了，有关负责人表示，如果现在他们还固守电视单一收视渠道，在整个收视大盘上就只能很快成为一个支流。于是以央视国际网站为蓝本改版而成的“中国网络电视台”开播，安徽、湖南、江苏等省级电视台也纷纷跟进，开辟了各具特色的网络电视台。江苏卫视甚至选择把自己的王牌综艺节目《非诚勿扰》专门制成网络版，放在网站上先播。视频网站也纷纷要求与电视台同步播出热门电视剧，从目前的热播剧来看，几乎每一集都紧贴电视台播出的节奏，电视台刚刚播完当集，迅速就可以在网络上看到。同时，视频网站也加强了彼此的合作，比如优酷、土豆的联盟，搜狐、酷6的合作，随着电视剧购买价格的不断攀升，传统卫视以“四星联播”的方式分担购买成本，视频新媒体也加强版权合作，扩大播出资源。

新媒体不再依赖于单一的传播渠道，观众可以在电视上观看热播的电视剧，也可以在电脑上点播完整的剧情、幕后花絮、演员采访、片头片尾曲，同时通过手机订阅精彩剧照，还可以下载MP4格式的视频，而且收视是全天候的，市场化程度较高。有人认为，事实上，从时间差上失去多渠道优势的央视在内容上和地方电视台、民营制作机构已经是站在同一条起跑线上，接受市场的考验，因为在网络电视领域刺刀见红的内容之争早已开始。也有人认为，像央视这样拥有海量节目资源和诸多名牌栏目的电视机构做网络电视，也并非机会全无。因为网上制作视频的设备、资金和专业技能，不是玩票的和小网站能长久维持的，但对央视来说，却正是优势所在。①

广播电视和新媒体融合的序幕正徐徐拉开……

第一节　三网融合的推动

2010年以来，随着互联网技术的不断发展，新媒体在社会传播中趋于主流化，已经广泛应用于生活的各个方面，并对传统电视媒体的生存和发展造成了强烈的冲击。国家加快推进广播电视网、电信网和互联网的三网融合，更加促进了网络视听新媒体的发展，这使得网络视听新媒体正分流着传统电视媒体的注意力资源，传统电视媒体面临着巨大的挑战。

---

① 来源：人民网，http://tv.sohu.com/20110422/n306288034.shtml。

相对于新媒体来说，传统媒体还保有许多优势：传统电视媒体历史较长，拥有品牌优势，具有媒体权威性、公信力，在新闻发布方面占据主导地位；传统电视媒体有着庞大的人才网和信息采集网，专业的信息采集人员能够在第一时间发布最新消息，拥有丰富的电视节目资源；传统电视媒体有着庞大的受众市场，并且传统电视媒体给受众视觉带来的舒适度要比新媒体更高，给受众带来的收视体验更为亲切、熟悉；另外年龄偏高的受众更乐意接受传统电视媒体的收看方式，而且网络在新的渠道中对视听内容的需求量增大，这实际上也为传统电视媒体提供了更加广阔的市场空间。

但是新媒体的发展壮大，也使得传统媒体遭遇到了强烈的冲击，纵使传统媒体拥有着如此多的优势，但是相对于新媒体而言，其劣势也很明显，在新闻信息及时、持久、大容量、传播速度、传播方式、播出范围、互动性等方面，传统媒体是望尘莫及的。面对新媒体在传播方式等方面的优势，传统媒体需要抓住自身的优势，与新媒体互动融合。

电视媒体与新媒体的互动融合，是电视媒体在三网融合环境下适应新的传播格局，拓展自己发展空间的出路。身在全媒体营销时代，单一的传播方式已经毫无优势可言，电视媒体必须搭建全新的营销平台，而跨媒体则成为一种突破的方式，电视媒体可以借助新媒体平台加强与受众的互动，拓展新的节目形式，通过整合各类媒体优势资源，取长补短，实现资源利用的最大化。

例如在 2010 年中央电视台的招标中，央视整合包括央视网、手机电视、IPTV 等在内的各媒体资源进行宣传报道；湖南卫视通过跟集团的金鹰网、芒果 TV 等进行合作，将优质内容进行二次传播，打造品牌影响力。

在三网融合的背景下，电视媒体在保持自身内容优势的同时与新媒体融合，为节目提供多元化的传播渠道，针对不同媒介形态设计不同的视频节目形式，进行不同的互动合作，是电视媒体节目制作的基本思路。

第二节　广播在新媒体时代的选择[①]

上世纪 80 年代中期以来，在经历了电视的冲击之后，广播人通过频率专业化

① http://www.goofm.com/bencandy.php? id=336。

的变革，不仅使广播走出了谷底，而且创造了新的辉煌。但正如那首歌唱的："走一道岭来又一道山。"如今，广播又遇到了新的挑战者——新媒体。

在新媒体的种种优势和咄咄逼人的态势面前，广播应该做何选择呢？

一、巩固和提高广播内容产业的优势地位和水平

新媒体的优势在于技术手段和传播特点；而内容产业则是其弱项，因此对传统媒体有明显的依赖性。十年来网络传播的新闻几乎全部是传统媒体提供的，就是说网络上的海量信息不过是传统媒体的信息汇总。特别是在中国，在现有政策条件下，传统媒体握有原创性新闻的采访权、发布权，网络扮演的只不过是"二次传播"的角色。这样的政策短时间内不会轻易改变。因此，新媒体对传统媒体的内容依赖短时间内也不会改变。

其次，任何传播新技术都有生发期、长成期和稳定期，也就是说新技术对传媒的挑战具有阶段性，而传播内容对媒体的挑战却具有绝对的活跃性、恒久性，做强做足内容产业是新老媒体一个永恒的课题。

再者，即便在新媒体诞生以前，内容产业已经是制约媒体发展和提升的一个瓶颈。当数字技术催生了新媒体之后，人们越发感到内容问题变得愈加突出。数字电视固然可以推出上千个频道，但节目在哪儿？网络固然可以一点即通，但人们真正需要的有用信息又有多少？总之，数字时代最大的挑战其实并不在技术，而在内容。

与新媒体相比，内容恰恰是传统媒体的优势，比如品牌优势、可信度、权威性、重要性和受众的忠诚度等。应该看到，新媒体只是降低了技术的门槛，而从未降低专业的门槛。来自个人的博客、播客虽然能引起人们的兴趣与关注，但这绝不是社会信息生活的全部，尤其是那些事关国计民生、内政外交等的重大公共信息永远是人们信息需求的首要关注点。传统媒体能够提供的权威且专业的新闻节目和质量上乘的娱乐节目不仅是传统媒体同新媒体较量的一张牌，而且是传统媒体吸附、凝聚、融合新媒体的一种手段。

因此，广播人要牢记并践行"内容为王"这一定律，对内容产业这一核心竞争力一刻也不能放松。无论过去、现在还是将来，它都是广播的立命之本。

二、要积极融合新媒体，实现广播的二次革命

如果说上世纪 90 年代以来的广播频率专业化、类型化是广播的一次革命，那么，融合新媒体则是广播的又一次更为深刻的革命。

实际上，从上世纪 90 年代末期起，广播即已开始意识到新媒体的魅力，因而采取了融合战略，比较普遍的是开办网上广播、网络电台，多数网站在几年前已经引进了播客。

面对数量庞大的网民，开办网络广播是适时之举。问题在于目前不少台的网络内容只是广播节目的拷贝，更多的还只具有象征性、时尚性意义，远未发挥网络应有的影响力。实际上网络对广播是一种传播空间的大解放，它可以使广播超越本省、本市，只要愿意，可以被世界各地的网民所接收，从这一点说，网络是目前唯一能覆盖全球的媒体，即便卫星电视也相形见绌。广播当然应该借助网络走向世界。另外，网络也是广播传播方式的大解放，比如通过播客形式实现交互广播，不仅可以丰富广播内容，而且可以吸引年轻的网民成为新型广播的忠实听众。

播客是网民利用数字广播技术制作的声音文件，是一种来自网民的“网络广播”、“自助广播”、“个人广播”。如果把博客称为网民的“网络出版物”，那么播客则是博客的纵深发展，是博客的音频形式，或者叫“有声博客”。如果说博客颠覆了文字信息的传播模式，那么播客则改变了广播的被动收听模式。

诞生于 2004 年的播客只要有一台电脑、一个话筒即可制作自己的音频节目，上传到网上供人收听，同时也可以下载别人的播客供自己欣赏。

播客的参与性、平等性、开放性成为播客迅猛发展的强大驱动力。据调查，在播客最早诞生的美国，2004 年 9 月播客网站还不到 20 个，但到 10 月底就爆升至 8.57 万个。现在，美国有 84 万人使用播客。

在播客诞生之后，有专家预言，一年之内将有电台引进播客，而实际上，不到一个月时间，CBC 电台、波士顿电台、BBC 电台都开始制作播客节目。

在中国，播客才诞生几年时间，但其影响力已足以令人瞩目。据不完全统计，在播客天下、土豆播客、中国播客网等注册的用户已达四五十万。中国播客们把 2005 年称为播客年。2006 年，中央人民广播电台、上海东方电台的网络广播也引入了播客元素。

播客是广播节目制作与传播的一次进化与革命，它可以使每个人都成为一个准广播人。播客的出现与其说是对传统广播的冲击，毋宁说它是传统广播借之跃升的有效形式之一。积极地引入播客，不仅可以丰富节目的内容、节目形式，增加广播的交互性、亲民性，而且可以借此发展和巩固年轻听众。受众年轻化是新媒体技术优势之外的另一个优势。据统计，中国网民 70%都在 30 岁以下，这个比例居世界首位。而年轻人正是广播应该抓住但这些年流失严重的一个群体，播客则可以拉回这部分听众。

新媒体固然有种种优势，但也面临不少问题，比如把关不严、内容杂芜以及版权保护、集约经营、成本回收等。任何一项新技术、新事业在初始阶段都会遇到投入与回报这个难题，比如投入期与回报期、投入率与产出率等。因此，传统媒体对融合新媒体的速度、力度、广度、深度瞻前顾后完全是可以理解的。新媒体究竟是馅饼还是陷阱？究竟该把有限的预算和有限的优秀人才切出多大一块投入新媒体这个既充满希望又有极大不确定性的处女地？提出这个问题的尹星先生的回答是："任何不确定的事情都无法准确评估风险和效益，唯一的取胜要诀就是你的欲望。积极的少数战胜消极的多数，这是这个世界永远的定律。"

广东人一向务实，面对新媒体，广东的传统媒体采取的是从长远战略出发的"卡位战术"。羊城晚报集团的梁国际先生说，对于新媒体，我们的做法是"先谈'恋爱'，等到条件成熟时再结婚。'恋爱'既是一个相互认识的过程，也是等待时机的过程。"

总之，面对新媒体，广播电视无非有两种选择：一种是与时俱进，通过与新媒体融合、竞合，使之变成一个新的复合型媒体，把原来意义上的广播电视只是当做其中的一个平台、一种形式；另一种选择是拒新媒体于门外，这实际上是把自己拒时代潮流之外，永远把自己定格在传统媒体。我们相信，大家会选择前者而不是后者。

三、找准空档办广播

用兵之道，讲究避实就虚。同样，差异化竞争也是媒体的取胜之道。广播的差异化竞争既包括受众的差异化，也包括内容的差异化。

从受众市场来看，新媒体的受众主体是年轻人，而老年人大部分是新媒体传播的局外人。如果广播能够通过融合新媒体抓住年轻人，再通过开办老年节目抓住老年人，将使广播的听众群更加完整。

按照联合国公布的标准，我国早在1999年就提前进入了老龄社会。2010年，我国60岁以上人口达到1.74亿，约占总人口的12.78%。老年听众是广播忠实、稳定的听众群。据调查，老年听众占听众人数的20%。过去媒体和广告客户都有种误会，认为老年人是低收入、低消费群体，因此不愿投入老年广播。实际上"银发经济"已经成为现代经济重要的一脉，比如老年人的医疗、保健、老年开辟第二住所、老夫老妻结伴出游等。广播关注老年人不仅是一种责任和美德，而且是传播中的一个薄弱环节，如果经营得好，同样会有经济回报。

从内容的差异化竞争来讲，现在电视中娱乐、竞赛、比拼成风，低俗成风，浮躁成风。当所谓"抓住眼球"和"眼球经济"搞过了头，变成一种灾难时，当人们要缓解视觉疲劳、逃避视觉污染时，诉诸听觉的广播就有了机会，即在闹中取静，用理性的、有意义的广播去解放人们的眼球，充盈人们的耳朵。

另外，时下信息泛滥，信息的独家占有和时效优势越来越难于成为信息竞争的支撑点，尤其是各种社会矛盾交织交错，人们对媒体的需求从主要是信息需求转向对信息的思想解读和观念引导。这同样为广播提供了机会。因此，我们要善于把握时代脉搏，用思想办广播，办有思想的广播，要使广播充满时代性话题、思想性话题、观念性话题。这样不仅可以满足受众更高层次的需要、推动社会的理性思考，也会提高广播的品质、地位和影响力。

四、广播新媒体：网络广播①

1. 概念

网络广播（Internet Broadcasting），是指采用网际协议（Internet Protocol，IP）、通过互联网、以计算机为终端的音频传播业务。作为以互联网为介质提供音频服务的传播媒体，网络广播也被称为网上广播或在线广播，包括广播网络化和网络化广播两种类型。其中，网络化广播是指借鉴传统广播的传播方式来实现网络多媒体信息的独立制作和传播，要求从网络发展的角度来经营广播，跳出传统广播模

① 参阅百度百科，http://baike.baidu.com/view/24943.htm。

式，真正发挥网络广播的优势。典型的网络广播，是以网络电台及新兴的播客为代表的网络化广播形态。

2. 产生背景

1995 年 4 月，位于美国西雅图的“进步网络”(Progressive Networks)在其网页上放置了一个 Real Audio System 的试用版软件，提供“随选音效”(Audio On Demand)服务，这一举措标志着网络广播的诞生。随后，世界上主要的广播公司纷纷与网络联姻，英国广播公司建立了在线新闻网站，美国之音用 23 种语言在 Web 网络上进行音频广播，法国国际广播电台目前用 5 种语言在网上进行新闻广播。

1997 年 3 月 18 日，上海东方广播电台《梦晓时间》节目新开设的《东广信息网》与“瀛海威时空”合作，开我国网络广播之先河。1998 年 2 月 28 日，北京经济电台《动心 9 时》开始网上直播。中央人民广播电台、中国国际广播电台、珠江电台等也各自推出了网上广播。

3. 网络广播中的 NJ

对于扑面而来的广播媒体家族新成员——网络广播以及与之相伴而生的 NJ，我们理应给予足够的重视。

(1)名词解释

何为 NJ？NJ，全称 Net Jockey(网络骑士)，译成中文就是网络直播节目主持，“说白了，就是网络电台的播音员”。那么，NJ 都是由什么人来担任呢？通过对中国非常 NJ 网、国际电台 NJ 交流区等十余家国内知名 NJ 云集的网站进行观察后我们发现，玩网络电台的 NJ 多数是 20 岁上下、经常与互联网有亲密接触的年轻人。他们有的还是学生，有的已经步入社会。网络电台相对传统电台来说，有了更大的自由度。设什么节目主题，怎样做节目，如何才能让自己、让听众都能得到更大的乐趣，完全由 NJ 自己把握。所以，他们许多怪异而有趣的“鬼点子”更易实现。

NJ 一般集采、编、播于一体，在网络上无地域局限性地向全球推出直播节目。流行的音乐、轻松自由的主持风格和深刻的感动是 NJ 们最大的追求。

(2)作用

谈到 NJ 对于网络广播的作用，一个“老”NJ 不无幽默地这样写道：“要说这 NJ 呀，作用可大了。要知道，对一个网站或者论坛来说，NJ 就是一个窗口，人家客人一进门，第一个听见的就是咱电台 NJ 的播音，论坛的内容是一概看不见。您当客人那会儿一定有体会吧？要是电台节目做得有声有色，这客人兴许就此留下长住了；要是电台做得差劲，这客人没准就再也不来了，您说呢？所以，每个NJ都是这网站上的一个金字招牌，公社的兴旺肯定要多多仰仗各位NJ了。怎么样？特有使命感吧?”

NJ的工作程序通常是：在网络直播期间，在网上开设一个聊天室，供听众和主持人一起交流。大家边欣赏美妙音乐边聊天，真好像在参加一个美妙温馨的聚会。NJ用富有动感的声音与听友、网友交流，特别是在播放经典歌曲时，NJ会将所有在线网友即时即刻的临场心情，通过网络直播传达给更多网友。当然，网上点播是最吸引各位“网虫”的，NJ可以在聊天室即时回答网友们的问题，传达网友对自己亲友的祝福。有的网友想点播一首歌曲送出自己的祝福，通过QQ的导播，马上会传达到NJ，NJ会马上给予满足，如果NJ自己没有这首歌，他们可以马上为你去下载，如果还是没有找到，更可以在聊天室里发动大家一起找，这在传统媒体和其他的网络互动栏目中是无法实现的。现阶段玩网络电台的人越来越多，网络电台的数量正在呈几何级数增长，与此相伴而生的NJ也如雨后春笋，在网上蓬勃发展起来。NJ现在大都活跃在动漫、歌曲、游戏、英语、新闻、音乐剧等专业电台中。

(3)优势及不足

从网上看，NJ从出现到兴盛不过几年时间，但其风头正旺。

NJ的优势可以总结如下：

节目定位具有强烈的“受众意识”，针对目标听众设置相应节目。在NJ的广播网站中，NJ根据网友的需要或者根本就是平日网友的提议，来播出音乐、动画等节目，针对性强，吸引了一大批目标受众。一位大学生网友在论坛上发帖子说，无意中在网上发现这个网络电台，然后一听，觉得内容很贴近自己的生活，一下就喜欢上了这个叫BB的NJ和这个网络广播电台，天天听到早上六点。

反馈及时，节目播出灵活多样。NJ通过QQ、即时性的听众测评等多种形式收集反馈资料，并根据测评结果即时对节目不断改进、调整。通过沟通，NJ的观点和意念可以传达给听众而听众也能马上作出回应，这对双方都有益。一位NJ这样说，曾经有湖南、江西的听众告诉她，虽然他们听不懂粤语，但是却都喜欢听粤语歌，希望她在以后的节目里要播什么粤语歌，就在QQ上留言告诉他们，这样她就能及时调整下一期的节目。

多种形式交流沟通，互动性强。网络节目的推广包括软件推广（即为节目本身做广告)和硬件推广(收听设备的推广)来扩大收听面,提高收听率。在一些广播网站的论坛中,NJ 和网友们经常发帖子交换一些心得和体会,还有心灵感悟等,帖子的刷新和回复相对较快。于是越来越多的网民选择参与其中,甚至充当 NJ 也就不足为怪了。在一家名为"星晴网络电台"的 BBS 上,一天的发帖量在 400 到 500 之间,这个 BBS 注册用户已经达到 4643 人。这还不是最多的,在全球著名的音乐网站"搜刮网"的新视听 BBS 上,平均一天的发帖量为 1606 个。

个性鲜明,符合网民特征。尼葛洛庞蒂在《数字化生存》中曾指出:大众传媒应该重新定义为"发送和接收个人化信息和娱乐的系统"。网络 NJ 传播的个人化特征非常明显,技术带来的优势可以使 NJ 从容地利用各种工具在各类数据库中"各取所需",受众也可以自由地选择接收的时间、地点以及媒介的表现形式。信息的传播在网络中显得个性张扬、特色鲜明。

不可否认,NJ 的出现使网上的交流与互动达到前所未有的同步与即时,吸引了众多网民,但在其飞速发展的同时,也出现了一些问题,如音像资料的版权问题、NJ 的无组织纪律性、播出内容随意、低级趣味等不良倾向。一位 NJ 在《NJ 白皮书》中痛陈了一些 NJ 普遍存在的问题:一、不了解听众阶层。有的 NJ 连自己的电台播什么、主题是什么、常来光顾的听众是什么阶层都没有分清就开始发广告;二、歌曲的质量不高,存在滥竽充数的情形,漫无目的连续放歌,造成听众流失;三、缺乏网络礼仪和专业播放技巧。好的 NJ 通常是这样开场的:"这里是×××个人电台,地址××××× ,感谢大家的捧场……"在监视器上看见一个新的 IP 登录电台时,好的 NJ 会主动打招呼。

另外,NJ 的个人素质有待提高,这突出表现在忽视歌曲的版权问题。一些 NJ 认为自己完全是在义务服务,所以不存在版权问题,其实 NJ 播出的音像资料一样存在侵权问题。

第三节　电视在新媒体时代的选择

一、电视竞争环境的几个特征

无论是地面电视频道,还是卫视频道,电视频道的竞争者不仅仅是其他频道,更是新媒体，因为新媒体改变了媒体环境。我们所面临的媒体环境正在发生什么样的变化？从探讨电视频道竞争策略这样一个视角切入，可以用五个关键词概括，即移动化、分享化、精准化、社区化和单元化。这五个关键词也许可以从电视的角度概括传媒环境发生的变化。

1. 移动化

如果用一个词来概括传媒环境所发生的最大变化，就应当是移动化。

传媒移动化，是适应技术与生活的变革。它既包括接收地点移动化，摆脱传统的在固定地点消费新闻信息、接受电视节目、读报等模式，也包括接收工具的移动化。应当看到，接收地点的多元化已经在改变电视，改变人与电视的关系模式。如果概括地描述新媒体时代的电视，可以说电视已经发生了深刻的演变。从人与电视的关系角度来看，电视已经是个人化的电视、偶遇式的电视、移动着的电视。

(1)个人化的电视

所谓个人化的电视，是说电视越来越脱离家庭共同信息终端和娱乐工具的传统特征，走向个人化的接收工具。看电视越来越是个人行为而不是家庭行为。而在20世纪80年代电视大规模进入家庭之初，看电视更多的是家庭行为，是家人共同的选择与共同生活的重要部分，曾经是家庭聚会、家庭娱乐、家庭生活的主要部分，甚至是家庭生活的象征之一。今天，看不看电视，什么时间看电视，成为个人的选择，个人生活的一部分，很多时候与家庭生活不甚相关。所以，才会有城市家庭每人一台电视、独对屏幕喜怒哀乐的现象。

(2)偶遇式的电视

所谓偶遇式的电视，是说看电视越来越不是家庭生活的主体，而只是日常生活的一部分。人们可能在任何地点接触到电视，注意到电视在播放，注意到电视提供的内容。人们接触什么节目，更多地出于随机结果，出于搜索过程中的偶然，而不是固定的生活模式，不是电视人期望的那样对某些频道有品牌忠诚。

(3)移动着的电视

电视更可以称为是移动着的电视。所谓移动着的电视，是说电视已经从客厅走到了广场、电梯、手机上，已经不再是以往那样静止的、等待观众光临的状态。从电视形态上看，电视一直在寻找观众和观众最可能选择电视的场。这些，都深刻地改变着人们的收视行为与节目形态。

（4）手机媒体化与移动互联的影响

电视移动化是传媒移动化的重要表征。与之最为相关的，是手机媒体化与终端移动化，即移动互联，这将带来最超越想象的变化。

有一些数据是耐人寻味的。全世界的电视连续剧基本上都是45分钟左右，而全世界的中小学每节课也是45分钟左右。这其中有什么天然联系？也许就是人们注意力集中的时间。在这样的时间段内，传播效果最好。但更重要的是，这两个数据告诉我们人在比较安静地坐着的情况下注意力可以较好集中的时间。试想一下，当电视已经从客厅里转移到手机上，人们通过手机适宜观看多长时间的电视节目呢？或者说，手机电视节目形态的容量是多长时间呢？是45分钟，还是10分钟呢？手机电视的节目形态、传播节奏、内容结构和表述方式应当是什么样的，与传统电视会有什么样的不同？没有什么文章专门讨论这些问题。但是，业界实践已经给出了有启发性的答案。楼宇电视这个业态和行业的诞生，就是因为发现了人们在等电视时有大约两分钟的时间碎片，这也同样界定了人们在那个状态下的注意力集中时间。那么，人们在移动状态下，愿意或适宜观看的电视节目长度也就是有限的，一定远远短于静坐状态下适宜观看电视节目的长度。也许，三分钟就是一种合适的选择。这需要更多的学者、学子结合行为科学、心理学、传播技术等，从实战角度加以研究，提供方案。

在今天，手机媒体化和移动终端的媒体化，是世界范围内移动通讯行业热烈讨论的主题。一些主要移动通信运营商纷纷聚集讨论，以此为题开辟各种各样的论坛。与传媒移动化最为相关的，还包括移动互联，即互联网的移动化。移动通信为什么能够如此迅速地发展，不仅仅是因为技术进步，更因为人们最强烈的意愿在强力推动。

而互联网呢？人们很尊崇互联网，但是传统互联网主要还是有线互联网，接入互联网主要还是通过一根线，它束缚了人们在任何时间、地点获取信息的自由。其实，驱动人类社会发展的最大动力之一，是人希望最大限度地摆脱束缚、实现自由。这同样会驱动互联网加速向无线化、移动化发展。

互联网的发展趋势有三：

一是内容与服务提供方式越来越丰富，满足人们的细分需求与想象力，为此，要求速度越来越快，技术手段越来越丰富。

二是越来越迅速深刻地改变政治、军事、经济、文化、社会的运行方式，使得电子政务、网络政治越来越成为基本的政治运作因素，经济越来越基于网络运行，完成基本生产流程和交易流程，战争形态与军事变革越来越充分挖掘网络资源与利用网络实施，网络存在、网络活动与网络力量越来越成为文化流变、传承的基本因素，网络力量越来越进入文化力量的主流。同时，整个社会的运行也越来越基于网络，使得越来越多的国家在成为“汽车轮子上的国家”的同时，越来越快地先成为“网络上的国家”。

三是互联网使用越来越便利。这既包括体现一般经济规律的使用费用随着使用人数的增长而大幅度降低，使用效率随人数增长而成倍提高，也包括使用方式越来越符合人的天性和人最基本的需求。这在一定程度上就体现为人们希望能够随时随地以自己选择的方式接入互联网，无障碍地使用互联网上的所有资源。这样的要求，实际上包括多组变革要求，但又集中地体现为互联网移动化。

互联网移动化主要体现在三个环节。

一是登录方式移动化。移动上网、移动登录，摆脱电话线、网线的束缚，真正实现人与世界随时、随地、随意的网络连接。

二是通过互联网向移动状态的使用者传递内容和提供服务。

三是依赖新的技术，比如新的格式转换技术和功能增强了的移动通信工具，实现移动通信工具与现有互联网资源的无缝对接，使移动通信工具可以使用互联网上的信息资源。

2. 分享化

所谓分享化，是适应人们表达个人意愿与互动的需求。互联网上最引人注目的视频分享平台是 YouTube。YouTube 网站允许人们上载视频，并交换、欣赏和评论，正以一种前所未有的方式改变着新一代人的观赏和生活习惯，并日趋成为主流的传播方式。2006 年 10 月，Google 以 16.5 亿美元的价格并购了这个诞生仅仅一年多的互联网公司。

这个案例最具价值和启迪意义的，并不是所谓的象征视频时代的到来，而是作为一种核心运作方式与物质载体的分享平台，在网上视频越来越具吸引力的时代，体现出特殊的价值。毕竟，一个分享的理念与一个足够强劲的网上平台，造就了一种汇聚天下视频资源的机制，从而可以使一个网站以几乎免费的方式，获取曾经被传统的眼光视为可以为王的内容资源，并以这种内容资源吸引足够的分享者，吸引足够的网民，从而产生不容忽视的影响。

这个案例告诉电视人，电视不再是人们视觉享受的唯一渠道。20世纪80年代以来，电视的节目形态、运作方式发生了多次代际更替，最终不断迁移，而与网络、手机终端等融合。在电视还处于强势的今天，传统电视人并不惧怕网上视频。网上视频时代一定会到来吗？让传统电视人迷惑不解的是，老百姓为什么一定要到网上看电视呢？他们对网络电视讨论了很多，但是没有回答这样的问题。从某种意义上说，YouTube回答了这个问题，就是可以分享，就是分享可以比单纯的收看更有魅力，更体现人的价值。因为可以分享，人们可以到这个平台上看普通人拍摄的东西，这个平台汇聚了更具新鲜感的东西。数码相机和数码摄像机为普通人制作视频内容提供了可能，需要的就是分享机制和物理平台而已。传统电视台不能提供这样的机会，YouTube这样的分享平台提供了这种可能。所以，YouTube虽创办一年多，却被视为拥有这样的价值。即使不必判定网上分享平台会颠覆传统电视人心目中的内容为王的观念，至少应当感受到冲击。

分享平台适应于在技术进步与信息消费方式变化的背景下人们复杂的心理需求与信息需求。实际上，分享平台既是一种运作方式，又是一种机制，首先满足的就是人们的心理需求——即我看到了，在分享着；其次才是得到了什么信息。

其实，纵览中国电视，或者世界电视20年来节目形态的变化，最鲜明的特征之一，就是“分享”作为节目元素，其地位越来越重要，发挥越来越大的影响力，一步步成为节目的核心元素。最初，人们只是把分享元素的进入视为人们习以为常的互动。其实，互动只是表象，背后是分享。而分享一旦作为节目的核心元素，节目的基本逻辑就发生了变化，促使节目形态发生根本性的变化。最引人注目的，就是参与式节目越来越成为主流，如益智类节目、选秀类节目。这类节目的核心元素，就是分享。

3. 精准化

所谓精准化，是为了适应受众需求细分与传播渠道多元。

需求细分与渠道多元是一种现实，电视频道的定位策略因而必须发生明显变化，从定位于人群，到定位于共同需求，即不同身份、不同年龄、不同地域人们的需求的最大公约数，进而到盯住人们生活方式的某个环节。其实，楼宇电视诞生及成功的最大意义，在于它定位于人们生活方式的一个小小环节，仅仅是等电梯的那个时间碎片。填补这个时间的碎片，造就了一个行业。因而，可以说，精准定位已经成为人们的共同选择。

所谓精准化，所谓电视定位于人们的共同需求，与人们生活方式的某个环节紧密联系在一起，最明显的表征，就是早晨人们已经从看电视转到“听”电视。早间的电视节目形态，以电视新闻杂志为代表，而《东方时空》十周年时的改版很快就放弃了，这提示人们，在早间，专注于提供更多的视觉享受的栏目定位，已经与人们的生活方式与收视需求有了很大距离。人们的生活节奏已经变快，在早间，人们在处理生活琐事，希望边做事边获得信息，没有多少时间坐下来获得视觉享受。因此，从那个时候开始，主要电视频道的早间节目渐次悄悄演变成以读报节目为核心的综合信息板块。那时，人们与电视的接触方式，就不是看电视，而演变成了“听”电视。但是，恰恰是听电视，拓展了早间电视节目的新空间。

4. 社区化

所谓社区化，是创造条件把人们的共同兴趣集聚在一起，形成影响力。

在今天，有特色的频道或者节目，越来越成为共同爱好者的社区和聚集地。打造特色鲜明的社区，成为媒体新的竞争策略与新的生存选择。今天，很多人酷爱体育节目，关注姚明，关注 NBA。围绕篮球节目，聚集了多少爱好者都难以尽数。而足球更是吸引了无数的球迷和观众。每一个有特色的节目，其观众都自然形成一个社区。如果我们以这样的眼光来观察，一些类型化的电视剧也催生了社区。百度就曾经为电视剧《士兵突击》中的许三多专门创建了一个人物周刊，在 2007 年记者节那一天上线。虽然很快消失，但仍然提示了这种社区的集聚力。为什么要为一个热门电视剧设置专门的论坛、专门的社区？它就是在提示我们：这样更适应人们的心理和需求，这样更能够赢得竞争。今天，媒体环境正在发生变化，人们的收视心理也在变化。人们收看电视，寻找类型化的电视节目，在很大程度上不是单纯为了获得信息、获得享受、获得娱乐，而是一种心理认同、身份认同、文化认同、时尚认同。很多类别化的播放策略取得成功，《亮剑》能够在一个卫视台播出 30 多遍，就是一案，它告诉我们，社区化的竞争环境在催生社区化的竞争策略。

应该说，社区是一种力量的结果，而不是开始。社区就是聚集到一起的共同需求。借助传播平台的互动，这一类的共同需求自己聚集到了一起。这比传统媒体通过磨合与需求对接显得更有效率，显得更强劲，更需要媒体进行相应的运作，以形成现实的效益。

5. 单元化

所谓单元化，是为了适应人们生活节奏的变化与行为方式的要求。我们可以从几个方面讨论单元化的存在基础和合理性：

一是受众需求心理发生变化，希望集中获得同类信息和娱乐，避免选择疲劳；二是受众生活节奏变化，希望在特定时间获得所需要的内容；三是传媒传播心理变化，希望以足够的容量“黏”住受众；四是传媒传播技巧变化，波段传播，形成节奏；五是竞争单元变化，竞争单元变得更大。这些都促使单元化趋势的形成。

对普通观众来说，从50个频道增加到100个频道，频道增加一倍，所获得的愉悦和满意并没有同步增加一倍，反而会感到增加了不少选择的麻烦，要付出更多精力进行搜索。人们希望传媒更多地尽到选择的责任，提供精选的结果。同时，人们的生活节奏与活动方式在变化，希望媒体在特定的时间提供他们最需要的东西。而电视台为了争取观众的收视，减少观众的流失，也采取集中播放的方式“黏”住观众，减少换台，形成波段传播的模式。人们可以观察到，最近几年，以播放电视剧为例，越来越多的频道选择了连续多集播放。在之后的时间，再集中播放一些适宜另外一个观众群体收看的节目。比如，晚间十点前后播放知识性较强的节目，满足另一类人的需求。这样，一个频道形成了一个个单元，分布在不同时间段，形成波段竞争。

受众结构与收视偏好的变化，必然带来单元化的结果，也促使传播心理发生变化。能否以足够的容量“黏”住受众，这是目前电视要回答的问题。能“黏”住观众，就能获得收视率和广告量。解决办法之一，显然就是单元化的节目编排方式，波段式的传播技巧，以波段传播形成有竞争力的传播节奏。

这与二十年来传媒竞争单元上移、竞争单元变大有直接关系。二十年前，是节目与节目竞争；十年前，是栏目与栏目竞争；后来，人们说是进入频道与频道竞争的时代。实际上，今天是一个个时间单元与节目单元的竞争，是一个时段和一个时段的竞争，是波段传播策略的竞争。

二、新媒体时代受众的收视偏好

新媒体时代，受众的收视偏好有什么样的变化？关键在于搞清楚今天的受众与以往有什么不同。虽然同样是他们坐在电视机面前，但是，今天的他们，与五年前、十年前的他们，与往日的观众主体，显然有很大不同，显然已经发生了深刻变化。

1. 新媒体时代的受众分化与演化

在新媒体时代，受众在变化，电视观众同样在变化。我们面对的，已经不是往日的观众。

电视，说到底是为受众服务的。虽然诸多收视率数据已经描述了受众的收视行为与收视取舍结果，但依然只是给了电视人无数个特征的碎片，而没能真切地告诉他们，到底受众的偏好在发生什么样的变化？

今天的受众是否还是当年的受众？这样的问题不仅需要回答，更需要不断思考和探索。电视仍在，但电视已不能说是风景依旧，已不是往日的电视，那是因为受众早已不是往日的受众。尽管，他们一直在看电视。

观众在变化，这首先是因为电视教会了观众如何挑选电视，挑选对他们朦胧需求的不同满足方式；更因为电视帮助观众改变了生活方式，从而对电视本身更加挑剔。更重要的，在新媒体时代，受众的收视心理、收视习惯、收视偏好都在变化。

观众在变化，还因为在新媒体时代，观众的信息渠道、娱乐渠道更加多样。他们需要更高层次的满足感，而不是一般层面上的娱乐。

2. 传媒移动化与受众移动化的互动

所谓受众移动化，既是对受众构成特征的描述，也是对受众行为特征的描述，更是对受众需求特征的描述。因而，其对传媒格局、运作理念与运作方式的影响也是多方面的。

受众移动化是一个渐进的演变过程，已经显露出鲜明的特征，并已对传媒形态、运作理念、服务方式产生了深刻的影响。

受众移动化具有几个重要特征。一是受众主体移动化，即主要的传媒消费群体作为社会主流人群，更多地处在移动状态中，同时有强烈的信息和娱乐需求。二是接触状态伴随化，即人们更多的是在活动状态下接触传媒，而不再只是在安静状态下接触传媒；更多的是边处理其他事情边接触传媒，而不是专门从传媒获取信息；更多的是在时间缝隙、时间碎片中从传媒获取信息。三是接收载体便携化，即信息接收载体和处理工具的便携化、小型化，它们既适应人们生活方式的变化，也推动人们生活方式的变化。四是信息需求实时化，正是因为人们在移动状态下、在时间缝隙中获取信息，人们对于时效性、简捷性、针对性的要求达到了空前的高度。五是接受心理便利化，受众移动化对传媒提出的要求，最强烈的是便利性要求，因而，便利成了人们选择的第一门槛。人们希望在移动状态下便利地获取信息，导致传媒形态发生了一系列变化。它促使世界著名大报放弃对开的版型，演变为四开大小的"紧凑型大报"。它促使人们牺牲一部分对音质、对声场、对视觉享受的要求，选择了车载广播、移动电视和手机之类的移动信息接收工具，作为获取信息的工具。它促使人们更多地选择移动上网，推动互联网加快与移动通信融合。便利性的要求还促使传媒的运作方式发生变化。正是受众移动化和传媒移动化的互动，重塑了传媒形态与格局，重塑了传媒和人们的关系，促使传媒提出新的应对策略。而新的参与者参与竞争，使得受众移动化和传媒移动化愈演愈烈。

今天，世界主要移动通信运营商在各种场合、论坛上讨论"手机媒体化"，希望看到人们都将手机作为媒体信息终端。实际上，在我们看来，手机所能承载的功能，手机与人生活的关系，手机所具有的价值，还会有更超越想象的变化。可以说，手机与互联网移动化结合起来，会使手机成为人连接外部世界的门户和窗口。

3. 新媒体时代受众的收视偏好

在新媒体时代，受众的收视偏好有什么特征呢？我们可以用这样几个关键词来描述。

(1)收视指向短期化

即受众口味、受众的收视偏好变化迅速，有一种收视躁动。

(2)收视行为随机化

今天，电视观众在同一节目上稳定停留的兴趣和时间都显得不足，人们习惯在搜索中游动。这是人们看电视时常见的行为模式。

(3)收视心理分享化

今天的观众不再是以往纯粹第三者式的观赏，而是希望在多种层面上参与。这包括评论剧中的人物与剧情，也许这也是所谓家庭剧流行的原因；也包括互动式参与、受众直接参与。剖析一些电视节目为何会吸引人，很大程度上就是受众有机会参与。

(4)收视选择类型化

今天受众选择电视节目、电视剧，可以说类型化的要求更明显，选择性更强，更集中地指向类型节目和类型剧。《亮剑》的热播，体现出深刻的流行文化中的主流倾向和社会心理。值得关注的不是多个电视台都播放这一电视剧，而是一部类型化的电视剧反复播放，仍有较高的收视率。

(5)收视过程伴随化

人们更多的是边做事情边看电视。这是受众移动化带来的变化，对节目的结构与节奏提出了更高要求。

(6)收视时段多元化

缘于人们社会角色与年龄的不同，人们观看电视的时间段明显不同。不同时间段有不同观众群体在收看电视，从而形成不同类型的收视高峰和不同特征的收视时间。比如说，股评节目在较晚时间播出仍有较高的收视率，是因为聚集了特定的观众群体。不同类型的收视高峰，实际上形成了值得珍视的不同类型的黄金时间。

三、从把握需求结构入手赢得竞争——电视频道的竞争策略

在新媒体时代，如何确定一个电视频道的竞争策略？可以从以下几个角度来讨论。

1. 关于电视频道竞争策略的几组问题

在新媒体时代，如何确定一个电视频道的竞争策略？有几组问题是不能回避的，必须做出适当的选择。而随着媒体环境、受众心理、技术条件等的变化，往往选择要更偏重于体现时代特征的一方。

(1)更本地还是更专业

区域性的电视频道是应该更加本地化，着力于横向切割市场，还是应该更加专业化地精准定位，着力于纵向切割市场呢？更横向细分还是更纵向细分，这是电视人确定频道竞争策略时难以回避的问题。体现本地特色，可以赢得一定的观众，但不一定能够赢得市场。显然更精准的定位，可以更好地实现竞争目的。

(2)更多元还是更集中

诉求点多元，吸引点也会多元；有多个特色栏目，做什锦菜，可能包容性更强，能适应不同口味的观众群，这是电视人传统的竞争理念。于是，电视人也习惯提供多种选择套餐，来适应不同品位、不同口味、不同需求的人群。比如，传统电视频道的编排方式，习惯上一个频道会安排多种类型的栏目和电视剧。

但是，诉求点简单，主打几个集中的领域，吸引点更集中，吸引力更强大，在今天可能更能拥有稳固的观众群和收视需求。以杂志为例，发行量在世界或在中国

排名前十位的杂志，往往诉求点都非常简单。比如，美国的《读者文摘》、《国家地理》，中国的《读者》。诉求点简单，受众的宽容度就大，《读者》的读者群，从八岁到八十岁都有，稳固地排名第一。

(3)更娱乐还是更实用

财经信息需求的大众化，使得股评、理财、收藏节目重新吸引人。一时间，人们更偏于实用。更娱乐还是更实用，哪一个能够更"黏"住观众，是电视人面临的两难问题。中央电视台《今日说法》成为年度最佳栏目，给人们以深刻的启示，可视性存在于更有价值的实用性之中。解剖《今日说法》就会发现，它的最主要特征是只提供与维护个人利益相关的法律案例，人们未见过这个栏目讨论关于《海商法》的案例。

(4)追求变化还是稳定

在新媒体时代，也许可以说中国的媒体人同样缺乏自信，在新媒体的压力下，都在不断地改变自己。在中国，能够几十年不变的电视栏目是很少的，电视人每年都在积极地不断改版。但值得思考的是，那些几十年长盛不衰的电视栏目成功的真正秘诀是什么呢？比如说，脱口秀节目，它长盛不衰的秘诀是什么？收看一段时间欧普拉的脱口秀节目，就能发现，它成功的秘诀之一也许就是模式清晰、诉求点集中、看起来简单。

(5)追求创意还是行动

电视人习惯于创意，习惯于相对静态地策划、制作节目。但适应于今天的观众和竞争，围绕一个有吸引力的主题采用更具动感和冲击力的节目形态和创意方式，则可以获得新的传播效果。

2. 关于确定竞争策略的几个思路

从博弈的眼光看，竞争策略是个动态组合。如何博弈，如何确定竞争策略？最重要的是思维方式。

(1)需求结构与吻合策略

在今天这个时代，确定电视频道竞争策略的核心是什么？我们认为，就是要研究受众需求的结构，相应确定电视频道的竞争策略。可以把这个竞争策略称为吻合策略，即所提供内容的结构、提供方式、提供节奏等，都应当与受众需求的结构相吻合。吻合度越大，竞争策略越有效。因而，应该结构化地把握受众的需求，而不是散点化、情绪化、概念化、碎片化地认识受众需求。

受众需求是有结构的，它由指向、分量、强弱等不同的部分需求构成，体现了人的需求的多样性，但形成的结构却是特征性很强的，往往体现了个性。类似的个性需求结构集中概括起来，就形成了观众群需求的结构。结构化地认识观众的需求，有助于更清晰地把握需求。

一般的收视率调查不能代替需求结构的分析。最好的需求结构分析一定是定性和定量相结合的。只有清晰把握了受众的需求结构，才有可能制定有效的竞争策略或吻合策略。

(2)用户体验研究与节目选择

谁在研究电视观众的收视体验？其实很少有学者涉及这个题目。而网络对用户体验的研究，给我们以深刻的启迪。

要注重用户体验研究与相应节目的选择。大家都在关注互联网的发展，互联网对于用户体验的研究，是进行得比较充分、比较有成效的。一个著名网站通过体验研究，发现在即时通讯工具的主页面上，同一按钮放在不同位置，点击量就会有变化。有的按钮在不同位置点击量依旧，说明这个按钮的功能设计和用户体验良好。但是有的按钮如果挪动了位置，点击量就会发生明显变化，说明这个按钮的功能设计和用户体验有问题，需要改进。这样去研究用户如何使用自己的网络，有什么样的体验，需要如何改进，显然对增强竞争力很有好处。

(3)体验吸引与影响手段精细化

网络媒体特别注重体验吸引与影响手段精细化，以优化用户体验作为吸引手段。而传统媒体的影响手段、吸引手段相对而言是比较粗放的，特别是服务水平更是相对较低的。这不是管理问题，首先是观念问题。要不要提供服务，提供什么样的服务，如何提供服务——这些，恰恰是传统媒体需要向网络、向新媒体学习的。

(4)网络视频与频道运营

网络视频的发展值得高度关注。比尔·盖茨到中国来时曾经预言，人们将通过网络观看电影。这虽然只是一种预言，但是却给了我们足够的启示。更值得关注的，是高速发展演变中的网络视频在改变着年轻受众群，也必将改变传统电视的形态和运营方式。

四、电视新媒体

1. 数字电视

(1)数字电视的定义

2010年6月2日,一年一度的中国彩电行业年度盛会——"中国数字电视年度盛典(第五届)"在北京万寿宾馆隆重举行,作为"三网融合"背景之下融合型终端与应用的代表,"互联网电视"、数字电视一体机等成为本届盛典的焦点。

数字电视是一个从节目采集、节目制作、节目传输直到用户端都以数字方式处理信号的端到端的系统。基于DVB技术标准的广播式和"交互式"数字电视,采用先进的用户管理技术,能为用户带来更多的节目选择和更好的节目质量。与模拟电视相比,数字电视具有图像质量高、节目容量大(是模拟电视传输通道节目容量的10倍以上)和伴音效果好的特点。

由于数字电视是一种新鲜事物,一些相关报道及文章介绍中出现不少似是而非的概念,诸如"数码电视"、"全数字电视"、"全媒体电视"、"多媒体电视"等,让大众感到困惑,茫然不知所措。其实,"数字电视"并不是指我们一般人家中的电视机,而是指电视信号的处理、传输、发射和接收过程中使用数字信号的电视系统或电视设备。其具体传输过程是:由电视台送出的图像及声音信号,经数字压缩和数字调制后,形成数字电视信号,经过卫星、地面无线广播或有线电缆等方式传送,由数字电视接收后,通过数字解调和数字视音频解码处理还原成原来的图像及伴音。

(2)数字电视的分类

数字电视可以按以下几种方式分类。

按信号传输方式分类:

可以分为地面无线传输(地面数字电视DVB－T)、卫星传输(卫星数字电视DVB－S)、有线传输(有线数字电视DVB－C)三类。

按产品类型分类:

可以分为数字电视显示器、数字电视机顶盒、一体化数字电视接收机。

按清晰度分类:

可以分为低清晰度数字电视(图像水平清晰度大于250线,即LDTV)、标准清晰度数字电视(图像水平清晰度大于500线,即SDTV)、高清晰度数字电视(图像水平清晰度大于 800 线,即 HDTV)。VCD 的图像格式属于低清晰度数字电视水平,DVD 的图像格式属于标准清晰度数字电视水平。

按显示屏幕幅型分类:

可以分为 4∶3 幅型比和 16∶9 幅型比两种类型。

按扫描线数(显示格式)分类:

可以分为 HDTV 扫描线数(大于 1000 线)和 SDTV 扫描线数(600～800 线)等。

2. IPTV

(1)定义

IPTV 即交互式网络电视,是一种利用宽带有线电视网,集互联网、多媒体、通讯等多种技术于一体,向家庭用户提供包括数字电视在内的多种交互式服务的崭新技术。用户在家中可以通过两种方式享受 IPTV 服务:计算机,网络机顶盒+普通电视机。它能够很好地适应当今网络飞速发展的趋势,充分有效地利用网络资源。IPTV 既不同于传统的模拟式有线电视,也不同于经典的数字电视。有线电视和数字电视都具有频分制、定时、单向广播等特点,尽管经典的数字电视相对于模拟电视有许多技术革新,但只是信号形式的改变,并没有触及媒体内容的传播方式。

(2)IPTV 的特点及应用

IPTV 是利用宽带有线电视网的基础设施,以家用电视机作为主要终端电器,通过互联网络协议来提供包括电视节目在内的多种数字媒体服务。

它的特点表现在:

第一,用户可以得到高质量(接近 DVD 水平)的数字媒体服务。

第二,用户有极为广泛的自由度选择宽带网上各网站提供的视频节目。

第三,实现媒体提供者和媒体消费者的实质性互动。IPTV 采用的播放平台是新一代家庭数字媒体终端的典型代表,它能根据用户的选择配置多种多媒体服务功能,包括数字电视节目、可视 IP 电话、DVD/VCD 播放、互联网游览、电子邮件,以及多种在线信息咨询、娱乐、教育及商务功能。

第四,为网络发展商和节目提供商提供了广阔的新兴市场。目前我国通信事业正在迅猛发展,用户对信息服务的要求越来越高,特别是宽带视频信息。可以说,中国已基本具备了大力发展 IPTV 的技术条件和市场条件。

(3)与数字电视的异同

一般所说的IPTV与数字电视,既有相似点,又有区别。烽火网络公司的技术专家从以下方面阐述了二者的异同。

①技术体系

IPTV系统又叫交互电视,它的系统结构主要包括流媒体服务、节目采编、存储及认证计费等子系统,主要存储及传送的内容是以MP—4为编码核心的流媒体文件,基于IP网络传输,通常要在边缘设置内容分配服务节点,配置流媒体服务及存储设备,用户终端可以是IP机顶盒+电视机,也可以是PC。

有线数字电视的广播网采取的是HFC网络体系,与传统的模拟有线电视网络体系架构相同,而在开展新型的交互式业务情况下(如VOD),网络体系会有所不同。有线数字电视VOD系统主要包括VOD服务、节目采编、存储及认证计费系统,主要存储及传送的内容是MP—2TS流,采用IPOVERDWDM技术,基于DV-DIP光纤网传输。与IPTV的分布式架构不同,有线数字电视VOD系统采用的是集中式服务架构,在HFC前端并不需要配置用于内容存储及分发的视频服务器,只需要放置DWDM接收机及GAM调制机等设备即可,大大降低了系统的运营成本及管理复杂度,用户终端是数字机顶盒+电视机。目前国内已经基本形成了数字电视产业链,出现了众多的数字电视机顶盒制造商、前端设备制造商、系统集成商。

②业务内容

IPTV有很灵活的交互特性,因为具有IP网的对称交互先天优势,其节目在网内可采用广播、组播、单播多种发布方式。它可以非常灵活地实现电子菜单、节目预约、实时快进、快退、终端账号及计费管理、节目编排等多种功能。另外,基于互联网的其他内容业务也可以展开,如网络游戏、电子邮件、电子理财等。

有线数字电视采用广播方式,如果要实现视频点播必须将原来的HFC广播网络进行双向改造。如果数字电视要支持视频点播,也是通过CALBEMODEM进入的IP网络来支持,实际上就是IPTV,杭州的数字IPTV系统正是这个模式。从提供的内容服务上看,有线数字电视不如IPTV。

③主要优势

IPTV的主要卖点是交互及互联网业务的扩充。IPTV还可以非常容易地将电视服务和互联网浏览、电子邮件,以及多种在线信息咨询、娱乐、教育及商务功能结合在一起，在未来的竞争中处于优势地位。数字电视的卖点主要为高清的图像质量。

④用户群

两者的市场用户群都是家庭用户，只是一个依托有线，一个依托宽带，给用户带来的利益类似。

⑤发展前景

在很长一段时间内会出现两者并存的状况。发展数字电视是国家早就计划的政策，IPTV是在众多的电视频道中增加一个节目频道，并不代替有线数字电视。因为IPTV的实时性广播有一定的使用成本，所以完全用IPTV代替掉有线或卫星电视意义并不大。但是，因为IPTV的众多功能，它作为一个独立的节目频道还是十分有生命力的。从信息产业发展的角度看，IPTV还是三网合一的最佳切入点。

2005年和2006年，广电总局先后为上海文广、央视国际、南方广电传媒和浙江广电集团下发了4张IPTV全国牌照和地方牌照。

3. 移动电视

(1)定义

狭义上，移动电视是指在公共汽车等可移动物体内通过电视终端，移动地收看电视节目的一种技术或应用。

广义上，指一切可以通过移动方式收看电视节目的技术或应用，这就包括了狭义的移动电视、手机电视等。

(2)网络运用

移动电视可以采用无线数字广播电视网(DMB)，也可以采用蜂窝移动通信网，甚至Wi-Fi、WiMax等。

在我国，移动电视多采用DMB和蜂窝移动通信网(GPRS或CDMA)。

现在移动电视还增加了由我国自主研发的CMMB数字移动电视技术，在2008年奥运会期间已经提供了相关业务，系统采用卫星和地面网络相结合的“天地一体、星网结合、统一标准、全国漫游”方式，实现全国范围内移动多媒体广播电视信号的有效覆盖。CMMB利用大功率S波段卫星覆盖全国100%国土，利用S/U波段增补转发器覆盖卫星信号较弱地区(利用UHF地面发射覆盖城市楼房密集区)，利用无线移动通信网络构建回传通道，实现交互，形成单向广播和双向互动相结合、中央和地方相结合的全程全网、无缝覆盖的系统。

第四节　新媒体的"把关"之痛[①]

网络、手机短信、播客等新媒体的不断涌现,使传播载体变得私人化、传播内容变得复杂化、传播对象变得自由化,这无疑给把关带来了一定的困境,原有职业把关人的把关难度进一步加大。在新媒体传播格局中,如何审视新闻把关人这一传统角色的变化,是当前急需探讨的新问题。

一、新媒体时代把关的困境

1. 传播主体多元化,把关人角色弱化

新媒体的出现使得每个人都可以像在真实世界一样拥有一个自我的空间,并发出自己的声音,任何人都拥有传播权,可以自由发表观点、意见和评论,人与人的地位是平等的,这一切都颠覆了传统媒体中受众的被动地位。受者同时又是传者,固定的传播模式已不复存在,把关媒介平台延伸到包括博客、论坛、手机媒体等各个角落中。在"去中心化"的新型互动传播中,新闻传播的载体已变得私人化,把关人的外延发生了变化,更多的组织以及个人介入把关人的角色,新媒体把关人呈现出多元化状态,拥有处理信息的自主权利。随着这种传播权利的广泛分布,原有的信息——传播者——传播渠道——受众的分层传播关系正在改变,昔日的把关人不再拥有传播话语的霸权,把关人的角色在不断地被弱化。

2. 传播内容复杂化,把关的可行性降低

在新媒体的传播环境中,传播内容变得极为复杂。新媒体自身的开放性、互动性赋予受众极大的传播权利,新媒体使用者既是新闻信息的接受者,也是新闻信息的提供者、传播者,任何公众都可以发布信息,在同一通道中迅速地把反馈信息传达出去。新媒体还摆脱了传统媒体版面、时间等的限制,它的容量是无限大的,这使得专业的把关人员不可能对所有信息来源都进行严格审核,在技术上也还没有

---

① 王欢、张苗:《新媒体时代"把关"的困境及出路》,《青年记者》2011 年第 15 期,http://qnjz.dzwww.com/tk/201106/t20110620_6421885.htm。

出现能对特定信息进行筛选的智能监控系统。

另外，参与者可以通过电子投稿箱、聊天室、手机短信等方式表达自己的观点，这些观点多种多样，表达又是在匿名状态下进行的，很难让新传播环境中的新闻编辑有个对所有信息进行判断的一致标准，这就造成了传播内容复杂而又多样，从而大大降低了“把关”的可行性。

3. 传播方式多渠道，把关可控性减弱

新媒体扩充了信息传播渠道，每个人都可以自由进入传播世界，可以通过新的技术手段更制度化、更专业化地参与到原创性新闻的生产制作中，甚至可以通过个人通信工具随时随地发布自己在特殊时空中得到和掌握的新近发生的、特殊的、重要的信息。新媒体平台多种多样，信息可以穿梭于不同的平台间，在互联网上传播的信息，可以跨越网络进入手机传播平台，又或者被网民拷贝到自己的电脑上进行人与人之间的邮件传播。

在这种多渠道的传播中，受众可以对传播内容自由选择，传播者有时本身就是把关人，他们可以省去传播过程中最为关键的环节，向社会直接发布言论，信息能直接从信源传递给受众，传播流程被简化。传播方式的多渠道，使把关人失去了其存在的技术基础、受众基础，把关的可控性减弱。

二、新媒体时代把关的出路

随着新媒体的出现，新闻信息传播的方式越来越多，传播的速度越来越快，传播的内容越来越丰富，传播的精度也越来越高。如何当好新把关人，是新媒体传播时代对传统媒体中的把关人提出的新课题。它至少可以从以下几个方面入手。

1. 把好内容关

首先，必须保证新闻的真实性。真实是新闻的生命。新媒体技术精简了传播的中间环节，使信息能直接从传播者传递给受众，传播速度有了极大提高。受众有“宁信其有，不信其无”的心理，如果不在源头把住真实关，那么，假新闻就会在一夜之间遍地开花。这就要求媒体对其所传播的新闻信息实行严格控制，尽可能地杜绝假新闻。

其次，必须保证信息的质量。有学者指出：人人都获得了在新媒体上进行传播的可能,并不意味着在新媒体上传播的任何信息都是有价值的。就像传播学大师施拉姆对把关人的作用与影响做出的说明:“从发送者到最终的接收者之间,被淘汰的内容可能是数量巨大的。”这就要求新媒体传播时代的把关人严把信息的质量关。

2. 把好舆论关

新媒体的受众是一种泛受众,任何一个信息传播者都可以兼任信源和信宿,新媒体上的新闻传播也是没有中心的,这对舆论的权威性构成了极大的挑战,以往的舆论把关人的作用受到了很大程度的限制。新媒体传播活动的匿名性,又使得其舆论监督有时带有非理性因素,很多已突破法律和道德的底线。这需加强新媒体和传统媒体的合作,形成舆论监督的合力,共同促进社会的发展。

传统媒体在信誉、品牌、公信力等方面具有独特的舆论监督优势,可以对新媒体上发布的信息进行去粗取精、去伪存真的加工,使舆论导向趋向理性化。同时,新媒体舆论监督可以填充传统媒体新闻监督缺位的地方,它也包含了对传统媒体的监督,使得传统媒体越来越重视自身的建设。

总之,媒介融合时代的把关人要顺应时代变化的要求,勇于承担起自己的社会责任,审时度势、求真务实,引导好社会舆论。

3. 把好“自我”关

伴随着新媒体传播的开放性、交互性和海量性等特性,把关人的角色出现分化,人人都是把关人,正如喻国明教授所言:“人人都可以参与新闻的传播,而不可能人人都具有职业道德,也难保证每个人都受到过严格的新闻专业训练,通过他们所传递的信息,很难说是真正的新闻还是无知之见。”因此新媒体传播时代的自我把关极为重要。一方面,个人要提升自身的媒介素养,也就是说个人要准确地判断和评估媒介信息的意义和作用,有效地创造和传播信息。另一方面,要加快相关法规建设,新媒体传播中的匿名性、虚拟性等特点,使新媒体法律在制定和实施上都存在一定的困难,也助长了某些个人“法不责众”的侥幸心理,致使信息发布者滥用新闻自由,难以驾驭。我国现有的相关法律法规无论是从效力等级还是可操作性上都有待于进一步提高,我国急需制定一套成熟的法律法规。

4. 把好技术关

新媒体是信息技术发展的产物,它依赖于、依存于信息技术。德国批判学家哈贝马斯说:“科学技术的合理性本身就是控制的合理性。”技术在新媒体时代显得更为重要了,这就要求新媒体传播时代的把关人具备一些基本的技能,如网页制作、设计、发布的能力,熟练运用多媒体手段的能力等。同时,对多媒体融合下的传播言论管理还要依靠高新科技,如:利用过滤软件对信息进行过滤,防止侵权信息的任意发布等。事实上,新媒体技术把关有很强的可操作性,但由于专业所限,这里仅作简单表述。总之,多媒体传播时代的把关人根本任务就在于利用技术发展的优势,让手中的信息成为有利于人们发展的有效资源,让技术和信息真正服务于人类。

新媒体传播时代不可避免地对传统意义上的把关人提出了挑战,但这并不意味着把关过程的终结,从传者的信息筛选和编辑到受众的信息筛选与阅读,可以说把关行为发生在整个传播过程中。正如著名传播学者施拉姆所说:“筛选的艺术也许是它们(媒介)在运转过程中最为重要的组成部分。”这句话体现了媒介运作与把关人的重要关系,把关是一种艺术,正确地运用它是媒介得以健康发展的重要保证。这还需要新媒体传播时代的把关人认识到自己角色的变化,准确定位,并积极行动起来,共同净化新的传播环境。

参考文献

1. 威海广:《广播的前世今生》,http://www.942radio.com/Info/5d7722e8－606f－459b－a2c9－bcdd44ea18a8.html。
2. 郭镇之:《中国电视史》,文化艺术出版社 1997 年版。
3. 岳淼:《中国影视传播史纲》,中国传媒大学出版社 2007 年版。
4. 毕一鸣:《现代广播电视论纲》,中国广播电视出版社 2007 年版。
5. 河南电视台:《两起假货带给河南的警示》,2000 年获奖作品。
6. 中央电视台:《漫步悉尼》,2000 年获奖作品。
7. 王承红:《录音报道——广播新闻的"映像"》,《新闻记者》2008 年第 5 期。
8. 熊忠辉:《广播电视节目形态解析》,化学工业出版社 2010 年版。
9. 王宇:《现代广播新闻实务》,中国广播电视出版社 2009 年版。
10. 杜桦:《广播节目编导》,中国传媒大学出版社 2009 年版。
11. 董旸:《广播节目策划与制作》,中国传媒大学出版社 2007 年版。
12. 中国新闻奖评奖委员会办公室编:《中国新闻奖作品选(2005 年度·第十六届)》,新华出版社 2006 年版。
13. 中国新闻奖评奖委员会办公室编:《中国新闻奖作品选(2006 年度·第十七届)》,新华出版社 2007 年版。
14. 陈红:《媒介竞争环境下音乐广播的发展趋势》,http://media.people.com.cn/GB/22114/52789/168070/9988555.html。
15. 凌晨:《美国广播业发展的启示与思考》,《新闻战线 》2008 年第 1 期。
16. 王向峰主编:《文艺美学辞典》,辽宁大学出版社 1988 年版。
17. A.A.别利亚耶夫等主编:《美学辞典》,东方出版社 1993 年版。
18. 胡智锋:《电视节目策划学》,复旦大学出版社 2009 年版。
19. 吴斌:《国内电视栏目剧制播现状和特征》,《现代传播》2006 年第 6 期。
20. 席文举:《策划传媒》,南方日报出版社 2007 年版。

后　记

对于中国的广播电视行业来说，市场化的浪潮刚刚卷过，新媒体冲击又迎面袭来。2011 年 7 月 19 日，中国互联网网络信息中心发布报告，截至 2011 年 6 月底，中国内地网民达 4.85 亿，手机网民达 3.18 亿，网民增长规模较往年减缓，微博用户数量却出现爆发式增长，从 2010 年底的 6311 万增至 1.95 亿，增幅高达 208.9%，成为用户增长最快的互联网应用模式。

2011 年 1 月 3 日，搜狐微博与湖南卫视深度合作打造了第一档微博深度互动节目——《好奇大调查》。这是一档向观众和网民完全敞开的节目，这种互动把电视、电脑、手机三个屏幕彻底打通，让电视观众和网民参与一场"达·芬奇密码式"的解谜狂欢。搜狐微博深度植入湖南卫视将颠覆传统的电视节目概念和形式。微博之于电视，能量究竟有多大？今年 2 月，江苏卫视《非诚勿扰》在春节期间制作了"返场男嘉宾系列节目"，腾讯微博就此推出相应活动，活动开始之前就吸引了 600 万腾讯网友参与，而 CSM 媒介研究"37 城市快速监测"显示，该期电视节目收视率高达 2.75%，获得全国卫视同时段第一，这其中微博的贡献不可小视。2 月 11 日，网易微博举办了题为"《非诚勿扰》今年还能不能继续火"的孟非、乐嘉微博交流会，在一个小时的微博交流时间内，近 10 万网易微博用户与孟非、乐嘉进行了互动交流。除了电视节目，古装穿越剧《宫》热播期间，新浪微博推出了《宫》主创人员的"微访谈"。同一页面内，网友既能就电视剧剧情进行微博评论，也能和《宫》的主要演员进行微博互动，受众边看影视剧边评论的状态在微博页面得到了实现，取得了较好效果。

特别值得指出的是，就在作者对本书进行最后一次修改时，国内甬温线发生了震惊中外的"7.23 特大铁路事故"。几乎在事故发生的同时，新浪网友"袁小芜"发出了第一条微博，令数万网民在第一时间得知了这一消息。事故发生 13 分钟后，网友“羊圈圈羊”就在出事车厢内发出了第一条求助微博:“动车 D301 现在脱轨,在距离温州南站不远处! 快点救我们!”这条微博在短时间内转发突破 10 万次。当消息经微博等方式传开后,温州成千上万素不相识的人们从四面八方汇拢来,向受困者施以援手,展开了一场与死神赛跑的生命接力。微博,还成为发动最广泛力量来进行救援的网络平台。事故发生仅 2 小时后,微博上就出现了献血号召贴。不一会儿,据网友“洛丽主子”的微博记录,温州市中心血站前所未有地沸腾,数百人在排着长队,门口停满奔驰、卡宴、宝马等名车。这位网友的微博被转发近万次,评论约 1500 条。微博,还展示了救援者的热血和情义,形成了感动浪潮。网友“陈小劼 Q”发出微博:“温州双岙村,数千村民现场自发救人!”几名在现场的网友用微博记录道:“有村民当场把新买的 T 恤撕成碎条,用来结成绳子,光着膀子救人;有游客自己开着车一趟趟向外运送伤员;有乘客脱险后又返回车厢救人;有官兵在高度紧张和高强度的工作中脱水昏迷……温州市中心血站,献血队伍排到了门口,周边交通一度堵塞;温州的餐饮店主说献血的人可以免费享受营养餐。”这些现场网友的一条条微博传播开来,生动地展示了一幕幕感天动地的大营救场景,让更多素不相识的人参与到救助生命的行动中来,受到广泛的好评。一位网友的原创歌曲《温州,我挺你!》,这几天在网络上广为传颂。正如歌词中写到的:“灾难任谁都无法预料,携手共度在这一秒……温州我挺你!”复旦大学历史系教授钱文忠在其微博上说,温州市民让他感动和尊敬,“那些志愿者,那些免费提供汤水食物的临时点,那些免费运送乘客的出租车和私家车——富有而仁义,此之谓也。”微博还迅速成为寻找亲人的网络平台。不少人与亲人失去联系,很多人纷纷通过微博的方式帮助寻找。有的电视媒体还开辟了“微博寻亲”专栏,微博寻人的转发量均超过了 10 万条,有 6 名事故伤员通过微博同家人取得了联系。几天来,类似的微博寻亲从未停止,网上网下爱心如潮。

可以说这是一个新媒体和广播电视媒体高度融合的时代——微博利用电视媒体渠道不断放大自身品牌,释放微博传播力,而电视媒体则借助微博展开观众互动,扩大影响力、增加收视率。据统计,已有 40 家卫视频道和 112 家地面频道在新浪微博上注册,新浪网微博事业部媒介经理蒋宁说:“央视和省级卫视频道的电视节目是合作的重点,只要是央视的节目都会争取微博的合作。”

在广播电视与新媒体全面融合的时代背景下,全面梳理广播电视从诞生到今天的发展历程，把握广播电视在今天这个新媒体时代的脉搏，预见广播电视的最新发展动向，弥补过去《广播电视概论》在这方面的缺憾，成为我们编写此书的愿望。

本书的编写得益于成都理工大学广播影视学院编导与戏剧影视文学系近几年教学模式的创新和教学内容的前沿性开拓。在2010年初，该系为适应不断变化的媒体行业需求，迅速对人才培养方案和课程内容做了相应调整，其中将《广播电视概论》和《新媒体概论》两门课程进行互融，就是应对这一变化的具体措施。众所周知，视听新媒体是第四、第五媒体对传统广播电视媒体的融合，也是传统广播电视媒体在新技术变革下的延伸，视听新媒体与传统广播电视媒体既存在一定的竞争性，也存在很强的互补性。行业内对于二者的融合已在实践，学术界也已认识到这一点，而在高校教学领域却需要更进一步！编导与戏剧影视文学系在这一点上，率先垂范！

本书在编写过程中，借鉴、吸收和参阅了大量国内外专家和学者们的相关著作、文章和见解，已在注释中一一罗列，但是，还有些参考资料和见解由于各方面原因未能一一列出，在此特致以诚挚的谢意。本书的出版得到了中国传媒大学出版社的大力支持，并特别感谢责任编辑李唯梁先生为本书的出版所付出的认真而细致的工作，感谢策划编辑杨嫦君和赵耘曼两位老师对本书的出版所做的努力，感谢成都理工大学广播影视学院编导与戏文系张乐平、徐先贵、贺莉娅、韩治学、李琪、李万才、王孟广等老师对本书所提出的宝贵意见。

作者

2011年7月28日晚于星光湖畔